Journal of Traditional Translation Study and Philology

譯學과 譯學書

第 4 號

2013. 3

譯 學 書 學 會

譯學과 譯學書 ·第4號·

目次

关于高丽本《龙龛手镜》*

鄭 光

(韓國, 高麗大)

<Abstract>

On the *Longkanshoujing*(龍龕手鏡) reprinted in Koryo Dynasty

This is a study of *Longkanshoujing*(龍龕手鏡), a dictionary of Chinese characters published in the Lio(遼) kingdom and reprinted during the Koryo dynasty. Xingjn(行均), who was a Buddhist monk in Lio(遼), compiled it in 997 A.D. A reprint was published later on in North Song(北宋) but no copies survive. It was also republished in South Song(南宋) but its title was changed to *Longkanshoujian*(龍龕手鑑).

In Koryo this book was imported promptly and reprinted with the same title as the original version. It was published in three books in four volumes but only the last book in volumes 3 and 4 remains at the library of Korea University in Seoul. Therefore, the Koryo version was a very important literary work of Chinese character dictionaries.

The *Longkanshoujian* was compiled for consulting about the pronunciations, meanings, and authorities of 189,610 characters, which were divided into the classical and popular forms of Chinese characters. I insisted that this dictionary of Chinese characters be published for consulting and understanding Chinese characters when reading Chinese Buddhist scriptures.

Buddhist scriptures written in Sanskrit had to be translated into Chinese during the Tang(唐) era in China for propagating Buddhism. Chinese Buddhist scriptures were written in Binwn(變文), which was a simplified form of Chinese at that time. The Tng Y? (通語) language, which was a dialect of Zhangan(長安) in ancient China, became the official language of the Tang kingdom because it was the capital city of the kingdom.

---

* 此論文是在“关于《龙龛手镜》的国际研讨会”(时间：2012年5月25日， 地点：高丽大学民族文化研究院)上主題演讲的讲稿, 現經修改補充后譯成中文。

** This work was supported by the Academy of Korean Studies Grant funded by the Korean Government (MEST) (AKS-2011-DZZ-110)

There were many simplified forms of Chinese characters in Chinese Buddhist scriptures written by Bianwen(變文).

The Lio kingdom used a Khitan language, one of the Mongolian language branches, as an official language. They made a new written system named Khitan large and small script. It was made of letters to analyze Chinese characters. I insisted to publish *Longkanshoujing* to establish the Khitan script.

I insisted also that this dictionary was imported and reprinted during the Koryo dynasty to establish Chinese characters in simplified forms of Kugyeol, because it was needed to analyze the Chinese characters.

Key Words : *Longkanshoujing*(龍龕手鏡), *Longkanshoujian*(龍龕手鑑), a dictionary of Chinese characters(漢字의 字書), Khitan script(契丹文字), Chinese characters in simplified form of Kugyeol(口訣略字), Bianwen(the simplified sentences of Chinese, 變文)

1. 绪论

1.0

本文为高丽本≪龙龛手镜≫国际研讨会而作，着重于鸟瞰≪龙龛手镜≫研究的大致情况，以期发现新的研究课题。

在类型分类上，汉语属于孤立语。汉语既没有屈折变化(inflection)，也没有附加(annexation)，一个音节形式可以构成一个词。也就是说，在词的形成过程(type of word formation)中，一个词的词干(the stem of a word)既不屈折也不附加就可以直接构成词。因此，汉语的句法主要通过语序变化或者添加虚词等方法表示。1)

汉语的这些特点使得我们用汉字来标写汉语。汉语一个音节的词具有独立的形态，汉字也一个字表示一个音节，所以汉字最方便标记汉语。

人们常常说到，汉字由形、音、义三部分构成，汉字也可以根据这三个因素来进行分类。

1）这些语言分为屈折语(inflectional language)和黏着语(agglutinative language)。

1.1

由于汉语具有以上特点，所以汉语的字典有时可以当作词典使用。字典主要根据形、音、义这三个部分来排列。因此，字典有按照字形来分类的字书、按照音来分类的韵书、按照义来分类的类书。[2)]字书包含字义和字音、韵书包含字形和字义、类书包含字形和字音。

其中类书是按照字义来分类的字典。最早的类书是≪尔雅≫，≪尔雅≫一般认为是周公的著作，但是欧阳修的考证表明：≪尔雅≫从周朝开始写，直到了汉代才完成。≪尔雅≫按照"义类"来排列汉字，"义类"指的是天文、地理、人事、音乐等从语义上进行的分类。≪尔雅≫的成书过程中，收集了历代经书的笺注，因此，其收录的内容较丰富，体例上也会有所差异。

韵书的情况有所不同。韵书是按照汉字的发音来分类，再解释字形和字义的字典。最早的韵书是魏国(220~265)李登编撰的≪声类≫(10卷)和晋国(265~316)吕静编撰的≪韵集≫(5卷)。≪声类≫和≪韵集≫今已失传。南北朝(5C~6C)开始，人们逐渐认识到四声的重要性，宋朝周颙编撰≪四声切韵≫(420~479)，齐朝沈约编撰≪四声谱≫(479~502)，北齐阳休之编撰≪韵略≫(550~577)，但这些都没有流传下来。[3)]现存最古老的韵书是隋朝陆法言的≪切韵≫(601)。(金完镇等，1997:104~106)

中国最早的声韵学是反切法。后来受到印度音声学(声明记论)的影响，才将字音分为声和韵。声再按发音方式(manner of articulation)分为全清、次清、不清不浊，按发音部位(place of articulation)分为牙音、舌音、唇音、齿音、喉音的五音。[4)]韵再分为韵腹和韵尾。声调上分出平声、上声、去声、入声这四声。

≪切韵≫、≪唐韵≫、≪广韵≫就是按照上述方法编撰的。≪广韵≫里一共有36声和206韵。

---

2) 对汉字字音的研究叫做"声韵学"或"音韵学"，字义的研究叫做"训诂学"，字形的研究叫做"字学"。

3) 参见金完镇等(1997:104~110)的"2. 声韵学的发达"。

4) ≪龙龛手镜≫的卷首附载沙门智光的"新修龙龛手镜序"。这句话指的是"序"里的"具辩宫商，细分喉齿。"

1.2

字书是按字形，即部首[5)]和偏旁来排列的字典。最早的字书是后汉许慎的≪说文解字≫。[6)]这些类书、韵书、字书成为中国历代的词典。这些词典跟记录表音文字的词典不同。

≪说文解字≫以后梁朝的顾野王编成≪玉篇≫(30卷)[7)]，唐朝孙强增补了≪玉篇≫，宋朝的陈彭年等又再度重修≪玉篇≫。之后有宋朝徐铉编的≪校订说文≫(30卷，986)和其弟徐锴编的≪说文系传≫(40卷)和≪说文解字韵谱≫(5卷)。到了≪说文解字韵谱≫，方流行韵书和字书相结合的字典。徐锴的≪说文解字韵谱≫按汉字的部首、比划、四声来分类。

因此，此后流行韵书加上字书，字书加上韵图的方式编排字典。元朝阴时夫的≪韵府群玉≫是按这种方式编排的最有代表性的字典。(金完镇等，1997:104~106)

同样，≪龙龛手镜≫也是先按偏旁分类，再按四声分类。例如≪手镜≫第一卷"金部第一"的字："鏒{玉篇七，色咸二反。金+敢鏒马口中铁也。又思感反。"先收录平声字，接着收录上声、去声、入声字。

智光在"新修龙龛手镜序"中也谈到≪龙龛手镜≫里也收有"五音图式"。不过现今并未流传这种附加韵图的≪龙龛手镜≫(或叫≪龙龛手鉴≫)。(参看5.3)

1.3

本文要考察的≪龙龛手镜≫是辽朝僧人行均编撰的字书之一。≪龙龛手镜≫采纳≪说文解字韵谱≫按四声分类的方法。原本是辽版，北宋的木版本据称是原本的复刻，但是这两种版本都失传了。南宋的"宋椠本"书名已改为≪龙龛手

---

5) "部首"在汉字按字形分类的时候，作为"基本字"。≪说文≫有540部，唐张参的≪五经文字≫有160部，明赵撝谦的≪六书本义≫有360部等。到了梅鼎祚的≪字汇≫，取消每个部首的顺序和部中的笔划顺序，并且第一次按照笔数定下240部。之后的≪正字通≫和≪康熙字典≫等按照这种体例来编排。

6) ≪说文解字≫在公元100年左右编撰，收录了9353个小篆。其中段注较出名，不过由于段对甲骨文的误解，有些地方有误。

7) 实际上≪龙龛手镜≫里，引用≪说文解字≫、≪玉篇≫，而且引用佛家的字典包括晋朝可供的≪藏经音义随函录≫(30卷)、唐朝郭迻的≪音诀≫等。

鉴≫，可能已经不保留原样。

清朝常熟人钱曾在其编撰的≪读书敏求记≫(卷1)里谈到≪龙龛手鉴≫，认为园旧藏本就是辽版。但是黄丕烈认为这不可能是辽版，应是南宋的改刊本。[8)]

清朝彭元瑞等编撰的≪续天禄琳琅书目≫(卷8)里介绍邵仁典收藏的≪龙龛手鉴≫是辽版，[9)]因为书名已经不是≪龙龛手镜≫，所以不能看成是辽版。在≪中国雕版源流考≫里也认为园旧藏本≪龙龛手鉴≫就是邵仁典的藏本，但是此书的藏书印上的文字是"繍谷亭续藏书"和"吴城字敦复"。因此可能不是邵仁典的藏本。(藤塚邻，1929:1)

1.4

≪龙龛手镜≫是辽代的学僧行均(幽州人)在辽圣宗15年(997)，遴选≪说文≫、≪玉篇≫和佛经里的汉字编撰而成的字典。他将26433个字按照242个偏旁进行分类，再将同一个偏旁的汉字按四声分类，并且用反切来表明字音。北宋时期，此书复刻，并在日本出版。南宋时期，为了避讳宋朝翼祖(宋太祖 赵匡胤的祖父)名字里的"敬"，到熙宁年间(1068~1077)改书名为≪龙龛手鉴≫。朝鲜明宗18年(1563)，在朝鲜黄海道归真寺出版的版本也沿用≪龙龛手鉴≫这个书名。(金完镇，1997:111)

≪龙龛手镜≫按照偏旁和部首排列汉字。里面的体例是，介绍正确的字形，用反切来标示字音，又解释字义。高丽本≪龙龛手镜≫最接近原本。如，卷1

---

8) 黄丕烈是清朝吴县人，字绍武，号复翁。他是乾隆时期的举人。他收集了宋代的1000种书籍，将自己的收藏室叫做"百宋一尘"，珍惜自己的收藏书籍，后来出版成"士礼居丛书"。清代顧廣圻写了一篇"百宋一廛赋"。'赋'里有一句"统和手镜，方辽庶几"。顾再加注为 "龙龛手鉴四卷。(中略)相传此书辽刻，元名手镜，宋刻改为鉴，今验此标题，是宋而非辽矣。敏求记所载，与此正同，乃遵王仍以契丹镂版说之，岂因首列统和十五年认为通过"敏求记"可以推知，≪龙龛手鉴≫不会是辽版。

9) 在≪续天禄琳琅书目≫(卷8)里，专门讲到"龙龛手鉴"(一函六册)，解释当时的≪龙龛手鉴≫是辽版。在"辽版 经部"条目里 "是书虽不载刊刻年月，而僧智光序称统和十五年丁酉七月癸亥，当即是时所刊本，刻手精整，纸墨古泽。(中略)括又謂： 契丹書禁至嚴，傳入别國者，法皆死。 故遼代遗编，诸家絶少著录。此编阅世五百年，吉光片羽获登壁府，不可谓非是书之幸矣。"。

里的第一个例子"金部 第一 鏒{玉篇七 南 色咸二反金+敢丨马口中铁也。又思感反}"。10)

此书充分反映了历代对汉字字形的研究，参考的字书包括≪说文解字≫、≪玉篇≫、≪藏经音义随函录≫、≪音诀≫等。11)据说这是最早给每个字做注标出处的字书。如，≪龙龛手鉴≫(卷2) "草部 去声 ++歹口王"下面明写"在广弘明集 第二·七卷"。可能这是最早写出处并记载卷数的著作。(藤塚邻，1929)

宋朝沈括的≪梦溪笔谈≫最早提及≪龙龛手镜≫。≪五音类聚≫、≪四声篇解≫、≪康熙字典≫等多采用≪龙龛手镜≫里的汉字。编于辽朝，传到现在的≪龙龛手镜≫是一本非常珍贵的字书。12)

2. ≪龙龛手镜≫的编撰

2.0

如上所述，原本≪龙龛手镜≫是辽圣宗统和15年(997)幽州的僧人行均和尚编撰的。13)目前尚未发现其辽版和北宋的复刻本。因此还不知道南宋本≪龙龛手鉴≫是否接近原本。明清收藏家收藏的≪龙龛手鉴≫既不是辽版也不是复刻本，不知道多大程度上反映了原本的样子。而高丽本≪龙龛手镜≫因保留原名，或许可从中可推断出原本的样子。

高丽本≪龙龛手镜≫将同一部首的汉字按四声进行排列。平声有97部，上声有60部，去声有26部，入声有59部。全书从平声的"金部"始，入声的"不部"终。

---

10) { }里是狭注，原文是两行。(下文相同)

11) 如，高丽版的卷2 鱼部 上声 '鱼且'里"{玉篇同上，郭逘，又音蛆古字}"。写明≪龙龛手镜≫参照了≪玉篇≫和≪音诀≫。

12) 此书也包含部分偏旁、字音、字义的讹误。清代钱大昕将偏旁、字音的误处按"复出"、"两收"、"俚俗的妄谈"、"鱼豕的讹字"这一顺序列出。("跋龙龛手鉴"收录于≪潜研堂文集≫(卷27))清代李慈铭也在≪越缦堂续书记≫的"释行均龙龛手鉴四卷{虚竹斋刻本}"里面列出了≪龙龛手鉴≫的误处。(藤塚邻，1922:20)

13) 高丽版≪龙龛手镜≫卷首附载悯忠寺沙门智光的序文。从中可以了解到，行均和尚俗姓于，字广济。

高丽本卷首附有燕台悯忠寺[14]沙门智光(字法炬)的"新修龙龛手镜序"。序中提及此书按"宫商"和"喉齿"来细分的字共有26430余字，注释163170余字，总共189610余字，分四卷。[15]

2.1

从智光的序文里可以了解到≪龙龛手镜≫这一书名的来源："新音遍于龙龛，犹手持于鸾镜，形容斯鉴，妍丑是分，故目之曰龙龛手镜。"

我们可以推测≪龙龛手镜≫的辽版先到北宋，之后再流入到高丽。宋朝对辽代书籍的禁止较严(参沈括≪梦溪笔谈≫(卷15))[16]。大约经过70年，宋熙宗时的傅尧俞[17]得到辽版≪龙龛手镜≫，蒲宗孟在浙西镂版了这个版本(≪宋史≫(卷328))。这就是≪龙龛手镜≫北宋版的滥觞。≪梦溪笔谈≫"郡齐读书志"中谈到，到了北宋版还保留≪龙龛手镜≫的原名。

到了南宋，"镜"由于与宋太祖祖父翼祖名中的"敬"同音，而成为避讳字，或用缺笔的方法避讳，或者代字避讳写成"鉴"[18]。后来宋明的古本已很难找到，≪龙龛手鉴≫有很多版本，但是这些改刊本的讹误越来越多，基本上失去字书的价值。例如张丹鸣的刊本将卷四三册的≪龙龛手鉴≫每册分成上下，成了六本，附载了智光的序文，但里面有很多误谬。李调元的刊本磨灭、脱字、讹误太多，不能当字书使用。(藤塚邻，1922)

民国12年(1923)，≪续古逸丛书≫里面影印出版了傅尧俞的宋椠本(四卷三

14) 燕台亦称黄金台，由燕国的昭王在河北省易县东南易水上建立。由于民间故事中昭王建立燕台是为了征集贤者，因此"燕台"被用来指读书人。后来燕台成为燕京八景之一。悯忠寺就是现在的法源寺。

15) ≪龙龛手镜≫的注释依照唐代颜玄孙的≪干禄字书≫，每个字下面注释字体。如，正俗、古今、或作。

16) 清钱曾≪读书敏求记≫(卷1)记载道："沈存中言，契丹书禁甚严，传入中国者，法皆死，今此本独流传于劫火洞烧之余，摩挲蠹简靈光巍然，洵希世之珍也。"可见对禁书的法律很严。

17) 傅尧俞，字钦之，宋须城人。哲宗元祐(1086~1093)时任中书侍郎和监察御史。

18) 关于避讳的方式可参拙著(2009:95~100)。这类似于唐颜真卿的≪韵海镜源≫改成≪韵海鉴源≫。≪韵海镜源≫为颜真卿任湖州刺史时编撰，大历12年(777)他任刑部尚书的时候献给皇帝，后代失传。

册)。董康也陆续影印汲古阁旧藏的宋椠本。此本是明末毛晋(字, 子晋)的藏品。董氏的影宋本改用≪新修龙龛手鉴≫的书名, 它由上海涵芬楼影印出版。董氏所用宋本里另附有崇祯戊寅(1638)徐火+勃的序。[19]据卷首关于原书大小的记载, 原书高26cm, 宽19cm。里面版心用"龙序"、"龙一"这样的顺序, 高丽本也采用相同的体例。版心由"龙序"、"龙一"、"龙二"、"龙三"构成, 而没有"龙四"。这是因为卷3只有9叶, 宋·晁公武(字子止)也在≪郡斋读书志≫(卷4)提到过"龙龛手镜三卷", 人们以为卷3 是最后一册。但是在高丽本≪龙龛手镜≫卷4刻着"龙四"的版心, 表明≪龙龛手镜≫共有四卷。由此可知, 高丽本≪龙龛手镜≫更能反映原来的辽版。

2.2

关于≪龙龛手镜≫是如何流传到高丽, 没有记录。事实上辽和宋的很多书籍都流入到高丽, 而且高丽与辽、宋的国际关系比较平等和善, 并未禁止书籍的传入。如, 大觉国师义天(俗名煦, 字义天, 高丽文宗的四子)在高丽宣宗2年(1085)访宋。第二年回国的时候带回1000本佛经和儒经, 他在辽、宋共购得4000本书。(≪高丽史≫卷90, "宗室"条)

金敏洙(1980:95)推测高丽本≪龙龛手镜≫是1070年的复刊本。复刊的是一种≪龙龛手镜≫的地方版, 复刊时间大约在完成"初雕大藏经"的时候。高丽第一本大藏经叫做"初雕本", 在11世纪完成。13世纪, 高丽大藏经雕造第二次完成大藏经。第二次完成的"再雕"由释守其[20]等人按照辽的"契丹藏本"进行修订。(藤本幸夫, 1996)

宋版大藏经在成宗10年(992)由韩彦恭引进到高丽, 辽版(宋版的重刊本)在文宗17年(1063)和肃宗4年(1099)送到高丽。因此高丽的佛经具有宋本、丹本、国

---

19) 民国版宋蜀本里附载徐火+勃(字兴公或惟起)的序文。序文里, "(前略)火+勃四十年前读之, 偶于万历乙酉遇杭州, 购得此书。乃高深甫家所藏, 宋掾宋纸也, 深商有印記。前序有统和十五年丁酉, 乃宋太宗至道三年也。寔契丹原本, 非蒲師重梓。予浙西子, 計今七百餘年, 卷秩完好。(后略)"记载里面讲徐火+勃看见过北宋版。

20) "守其"的法名出现在≪高丽国新雕大藏校正别录≫(30卷)每本卷首题次的"沙门守其等奉敕校勘"。"守其"就是≪补闲集≫(卷下)"开泰寺僧统守眞, 学博识精, 奉勅勘大藏经正错"里的"守真"。(藤本幸夫, 1996:242)

本等不同的名称。通过宋版本、契丹版本、高丽本等名称也能推断出高丽从宋和辽大量引进书籍的事实。21)

2.3

我们可以推测大觉国师义天将≪龙龛手镜≫引进到高丽，可能是翻译佛经时需要像辽版≪龙龛手镜≫这样的字典。义天赴宋到杭州慧因院，跟着净源学“贤首教”。他在宋神宗元丰8年(1085)和哲宗元祐元年(1086)前后回到高丽，回国的时候带回数千本书。≪龙龛手镜≫很可能在这一个时期被带回高丽的。22)因为上文提到的浙西蒲宗孟的≪龙龛手镜≫在熙宁(1086~1077)年间问世，义天很可能知道≪龙龛手镜≫在20年前问世的消息。但是一些记录里没有确切的证据：如义天回高丽第四年(宣宗7年，1090)记录的≪新编诸宗教藏总录≫(全3卷)里面没有≪龙龛手镜≫的书名。因此，义天是否带回≪龙龛手镜≫并且出版了≪高丽本龙龛手镜≫，尚需进一步研究。

2.4

汲古阁旧藏南宋宋椠本≪龙龛手鉴≫的收录字数如下：

平声 卷第一 8509字
上声 卷第二 9545字
去声 卷第三 1061字
入声 卷第四 8028字
总字数 27143字(藤塚邻，1929:11)

字数比智光的序文提及的26430多710余字。高丽本不完整，页面不全，还没发现收字最多的第二卷，难以计算正确的收录字数。有可能智光记录的字数有

---

21) 据≪苏文忠公全集≫里的“论高丽买书利害札子(元祐8年，2月初、2月15日、2月26日)，蒲宗孟和苏轼谈论高丽人购买宋书和辽书的情况，并且对此表示警觉和担忧。

22) 慧因院是晚唐天成2年(927)建立的寺庙。义天先跟净源学完之后才回到高丽。回到高丽之后，义天将≪华严经≫300本和金帛送到慧因院，因此慧因院也被称为高丽寺。净源入寂之后，高丽又奉送了2座金塔。

误或者对原文有误解[23]，因为榆岾寺本≪龙龛手镜≫卷1 和汲古阁本大部分相同。

3. 高丽本≪龙龛手镜≫的出版

3.0

高丽建国之后，设立学校、教育儒学、实行科举。因此儒生关心韵学和字学。另一方面高丽的佛教很发达，修建佛教寺庙、学僧学习佛经、科举开设僧课。因此为了教授儒学和佛经需要字书，为了准备科举需要韵书和韵学知识。[24]

如上所述，高丽大量引进宋和辽的书籍，并且对其再刊、复刻、重刊。据≪高丽史≫(卷10)"世家"10，宣宗8年6月丙午条记载，李资义奉宋帝的命令做"求书目录"。目录里面有127种5千余本书，其中包括在中国已经找不到的逸本。(南权熙，2002:22)[25]

据≪三国遗事≫(卷3)"塔像"(第4)'前后所将舍利'条，"本朝睿廟時，慧照國師奉詔西學，市辽本大藏经三部而來。一本今在定慧寺。{海印寺有一本，許參政宅有一本。}"从文宗16年(1062)辽版大藏经到高丽之后，高丽共购买过五次大藏经。(金翰奎，1999:495)

据≪高丽史≫(卷12)"世家"第12，睿宗2年，正月戊子条记载，睿宗2年(1107) 高丽的高存寿为了给辽天祚皇帝贺寿而访辽，当时天祚皇帝赐给他大藏经。另据≪高丽史≫(卷13)"世家"13，睿宗8年2月庚寅条的记载，辽臣耶律固带回≪春秋释例≫和≪金华瀛洲集≫。这些都是高丽和辽之间频繁交换书籍的

---

23) 如，卷1金部第一"镛銿{音容，大鍾也。二}"算成"镛·銿"两个字。但是在"金+阤{误}，鉈{正}"算成一个字。这样算字数的方法不同，所以难以计算收录字数。

24) 据≪高丽史≫卷73，选举1，"忠肃王17年"条里记事，先通过"律诗四韵"100首和≪五声字韵≫再应试科举。这说明当时很重视韵书和字书。为了科举考试大量引进中国的儒经、佛经、韵书、玉篇等。

25) 如，据，陆游≪渭南文集≫(卷27)"跋说苑"里，宋文翰官署收藏的≪说苑≫20卷里，遗失了≪反质篇≫，曾巩根据高丽本将其修补完整。(张东翼，2000:434)

证据。这时期≪龙龛手镜≫可能从辽引进到高丽再进行了翻刻。

3.1

高丽本≪龙龛手镜≫(以下简称"高丽本")跟南宋版≪龙龛手鉴≫有不同的版式, 也没有缺笔和避讳。从中我们可以推测高丽本更近似于原本辽版≪龙龛手镜≫。如果这是辽版的翻刻, 那么我们就可以从这个本子里构拟出原本的样子。

所谓的高丽本≪龙龛手镜≫1册(第3卷、第4卷), 原为松广寺的旧藏本。后经崔南善搜集, 现收藏于高丽大学图书馆。第1卷的一册收藏在金刚山榆岾寺, 朝鲜战争时期遗失。26) 1929年京城帝国大学法文学部在朝鲜印刷株式会社将榆岾寺本和崔南善本影印出版, 流传至今。27)

3.2

榆岾寺本是第1卷一册, 卷首附载序文。如果辽版是全四卷三册, 高丽大学收藏本缺卷2 一册。

榆岾寺本卷首有"新修龙龛手镜序", 提为"燕台悯忠寺沙门智光字法炬撰"。据此可知, 该书作者是燕台悯忠寺的法炬智光。序文以"夫声明著论, 迺印度之宏纲, 观跡成书……"开始, 以"時统和十五年丁酉七月一日癸亥序"结尾。序文总共2叶4面。

接下来是目次(1叶半)和正文"金部第一"。第2叶中间有"龙龛手镜平声卷第一"的卷首书名, 下一行是编辑人的信息"释行均字广济集"。第1叶由后人补写。每半叶是9行16字或者17字。补写的第1页第2行"释行均字广济集"之后印着"榆岾寺经院印"。

目次是"金{居音} 第一, 人{如邻} 第二, 言{语轩} 第三, 心{息林} 第四 ~ 圭

---

26) 据藤塚邻(1929:17), 小野玄妙发现榆岾寺本并介绍给学界, 朝鲜总督府的编修官稻叶岩吉认同此本的价值。据说榆岾寺本在朝鲜战争时期归还到平壤, 但是尚未得到证实。

27) 1980年京都大学中文出版社影印出版"高丽本龙龛手镜"。这次影印将"民国武进董氏用宋本景印"的≪新修龙龛手鉴≫(上海涵芬楼景印)增补遗失的卷2。因此1980本成为完整的≪龙龛手镜≫。"民国景印本"是江安傅氏影印收藏在双鉴楼的宋版≪龙龛手鉴≫。

{古隽} 第九十三, 凶{许容} 第九十四, 兴{虚凌} 第九十五, 丹{ㅁㅁ} 第ㅁㅁㅁ, 知{涉池} 第九十七"[28]版心是花纹、太线、黑鱼尾, 上面标示卷数"龙一", 中段有叶数, 下面有不知名的汉字。

卷1一册总共98叶。"兴部第九十五、○흥{俗}, 兴{正}, 虚凌反。举也, 起也, 善也, 威也, 歆也。又州名、山名。从同○흥也。"按照前述目次, 应有平声第96"丹"和第97"知"。可见至少遗失1叶以上。

3.3

高丽大学图书馆所藏本以卷3、4为一册, 原为全南顺天松广寺藏本。(藤塚邻, 1929:7~8)第3卷有13叶, 第4卷有93叶。与榆岾寺本板式和纸质相同, 可以看成同一帙的僚卷。第3卷的字形近似于榆岾寺本, 目次和见部第一叶遗失。匡郭分别为高8寸5分、8寸8分, 宽6寸4分、6寸5分。这些差异多见于古版本中。(藤塚邻, 1929:8)

高丽大学收藏本, 遗失了目次和见部第一叶。因此见部第二叶"耳见 丑林丑禁二反 私出头视也 二同"成为全书的首页。我们可以推测, 遗失的第一叶里有"龙龛手镜去声卷第三 释行均 字广济集"的卷首书名和"见部第一, 面部第二, 又部第三, 贝部第四, 欠部第五, 大部第六, 土+豆部第七, 豆部第八, 四部第九, 片部第十, 示部0第十一, 鼻部第十二, 耒部第十四, 岁部第十五, 更部第十六, 夜部第十七, 去部第十八, 二部第十九, 寸部第二十, 令部第二十一, 处部第二十二, 彐部第二十三, 气部第二十四, 朝+人部第二十五, 句部第二十六"的目次。之道第13叶倒数第三行有"龙龛手镜去声卷第三"的卷尾书名。再之后是空栏和落书。这是四卷当中分量最少的一本。

卷4也是从"龙龛手镜入声卷第四"的卷首书名开始, 接着有"木{莫卜} 第一, 竹{張六} 第二, 系{莫彳火} 第三, 肉{如六} 第四"到"必{弁吉} 第五十七, 不{分勿} 第五十八, 雜{徂合} 第五十九。"的目次。目次从1(木部)到59(杂部)。正文从"木部第一 檛{陟瓜反, 棰也}"开始一直到94叶倒数第四行第59个字"粤

28) { }是汉字下面左右记录的反切, ㅁ是因磨损看不清的字。(下同)

{音粟}, {音织}”。最后是“龙龛手镜入声卷第四”的卷尾书名。书名后面两行是“罗州牧官雕刻 四卷入 九十三丈”、“司录掌书记 借良酝令 权得龄”的刊记。

3.4

这个刊记对于高丽本的唯一的记录, 我们可通过这个刊记推测高丽本的出版情况。也就是说高丽本是罗州的官版, 良酝令、权得龄担任记录和书记。金完镇(1997:111)推测道：“高丽本的制作年代不明, 但是很可能是高丽显宗因躲避辽国侵略蒙尘罗州牧之时刊行、出版的。”

在≪高丽史≫卷4, 显宗1,“辛亥”条里记载道：“二年春正月乙亥朔, 契丹主入京城, 焚烧大庙宫阙民屋皆尽, 是日王次广州。”在≪高丽史≫卷57, 地理2, “罗州牧”条记载道：“显宗元年, 王避丹兵, 南巡至州留旬日。丹兵败去, 王乃还都, 九年升为牧。”

由此可见, 高丽本是从高丽显宗9年(1019)罗州“升为牧”到北宋熙宁10年(1077)≪龙龛手鉴≫这一新书名的出现这之间刊行、出版的。

4. ≪龙龛手镜≫编撰的意义

4.0

≪龙龛手镜≫为什么由辽代佛僧编撰？相关论著不多。金完镇等(1997)认为, 由于唐以来翻译梵文时出现了不少异体字, 为了整理这些异体字, 才编撰≪龙龛手镜≫等字书。

清·钱大昕在≪潜研堂文集≫(卷27)“跋龙龛手鉴”指出部首、字音的错误, 并列了“复出、两手、俚俗的妄谈、鱼豕里有讹字”等问题。清·李慈铭也在≪越缦堂读书记≫以“释行均龙龛手鉴四卷{虚竹斋刻本}”为题列了≪龙龛手鉴≫的错误之处并加以批驳。(藤塚邻, 1929:20, 注6)但是此字书有助于理解以唐代盛行的通语为基础形成的变文的俗字(变体字)。随着敦煌学的发达, 人们发现≪龙龛手镜≫大量收录敦煌藏经洞的变文材料。因此对≪龙龛手镜≫的评价也

逐步提升。(潘重规, 1988)[29]

下面我们再考察：为什么会在辽代出版≪龙龛手镜≫？其编纂背景和动机是什么？为什么辽代比宋辽更需要字书呢？

4.1

笔者认为, 契丹语和女真语不同于汉语, 他们的语言不适合用汉字记录, 因此他们创制了新的表音文字。[30](拙著, 2009、2010)自从7世纪西藏松赞干布制定藏文记录藏语以来, 北方诸民族建国之时也制定了新文字。(拙著, 2009)

辽太祖耶律阿保机创制契丹文, 金太祖阿骨打制定女真文。蒙古的成吉思汗用维吾尔文记录蒙古语, 元朝忽必烈汗制定八思巴字作为学习蒙古语和汉字的记音符号。满族统一中原以后, 清代的努尔哈赤修改维吾尔字记录满语。这些都是北方民族建国同时制定文字的例子。

西藏吐蕃王朝的松赞干布(Srong-btsan sgam-po)遣派喇嘛腾迷阿奴伊布(Thon mi Anu'ibu)到印度[31]学声韵学。7世纪中叶, 他制定西藏文, 成功地

---

29) 有关变文在汉语史上的特征参见拙著。(2011:34~36)

30) 关于中国大陆北方诸民族及其文字请参见拙著(2010)：“先秦時代の諸文献には、鬼戎、犬戎、玁狁、山戎、狄(翟)、粛慎、穢、貊、東胡、月氏等が登場しており、これらは漢族とは違った言語を使用し、文化も互いに違っていたであろうと推測される。漢族が主に黄河と陽子江周辺で農耕文化を営む文化を享有していたとすれば、北方民族はステップで遊牧文化を持っていたものと思われ、これら二つの文化は基本的にそのパターンが互いに違っており、互いに対峙する文明の構図を見せてきた。後に漢帝国と対立した匈奴、その後に続いた五胡十六国時代にそれぞれ自ら王朝をたてた慕容·乞伏·禿髪の三つの鮮卑族と匈奴系統の沮渠·赫連部族、羯·氐·羌の五胡、南北朝時代に北魏を建てた拓抜(托跋)、北周を建てた宇文、そして同時代に漠北に可汗国を建てた柔然、この柔然を滅亡させて唐帝国と対立した突厥、唐以来独自的な文化圏を形成した吐蕃(西蔵)等がある。そして中国の辺境で自ら夫余、高句麗、渤海、西夏、南詔国を建てた夫余·高句麗·靺鞨·党項·烏蛮があり、華北の支配族として遼、金王朝を建てた契丹·女真があったのであり、東北方で興起し中国まで席捲した後元と清を建てた蒙古族と満洲族を北方民族の代表ということができる。これらは中国の漢族とは言語と宗教が違っており、彼らの巨大な漢文化に吸収されるまいとして、漢字を直して使ったり、漢字でない新しい文字を制定する等、相当な努力を傾注してきた。”

31) 除了腾迷阿奴伊布(Thon-mi Anu'ibu)之外, 也有学者认为是腾迷桑步达(Thon-mi Sam-bho-ta)到印度留学回来制定藏文。(金敏洙, 1980)但后者乃后代出名的译经僧, 而非松赞干布时代之人。(拙著, 2009)

记录了藏语和周边国家的语言。通过文字的独立，西藏可以脱离中国和汉字的影响，并且新文字也更符合藏语。

当时在印度盛行Panini的声韵学(又称声明记论、毗伽罗论[32])，他们用表音文字梵文来记录自己的语言。喇嘛腾迷阿奴伊布到印度学习了声明和梵字。[33]

以音节为单位的西藏文成功地记录了藏语。655年前后，它不仅在吐蕃王国使用，也用以记录周边民族的语言。之后，北方民族陆续制定了自己的新文字。[34]

4.2

辽太祖耶律阿保机令耶律鲁不古制定契丹文，并于神册5年(920)颁布诏勅施行。这种文字被叫做契丹大字(Khitan large script)，用汉字的偏旁部首作为发音符号。辽太祖的亲弟弟迭剌学习维吾尔字制定了更具表音特征的契丹小字(Khitan small script)(拙稿，2010)

据拙稿(2010)，契丹语的所有格助词是/-Vn/，　它随介音的变化可以有/-ən. in, -un, -ɔn, -an, -ün/等6种变体，契丹小字完全可以记录它们。契丹小字如下图所示：

---

32) 声明记论，又称声明业，原文为毘伽罗论。在佛教所说的五明(pańca vidyā- sthānāni)中，第一是声明(śabda-vidyā，摄拖必駄)，它是“声(śabda，声音)”和“明(vidyā，学术)”的复合词。意味着声音学、语言学、句法学。五明里剩下的四明为“因明(hetu-vidyā，伦理学)”、“内明(adhyādhi-vidyā，教理学)”、“医方明(vyādhi-vidyā，医学)”、“工巧明(śilpa-karma-sthāna-vidyā，造形学)。”(金完镇等，1997:24~26)在≪龙龛手镜≫卷首，智光写的“新修龙龛手镜序”的开头“夫声明著论……”的“声明”指的就是“声明记论”。

33) 声明业的出处是panini的≪八章(astadhyayi)≫。包含在大藏经内的≪八章≫流入到中国，书中的“五音”、“七音”、“四声”等成为汉语音韵的分析单位。之后汉语按发音部位和发音方式来分析音韵，这些音韵研究发展成了声韵学，再传到朝鲜成为创制≪训民正音≫的理论背景。(拙著，2009)

34) 拙著(2009：222~223)引用很多≪世宗实录≫的记载并主张：“(前略)考新文字(训民正音)任命官吏，更自然地更换统治阶级。”也就是说，制定新文字的目的在于更换统治阶级。

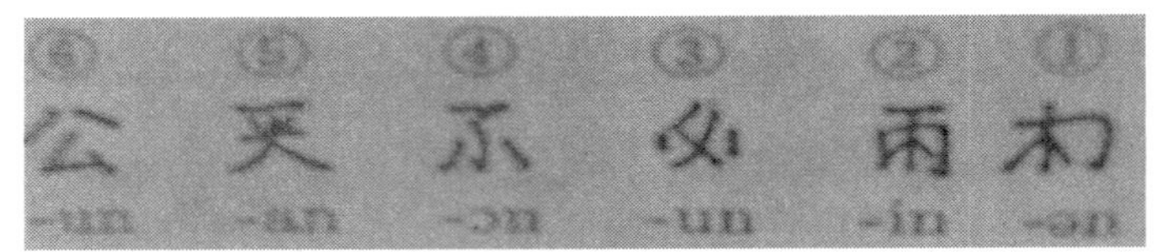

【用契丹小字记录契丹语的6种所有格助词】

从图上可以看出，契丹小字字形上是汉字的变体，但它是表音文字。下图是词干和6种契丹所有格"① -ən. ② -in, ③ -un, ④ -ɔn, ⑤ -an, ⑥ -ün"的结合：

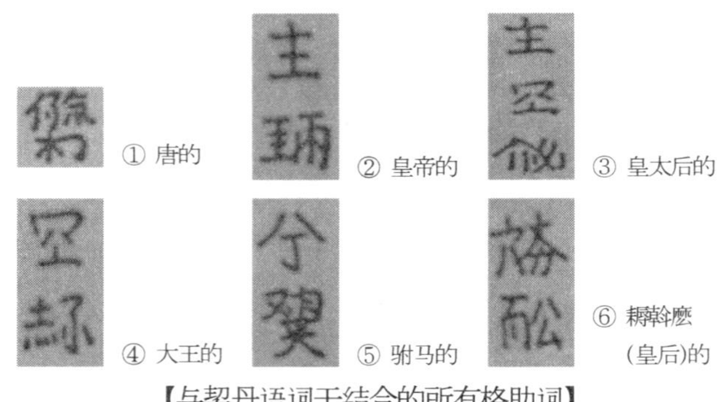

【与契丹语词干结合的所有格助词】

如上所述，契丹小字根据汉字的造字方式，结合了声旁和形旁。因此契丹文字里，可以发现大量的形声字。因为大多数汉字是形声字，所以汉字有其独特的音节结构。金完镇等(1990:154)通过非线性音系学(non-linear phonology)中的音节音系学(syllabic phonology)的方法来分析汉字的音节结构。(下图按原文。)

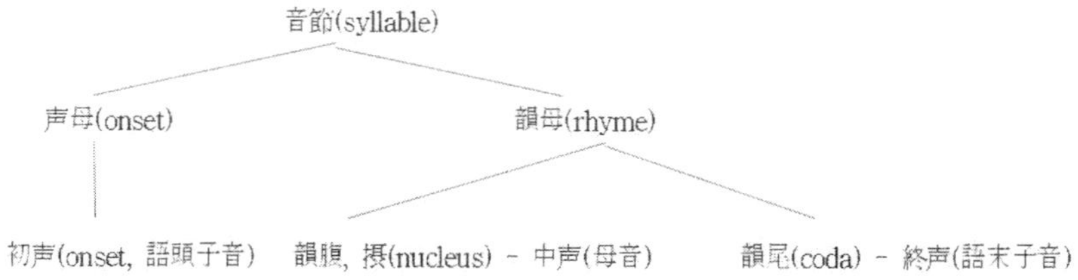

契丹小字如下图所示，分为声母(onset)和韵母(rhyme)。如，“-ing”作为整个韵母用文字来记录。

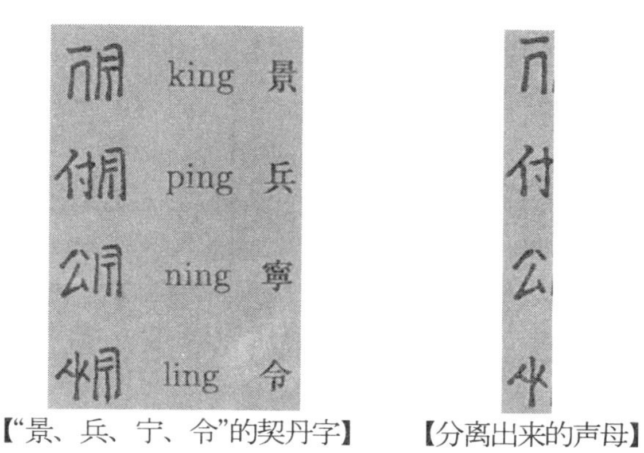

【“景、兵、宁、令”的契丹字】　　【分离出来的声母】

上图的契丹文像汉字的偏旁，它加在声母右边表示韵母“-ing”。契丹文正是这样通过把汉字的偏旁分别用作声母和韵母来记音的，它大约用380个左右的音节文字来标记声母和韵母。[35]创制契丹文之时，在分析汉字字形时分出偏旁，并将其变成表音符号是很重要的工作。为此，契丹人需要字书，≪龙龛手镜≫应运而生。

4.3

辽之后，女真建立了金朝。金太祖阿骨打令完颜希伊(原名，谷神)制定了女真文。女真文也是汉字的一种变体。它于天辅元年(1119)颁布通行，这是女真大字(Jurchen large script)。到了金熙宗时制定了更加表音的女真小字(Jurchen small script)。女真小字最晚在天眷元年(1138)已使用。(拙著，2009b)女真文字尚未解读出来，由于女真文字和契丹文字的造字方式相似，所以有些女真文被错认成契丹文了。在契丹之前建国的北方民族有渤海等，现今对渤海的研究虽不多，但在渤海发掘出来的文字都可以看成汉字的异体字。[36]

35) 清格尔泰等(1985)介绍了378个契丹小字。

我们可以假设，契丹文继承了渤海文的传统，但由于对渤海的研究不足，这种结论尚难证实。

我们认为用汉字的变体记录自己的语言从高句丽开始。在高句丽的“广开土大王”碑文(414)里，“开”等汉字的用法很特殊。[37]这是我们假设用汉字的变体来创制新文字的传统始于高句丽、渤海、契丹、女真的原因之一。

4.4

≪龙龛手镜≫在高丽复刊。在朝鲜半岛，高丽之前的新罗已经使用以汉字的音和义标记新罗语的方法。这种方法通常叫做“乡札”，是一种借字标注法。在朝鲜半岛使用这种标注的原因在于，韩国语和汉语的结构不同。韩国语是一种在词干上附加语法标记来表示语法结构的黏着语。为了方便记录韩国语的语法标记，只能用这种方法。新罗的“口诀”也是类似的标注法。

下面用“乡歌”的例子解释新罗的标注法，“乡歌”是新罗最具代表性的文学类别。例子从李基文(1998)，对例句的解读按照梁柱东(1942)和金完镇(1980)。

(例(1)、(2)按照原文。[38])

(1) 格助詞

① 主格 *-이(-伊, -是)

예. -伊　脚烏伊四是良羅--ᄀᆞᄅᆞ리 네이러라(<處容歌>)

佛伊衆生毛叱所只--부톄 衆生ᄆᆞᆺ도록(<隨喜功德歌>)

-是　民是愛尸知古如--民이 ᄃᆞᅀᆞᆯ 알고다(<安民歌>)

雪是毛冬乃乎尸花判也--서리 몯 누올 花判여(<讚耆婆郎歌>)

---

36) 关于“渤海文字”，≪旧唐书≫(卷199，下)“列传”(149)，‘北狄·渤海·靺鞨’条里有记载：“(渤海)风俗与高丽及契丹，颇有文字及书记。”再如≪高丽史≫(卷1)“世家”(卷1)有记事：“太祖八年，(中略)唐武后时，高句丽人大祚荣走保辽东，睿宗封为渤海郡王，因自称渤海国。并有扶余肃愼等十余国。有文字礼乐官府制度。”从这些记载中可以看出，渤海有其特有的文字。

37) 在“广开土大王”碑文上的高句丽的文字大约如下图。

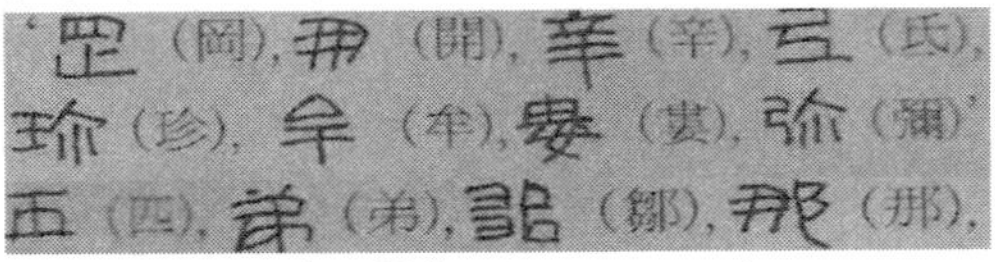

(岡), (開), (辛), (氏), (珍), (牟), (婁), (彌), (西), (弟), (鄒), (那).

38) 具体例子和说明参见拙著。(2011:294~297)

② 屬格 *-ᄋᆡ/-의(-衣, -矣), -ㅅ(-叱)
예. -衣　於內人衣善陵等沙--어느 사ᄅᆞᄆᆡ 선ᄃᆞᆯ사(<隨喜功德歌>)
-矣　耆郞矣皃史是藪邪--기랑의 ᄌᆞᄉᆡ 이슈라(<讚耆婆郞歌>)
-叱　栢史叱枝次高支好--잣ㅅ가지 노파(<讚耆婆郞歌>) *무정체의 속격
千手觀音叱前良中--천수관음ㅅ전아ᄒᆡ (<禱千手觀音歌>) *존칭 속격

③ 處格 *-ᄒᆡ(-中), -아히(-良中), -여ᄒᆡ(-也中)
예. -中　衆生叱海惡中--중생ㅅ바닥ᄒᆡ(중생의 바다에)(<普皆廻向歌>)
-良中　千手觀音叱前良中--천수관음ㅅ전아ᄒᆡ(<<禱千手觀音歌>)
-也中　沙是八陵隱汀里也中--새파란 나리여ᄒᆡ(샛파란 냇물에)(<讚耆婆郞歌>)

④ 對格 *-ㄹ(-乙), -흘(-肸)
예. -乙　佛前燈乙直體良焉多衣--불전등을 고티란ᄃᆡ(<廣修供養歌>)
-肸　吾肸不喩慚肸伊賜等--나흘 안디 붓ᄒᆞ리샤ᄃᆞᆫ(<獻花歌>)

⑤ 呼格 *-야(-也), -하(-下)
예. 郎也 慕理尸心未行乎尸道尸--낭여 그릴 ᄆᆞᅀᆞᄆᆡ 여올 길(<慕竹旨郎歌>)
月下伊底亦--달하 이데(<願往生歌>)

⑥ 造格 *-로(-留)
예. 心未筆留慕呂白乎隱佛體前衣--ᄆᆞᅀᆞᄆᆡ 부드로 그려ᄉᆞᆸ본 부톄전의(<禮敬諸佛歌>)

(2) 用言 活用의 부동사 語尾
① [目的] -라(-良) 功德修叱如良來如--공덕 닷ᄀᆞ라 오다(<風謠>)
② [原因] -미(-米) 此矣有阿米次肸伊遣--이에 이샤ᄆᆡ 저희시고(<祭亡妹歌>)
③ [列擧] -며(-旀) 膝肸古召旀--무르플 고초며(<禱千手觀音歌>)
④ [先後] -다가(-如可) 夜入遊行如可--밤드리 노닐다가(<處容歌>)
⑤ [同時] -고(-遣) 抱遣去如--안고 가다(<薯童謠>)
⑥ [前後] -아/-어(阿) 花肸折叱可獻乎理音如--고즐 갓가 받ᄌᆞ보오림다(<獻花歌>)

这样的借字标记越来越发达，到了高丽时期成为“释读口诀”。高丽的口诀更简化，只用汉字的偏旁部分来标记。

4.5

简化的口诀字通常称为“略体吐”。“略体吐”只用汉字的偏旁或者偏旁里面再减笔划来使用。如，呼格“-아/-여”本来写成“阿”。“略体吐”只用“阿”的偏旁“阝”。再如，共同格“-와/-과”，用“队”的“卜”，标句词“-고”用“古”的“口”，“-겨”用“在”的“一+丿”，工具格“-로”用“奴”的“又”。

这种口诀，尤其是简化的口诀需要规范和系统性。为了保证系统性肯定需要对汉字字形的研究。但是到现在对口诀简化的原则和简化的过程尚未得到深入的研究。

5. ≪龙龛手镜≫与声韵学

5.0

≪龙龛手镜≫是受声韵学的影响编撰的。如上所述，唐以后流行字书和韵书结合的字典。≪龙龛手镜≫也是注重汉字的字音，尽量反映正确的字音。下面考察声韵学对≪龙龛手镜≫的影响。

5.1

智光的序文里记录，“矧复释氏之教，演于印度，译布支那，转梵从唐，虽匪差于性相[39]，按教悟理，而必正于名言，名言不正则性相之义差，性相之义差则修断[40]之路阻矣。”智光说明，为了正确地翻译梵文经书，需要挑选正确的汉语词汇。为了挑选正确的汉语词汇编撰字典是编撰≪龙龛手镜≫的目的。这样的翻译一般是集体工作。据金文京(2011:190)，北宋太平兴国7年(982)在开封译经院进行≪般若心经≫的译经仪式，[41]其次序如下：

① 译主- 朗诵梵文原文。通常由从印度过来的僧侣担当。
② 证义- 位于译主的左边，讨论梵文的内容。

---

39) “性相”属于佛教的术语。可以分别称为“性”和“相”。“性”就是“佛法”本身，是改动不了的。“相”是“相貌”，指的是外延。在“有为”和“无为”的对立中，“无为法”成为“性”而“有为法”成为“相”。“有为”和“无为”都具有“性”和“相”。其“本身”叫做“性”而“可识”叫做“相”。

40) “修断”也是佛教的术语。“四正断”是① 断断、② 律仪断、③ 随护断、④ 修断。“修断”是四正断里面的第四，指的是为了“能够修行、建立正道、再将正道生长”而“断除诸恶”的意思。

41) 记录在≪佛祖统纪≫(卷43)“法运通塞志”，‘宋太宗’条里。

③ 证文- 位于译主的右边，检查译主朗诵的梵文有无错误。
④ 书字- 梵学僧用汉字记录译主朗诵的梵文。用汉字音音译梵文，如，Prajn˜ā：般若、hrdaya：纥哩第野，sutra - 素怛罗。
⑤ 笔受- 梵文的音译翻译成汉语。如，般若：智慧、纥哩第野：经、素怛罗：心。结合起来是"般若心经"。
⑥ 缀文- 笔受是每个词的翻译，而缀文是把个别词连接成句子。
⑦ 参译- 对比梵文和汉语译文，纠错。
⑧ 刊定- 精简汉译文。梵文比较复杂，汉译文更为简洁。
⑨ 润文官- 再润色汉译文。

以上是最正规的仪式性译经过程。通常更为简单，如，用汉字记录梵文、翻译成汉语、调整个别字的语序。

≪龙龛手镜≫不只是为了解释笔划和偏旁的字书，而是一种韵书和字书的结合。为了正确地翻译佛经，首先需要把握汉字的正确的发音。就像徐锴的≪说文解字韵谱≫，将四声分类和反切结合起来表音。因此可以推测编者行均上人很精通声韵学。

5.2

据智光的序文可以了解，≪龙龛手镜≫受印度的音声学和中国的声韵学的影响。序文说明，印度的声明记论流传到中国，影响中国的声韵研究。序文又提到印度的标记法"梵字"的特征："夫声明着论，乃印度之宏网[42]，观迹成书，寔支那[43]之令躅。印度则始摽天语，厥号梵文载。彼贯线之花，缀以多罗之叶，开之以字，缘字界分之以男声女声。[44]"

如上所述，译经的过程中，首先需要转写成汉字，再翻译成汉译文。在这样

42) "宏纲"就是"大纲"。参见，孔安国的≪尚书序≫，"举其宏纲，撮其机要。"

43) 佛教将中国叫做"支那"或"脂那"。秦始皇统一中原地区建立秦朝。周边国家将中国叫做"秦"。天竺将"秦"转写成梵字"china"。"china"的汉字就是"支那"。在≪慈恩传≫里有记录："三藏至印土，王问：支那国何若？对曰：彼国衣冠济济，法度可遵，君圣臣忠，父慈子孝。"在宋朝法云编的≪翻译名义集≫"诸国篇"里有："脂那，一云支那，此云文物国。"唐宋时期在西域将中国称为"支那"或"脂那"。另外，≪慈恩传≫(10卷)是"贤奖"和"三藏"的传记，编者是唐的慧立。≪大慈恩寺法师传≫略称为≪慈恩传≫。

44) 记录用梵字标记梵语的方法。梵字在同一行里面连写辅音和元音。

的译经过程需要字典。辽、宋等地为了编撰字典，首先研究印度的声明记论。也就是说当时的字音研究很大程度上受印度音声学的影响。印度音声学到了高丽也影响到朝鲜新文字的创制。(拙著，2009)

再据智光的序文，“具辩宫商，细分喉齿，计二万六千四百三十余字，注一十六万三千一百七十余字，并注惣有一十八万九千六百一十余字。”记事里面的“宫商”和“喉齿”都属于按发音方式和发音部位的分类法。这些都基于古印度的音声学、声明记论。

序文的后一段说，“故目之曰龙龛手镜，惣四卷以平上去入，为次随部，复用四声列之。”在这里，可知≪龙龛手镜≫不只是按部首，而且还按四声的声调来整理汉字。

5.3

序文的最后，“又撰五音图式，附于后，庶力省功倍，垂益于无穷者矣。”说明书后面附载有“五音图式”。这里的“五音图式”很可能指的是“四声五音九弄反纽图”。“四声五音九弄反纽图”附在陈彭年等编撰的≪大广益会玉篇≫(1013)的卷首，作者是神珙。神珙是唐朝的西域僧。根据序文的引文≪元和韵谱≫可以推测，神珙也是元和(806~820)以后的人。“反纽图”是一种等韵图。神珙在“五音声论”里面，根据声明记论按五种发音方式将声类分为“喉、舌、齿、唇、牙”的五声。“五音图式”在“五音声论”的基础上，再加上“全清、次清、不清不浊、全浊”的发音方式来分类。据拙著(2009:70)，“五音图式”很可能附于宋朝和辽朝的所有的字书和韵书。金朝韩道昭编的≪五音集韵≫里的“五音图式”是现有的最早的版本。而且现有的≪龙龛手镜≫和≪龙龛手鉴≫里找不到“五音图式”。估计明朝排斥北方民族的政策不允许北方民族做的“五音图式”。

据拙著(2009:167)，“五音图式”成为八思巴字的基础。如下图：

	牙音	舌音		脣音		齒音		喉音	半音	
		舌頭音	舌上音	脣重音	脣輕音	齒頭音	正齒音		半舌音	半齒音
全清	見	端	知	幫	非	精	照	曉		
次清	溪	透	徹	滂	敷	清	穿	匣		
全濁	群	定	澄	並	奉	從	床	影		
不清不濁	疑	泥	娘	明	微			喻	來	日
全清						心	審	(么)45)		
全濁						邪	禪			

【36声母的五音图式以及八思巴字】

这样的“五音图式”先删除八思巴字, 再附在宋的≪韵略≫和≪礼部韵略≫, 元朝黄公绍的≪古今韵会≫、熊忠的≪古今韵会举要≫等。≪龙龛手镜≫后面也可能附载这“五音图式”。但是因为明太祖施行抹杀八思巴字的政策, 所以以后所有的字书和韵书上找不到“五音图式”。比如, 现有的≪五音集韵≫里没有这个“36声母图”。≪古今韵会举要≫里只有题名“礼部韵略七音三十六母通考”, 没有图式。题名后面有注释“據古字韵音同”, 这里的“字韵”是“蒙古字韵”。46)(拙著, 2009:69)

6. 结语

以上本文考察了高丽本≪龙龛手镜≫。首先考察≪龙龛手镜≫的编撰目的和用途。然后再阐述≪龙龛手镜≫的结构和编撰过程。这部字书按汉字的字形来分类, 可以查汉字的音和义。可称为是≪说文解字≫以后很有独创性的字典。

接着说明辽朝行均上人编撰的≪龙龛手镜≫的历史演变和给后代的影响。解释辽版刊行、北宋的复刻、南宋的≪龙龛手鉴≫, ≪龙龛手鉴≫是一种改刊,

45) 按≪蒙古字韵≫的伦敦钞本, 是喻母字的异体字, 36字母不将它包括在内。
46) 明太祖彻底抹杀北方民族的残滓。因此消除“蒙古”、“八思巴”等的词, 或者将这些词汇换成别的词。

与辽版有一定的差别。到了明朝使用南宋版，到了清朝刊行很多种异本。清朝的异本里面，有些比较差的版本。

到了高丽，大量的辽宋书籍流入到朝鲜半岛。高丽的义天引进中国的书籍，其中包括辽版≪龙龛手镜≫。罗州牧官撰辽版≪龙龛手镜≫，因此高丽本最接近辽版≪龙龛手镜≫的面貌。但是现有的高丽本不全。缺≪龙龛手镜≫的"上声卷第二"和"榆岾寺旧藏本"的卷1。现在高丽大学图书馆收藏卷3、卷4的"龙龛手镜去声卷第三"和"龙龛手镜入声卷第四"。这些本来是崔南善购买的"松广寺旧藏本"。

辽版的序文里可以看到，≪龙龛手镜≫的卷尾附载"五音图式"。但是所有的版本包括高丽本和宋椠本里都没有"五音图式"。作者认为，主要因为是明朝抹杀北方民族的政策，禁止附载"36声母图"。

对≪龙龛手镜≫的刊行和契丹文字的使用的关系、高丽本的刊行和高丽口诀的使用的关系，留待今后进一步研究。

<参考文献>

金敏洙(1980),『新國語學史』[全訂版], 一潮閣, 서울

金完鎭(1980),『鄕歌 解讀法 硏究』, 韓國文化硏究叢書 21, 서울대출판사, 서울

金完鎭外(1997), 金完鎭·鄭光·張素媛:『國語學史』, 韓國放送大學校出版部, 서울

김한규(1999),『한중관계사 I』, 아르케, 서울

南權熙(2002),『高麗時代 記錄文化 硏究』, 淸州古印刷博物館, 청주

梁柱東(1942),『朝鮮古歌硏究』, 博文書館, 京城

張東翼(2000),『宋代歷史資料集錄』, 서울대출판부, 서울

拙稿(1987), "朝鮮王朝の譯科漢學と漢學書--英·正祖時代の譯科漢學試券を中心に--,"『震檀學報』(震檀學會) 第63号, pp. 33~72

____(1999), "元代漢語の<舊本老乞大>,"『中國語學硏究開篇』(早稲田大學中國語學科), 第19号, pp. 1~23

____(2003a), "韓半島での漢字の受容と借字表記の變遷,"『口訣硏究』(口訣學會), 第11号, pp. 53~86

____(2003b), "朝鮮漢字音の成立と變遷," 日本中國語學會第53回全國大會シンポジウ

ム,「漢字音硏究の現在」主題發表, 2003年10月25日早稻田大學大隈講堂
____(2004), "朝鮮時代的漢語敎育与敎材-以<老乞大>爲例-,"『國外漢語敎學動態』(北京外國語大學), 總第5期, pp. 2~9
____(2006), "吏文と漢吏文,"『口訣硏究』(口訣學會), 第16号, pp.27~69
____(2009a), "The Vowels of hP'ags-pa Script and the Middle Sound Letters of Hunmin-Jeongeum, Korean Hangul(論八思巴文字的母音字與訓民正音的中聲), The hP'ags-pa Script: Genealogy, Evolution and Influence, The 16th World Congress, The International Union of Anthropological and Ethnological Science, Kunming China, July 27-31, 2009.
____(2009b), "契丹·女眞文字と高麗の口訣字," 国際ワークショップ「漢字情報と漢文訓読」, 日時: 2009年 8月22~23日, 場所: 札幌市・北海道大学人文・社会科学総合教育研究棟 W408. 이 발표논문은 수정 보완하여 졸고(2010)로 공간되었다.
____(2010), "契丹·女眞文字と高麗の口訣字,"『日本文化硏究』(東アジア日本學會), 第36輯, pp. 393~416
拙著(1990),『朝鮮朝 訳科試券 硏究』, 大東文化硏究院(成均館大学校附設), 서울
____(2002a), 鄭光主編, 梁伍鎭·鄭丞惠 共編:『原本老乞大』(解題·原文·原本影印·併音索引), 外語敎學与硏究出版社, 北京
____(2002b), 鄭丞惠·梁伍鎭 共著:『吏學指南』, 太學社, 서울
____(2009),『蒙古字韻硏究』, 博文社, 서울
洪起文(1946),『正音發達史』上·下, 서울新聞社出版局, 서울

龜井孝・河野六郎·千野榮一(1988),『言語學大辭典』, 第1卷「世界言語編」上, 三省堂, 東京
金文京(2011), "日韓訓讀史の比較 その共通點と相違點", 麗澤大學 第3回「日韓訓讀ジンポジウム」, 平成23年 10月29日, 麗澤大學 廣池千九郎記念講堂 2層大會議室
河野六郎・千野榮一・西田龍雄(1989)編,『言語學大辭典』上·中·下, 三省堂, 東京
河野六郎・千野榮一・西田龍雄(2001),『言語學大辭典』別卷, 三省堂, 東京
藤塚 鄰(1929), "高麗版龍龕手鏡解說," 影印本『高麗版龍龕手鏡』, 京城帝國大學法文學部, 京城
藤本幸夫(1996), "高麗大藏經と契丹大藏經について"、『中國佛敎石經の硏究』, 京都大學學術出版會, 京都

金光平・金啓綜(1980),『女眞語言文字研究』, 文物出版社, 北京
羅常培・蔡美彪(1959),『八思巴文字與元代漢語』[資料汇編], 科學出版社, 北京
李德啓(1931), 滿洲文字之起源及其演變, 北平圖書館刊 5卷6期(民國 20年11-12月), 後ろから, pp. 1-18, 図表16
周有光(1989),「漢字文化圈的文字演變」,『民族語文』(民族研究所), 1989-1, PP. 37~55
陳慶英(1999),「漢文『西藏』一詞的來歷簡說」,『燕京學報』(燕京研究院, 北京大學出版社) 新六期（1999年5月）pp. 129~139
陳乃雄(1988), "契丹學研究述略",『西田龍雄還曆記念東アジアの言語と歷史』, 松香堂, 京都
淸格爾泰(1997), "關於契丹文字的特點" ≪アジア諸民族の文字≫(口訣學會編), 太学社, 서울
淸格爾泰 外(1985), 淸格爾泰·劉風翥·陳乃雄·于寶林·邢复禮: ≪契丹小字研究≫, 中國社會科學出版社, 北京

Klaproth(1812), J. von Klaproth: *Abhandlung über die Sprache und Schrift der Uiguren*, Berlin
Poppe(1965), N. Poppe: *Introduction to Altaic Linguistics*, Otto Harrassowitz, Wiesbaden

□ 성명 : 정광(鄭光)
주소 : (139-221) 서울시 노원구 중계 1동 두타빌 A동 301호
전화 : 82)10-8782-2021
전자우편 : kchung9@hanmail.net

□ 이 논문은 2012년 12월 15일 투고되어
2013년 01월 14일부터 02월 10일까지 심사하고
2013년 02월 25일 편집회의에서 게재 결정되었음.

□ 번역
曹瑞炯(中国社会科学院)

<국문초록>

고려본 <龍龕手鏡>에 대하여

이 논문은 고려에서 간행한 <龍龕手鏡(용감수경)>에 대하여 이 책의 편찬시기, 편찬목적, 편찬경위 등을 종합적으로 고찰한 것이다. 遼의 불교 僧侶 行均이 기원 후 997년에 간행한 <용감수경>은 얼마 안 되어 北宋에서 복각본이 간행되었다는 기록이 있으나 전하지 않는다. 南宋에서도 이를 복간하였으나 서명을 <龍龕手鑑(용감수감)>으로 고쳤다.

고려에서는 遼에서 이 책을 수입하여 復刊하였는데 고려본은 <용감수경>이란 서명을 유지하고 있어 원본의 모습을 볼 수 있다는 의미에서 중요한 자료로 여겨왔다. 4권 3책으로 간행되었지만 오늘날 전하는 것은 권3,4의 1책이 고려대 도서관에 國寶로 소장되었을 뿐이다. 권1이 金剛山 유점사에 소장되어 전해오다가 한국전쟁 때에 행방이 묘연하게 되었다. 다행이 京城帝國大學에서 이 두책을 영인하여 간행하였다.

이 책은 한자의 字書로서 漢字 189,610여 자를 部首로 나누어 그 발음과 뜻, 出典, 그리고 正字와 俗字 등의 字形을 보인 사전이다. 契丹語를 공용어로 하는 遼에서 이러한 한자 字書를 간행한 것은 遼의 佛家에서 漢文으로 된 佛經을 읽기 위한 것이다. 梵語로 된 佛經을 한문으로 번역할 때에 중국어의 通語로 된 번역문(이를 變文이라고 함)에 많은 한자의 俗字가 사용되었으며 이 字書는 이러한 變文의 俗字를 이해하기 위한 것이기도 하다.

그리고 遼에서 제정된 거란문자는 한자를 分解하여 그 偏旁을 표음문자로 사용하였는데 한자의 분해를 위하여 이러한 字書가 편찬되었을 수도 있다고 보았다. 또 고려에서 이를 즉시 수입하여 復刊한 것은 口訣略字의 제정을 위하여 한자의 분석이 필요하였기 때문임을 주장하였다.

그리고 遼에서 제정된 거란문자는 한자를 분해하여 그 偏旁을 표음문자로 사용하였는데 한자의 분해를 위하여 이러한 字書가 편찬되었을 수도 있다고 보았다. 또 고려에서 이를 즉시 수입하여 復刊한 것은 口訣略字의 제정을 위하여 한자의 분석이 필요하였기 때문임을 주장하였다.

≪龍龕手鏡≫疑難字研究及相關問題

鄭賢章

(中國, 湖南師範大)

<Abstract>

Researching on Difficult Words and Related Problems of Longkan Shoujing

Longkan Shoujing(≪龍龕手鏡≫) was written by Xingjun,a monk of the Liao Dynasty, which was an extremely important and unique Chinese wordbook in the history of ancient lexicon. This book contained a large number of debatable and difficult folk words, and also included a large number of debatable and difficult phonetic notations and interpretations. previous studies were mainly focused on its quotations and the way it was compiled, and little attention was paied to difficult folk words,phonetic notations and interpretations. This paper is going to probe into this problem by researching extensive debatable and difficult phonetic notations and interpretations, then summarizes the reasons for the generation of this phenomenon.

Key Words : Longkan Shoujing(≪龍龕手鏡≫) ; Wordbook ; Difficult Words

今傳世≪龍龕手鏡≫(以下簡稱≪龍龕≫), 卷首附有燕臺憫忠寺沙門智光寫的≪新修龍龕手鏡·序≫。其序云 : “有行均上人, 字廣濟, 俗姓于氏, 派演青齊, 雲飛燕晉, 善於音韻, 閑於字書。”根據序文, 行均, 俗姓于, 字廣濟, 祖籍“青齊”(今山東一帶), 後出家在“燕晉”(今河北、山西一帶)爲僧, 大約生活於五代末世至遼聖宗統和年間(公元十世紀中後期), 具體生卒年不詳。≪龍龕手镜≫後又名≪龍龕手鑑≫。宋人重刊時, 因避太祖趙匡胤祖父趙敬的嫌諱(敬與鏡音同)改“龍龕手镜”爲“龍龕手鑑”。該書共收26430餘字, 注文163170餘字, 連注總共有189610餘字。部首按平上去入四聲排列, 各部所收之字也依四聲排列。其于每字下詳列正體、俗體、通俗體、古體、籒文、今字、或體、变体或者誤體，并作了音義注釋。

關於≪龍龕≫一書的性質，先輩時賢有不少論述。潘重規≪龍龕手鑑新編·引言≫："綜工諸端，證以現存敦煌寫本，吾人乃得以確知龍龕手鑒爲佛徒據佛藏寫本編成之字書。"張涌泉在≪敦煌俗字研究≫中認爲≪龍龕≫"實際就是佛教經典的備查手冊"。中華書局≪龍龕≫出版說明："≪龍龕手镜≫四卷是遼代幽州僧人行均(字廣濟，俗姓于)爲研讀佛經而編撰的一部字典。"這些論述都認為行均撰寫≪龍龕≫的目的是爲佛徒研讀佛經提供一部有形音義的字書。這些說法大致正確，但≪龍龕手镜≫中也有許多字並非源自佛典，而是抄自一些字韻書，還有的至今無法知道其來源。因此，我們在≪<龍龕手鏡>研究≫一書中指出"≪龍龕手镜≫是一部以收集寫本佛經用字爲主，兼收一些字韻書及其他文献中的字的字典"。

≪龍龕≫具有極高的學術價值。≪龍龕≫對敦煌文獻整理、漢語俗文字研究、大型字典編撰、漢字規範、音韻研究、訓詁研究等都具有重要價值。我們在≪<龍龕手鏡>研究≫(2004)一書中專門進行過介紹，此不贅述。

從我們今天認識程度看，≪龍龕手镜≫所載字可分為兩類：一類是普通字，說其普通，是因為這些字的讀音、意義、形體的來源都很清楚，没有疑問；一類是疑難字，說其疑難，是因為這些字的讀音、意義或形體還存疑問。本文要研究的就是後者。在此，我們將≪龍龕≫疑難字的涵義與範圍作一個比較具體的界定。我們所說的"≪龍龕≫疑難字"是指那些可見於≪龍龕≫的在大型字典中音、義不詳或形音義可疑或沒有任何書證、例證的字，以及可見於≪龍龕≫不為大型字典收錄的正體不易知曉的字。"疑難俗字"是以歷代大型字典為參照物，包括歷代大型字典收錄的音、義不詳或形音義可疑的≪龍龕≫字，歷代大型字典收錄的沒有任何書證或例證而可用≪龍龕≫補證的字，歷代大型字典未收錄的正體不易知曉的≪龍龕≫字。與普通常見字相較，這些"疑難字"或多或少存在一些令人疑惑的地方，都須經過一番研究才可辨別。針對不同類型的疑難字，我們或是考證它們的讀音、意義，或是辨析它們的形體、識別它們的正體，或是補充它們的書證、例證，或是將它們找出來供今後增入大型字典中。這些研究對於≪龍龕≫整體研究、漢語俗文字研究、大型字典的完善、佛典的校勘整理都有比較重要的意義。

≪龍龕≫疑難字產生的原因有這樣幾個方面：一是有些字作者自身就不認識它們，只是從文獻中把它們照抄過來；一是有些字作者應該是認識的但由於給出的信息有限(很多字只有注音，没有釋義)，尤其是没有給出來源或用例，導致後人不能認識；一是≪龍龕≫文字在後代的傳抄研讀中產生了訛誤，造成了新的疑難字。

≪龍龕≫疑難字的研究是≪龍龕≫研究中的一個十分重要的內容。≪龍龕≫之後的不少字韻書廣泛收錄≪龍龕手镜≫的字，且主要收錄其疑難字，如≪韻學集成≫、≪字彙≫、≪字彙補≫、≪直音篇≫、≪古俗字略≫、≪改併五音類聚四聲篇海≫、≪五侯鯖字海≫、≪正字通≫、≪康熙字典≫、新舊兩版≪漢語大字典≫、≪中華字海≫、≪異體字字典≫(台灣)等。≪龍龕≫疑難字問題没有解決，將直接影響這些字韻書的價值。上述字韻書有的除了收錄≪龍龕≫疑難字外，還對部分疑難字進行了考證，取得了一些成績。但≪龍龕≫一書很久以來沒有得到應有的評價，特別是清代文字學家，不了解該書的編寫目的和作用，對於該書多所指責。

李慈銘≪越縵堂讀書記≫曰："此書俗謬怪妄，不可究詰，全不知形聲偏旁之誼，又轉寫訛亂，徒淆心目，轉滋俗惑，直是廢書，不可用也。"受此觀點的影響，人們對≪龍龕≫没有予以重視，≪龍龕≫中的疑難字也没有得到很好的研究。上個世紀敦煌藏經洞的發現使寫本佛經得以重見天日，這時以收錄大量寫本佛經俗字為特色的≪龍龕≫的價值就充分體現出來了。

敦煌学大家潘重規對≪龍龕≫推崇有加。"余讀敦煌寫卷蓋有年矣，每苦其俗字訛文，變體間寫，充滿篇幅。時有窮思力索，不得其解者，不覺廢書掩卷而嘆。後玩辽行均龍龕手鑒，觀其分別部居，纂集文字，蓋皆根據寫本而成。遇敦煌卷子蓄疑，往往迎刃而解，爲之歡喜踴躍，不能自已。良以敦煌寫本，爲千年前遺物，無異龍龕手鑒編纂時取資之底稿，而手鑒輯存文字，紀錄音義，又不啻敦煌寫本之注釋。而爲此書者，殆懸知千載之後必有讀寫本仿徨求索而不得其解者，故於古今字書中別出手眼，以成此獨特之著作也。"(≪龍龕手鑒新編≫第1頁)

陳飛龍≪<龍龕手鑑>研究≫(1975)是第一部全面研究≪龍龕≫的著作，不過對≪龍龕≫疑難字没有予以重視。隨着學術界對≪龍龕≫的重視, ≪龍龕≫疑難字的研究也取得了很大的成績。舊版≪漢語大字典≫、≪中華字海≫等在收錄≪龍龕≫疑難字時, 多有考證, 尤其是≪中華字海≫識別了相當多的疑難字。張湧泉≪漢語俗字叢考≫(2000)運用文字形、音、義三者相證的方法, 識別出不少為≪中華字海≫收錄的≪龍龕≫疑難字。專門研究≪龍龕≫疑難字的著作是拙著≪<龍龕手鏡>研究≫(2004), 拙著考釋了1000多個≪龍龕≫疑難字。楊寶忠≪疑难字考释与研究≫(2005)、鄧福禄等≪字典考正≫、鄭賢章≪<新集藏經音義隨函錄>研究≫(2007)≪<郭迻經音>研究≫(2010)、韓小荊≪<可洪音義>研究—以文字為中心≫(2008)等也對≪龍龕≫疑難字多有考識。值得一提的是2010年出版的修訂本≪漢語大字典≫廣泛吸收了學界的成果, 對疑難字的處理比舊本要好很多。不少≪龍龕≫疑難字在修訂本≪漢語大字典≫中得以識別。此外還有一些論文對≪龍龕≫疑難字進行過研究, 但規模有限, 考的字不多, 在此不一一羅列。

≪龍龕≫現在到底還多少疑難字, 我們没有進行窮尽性統計。限於篇幅, 我們這裏只調查了≪龍龕≫金部的字, 至少有如下字還存有疑問。

1. ⿰金敢, 魯甘反, ⿰金敢鏒也。
   按 : "⿰金敢", 不見於≪龍龕≫之前的字韻書, 佛典中也没有找到"⿰金敢"字, 來源不明。
2. ⿰金責, 俗 ; 錆, 正, 七羊反, 精也。二。
   按 : "錆"釋義為"精", 來源不明。
3. 鐖, 居依反, 鉤名。
   按 : ≪廣韻・微韻≫ : "鐖, 居依切, 鉤逆鋩。≪淮南子≫曰 : '無鐖之鉤, 不可以得魚。'" "鐖"為"鉤逆鋩", ≪龍龕≫釋義為"鉤名", 來源不明, 疑傳抄有誤。
4. ⿰金寕, 俗 ; 鑏, 正, 女耕反。鑏鑏, 金聲也。二。
   按 : ≪廣韻・耕韻≫ : "鑏, 鐵鑏。女耕切。"≪龍龕≫"鑏鑏"訓"金聲", 來源不明。
5. ⿰金非, 俗, 音非, 正作扉, 戸⿰金非也。
   按 : "⿰金非"正作"扉", 其來源不明。"⿰金非"在≪經音義≫中乃"戸排"之"排"的俗字。慧琳≪一切經音義≫卷58 : "戸排, 蒲皆反。謂木闟開戸者也, 如戸

鉤等。律文作錸，非也。”(T54,p695b)

6. 鍖鏜，上音摸，下音謹。

按：“鍖”、“鏜”兩字來源不明，意義也不詳。

7. 鉥，音床。

按：≪五侯鯖字海·金部≫：“鉥，金聲也。”“鉥”訓“金聲”，來源不明。

8. 鑶，俗；鑶，正，音俞，祭名也。二。

按：“鑶”、“鑶”來源不詳。

9. 鑼，彼為反，鉊(鉛)屬。

按：≪廣韻·支韻≫：“鑼，≪玉篇≫云：‘耜屬也。’彼為切。”≪龍龕≫“鑼”訓為“鉊屬”，來源不明。

10. 鐠，丁含反。

按：“鐠”字來源不詳。

11. 鋰，良宜反。

按：≪龍龕≫“鋰”字來源不明。≪五侯鯖字海·金部≫：“鋰，麗金也。”≪五侯鯖字海≫將“鋰”訓為“麗金”不知所據，恐為臆斷。

12. 錁，音果，江淮云鐮也。

按：≪集韻·果韻≫古火切：“輠、錁，車膏器曰輠，或從金。”≪龍龕≫“錁”釋義為“鐮”。來源不詳。

13. 釪，之酉反。

按：“釪”音“之酉反”，來源不明。

14. 鉫，尼主、而遇二反。

按：“鉫”音“尼主反”，來源不明。

15. 鋺，亡返反，引也，正作挽。

按：從形體上看，“鋺”乃“鋔”字。≪龍龕≫“鋺(鋔)”為“挽”字，來源不明。

16. 鍣，古文，同上(錘)。

按：“鍣”作“錘”的古文，來源不明。

17. 鐱，劍、儉二音。

按：“鐱”音“劍”，即“劍”字。“鐱”音“儉”，來源不詳。

18. 鍄，音亮。

按：“鍄”字來源不明。

19. 鍼，羊制反。

按：“鍼”字來源不明。

20. 銕、鐵，二俗；鐵、鐵，二正，他結反，黑金也。四。

按：“銕”為“鐵”之俗，來源待考。

21. 鈮, 俗；鑈, 正, 奴叶反, 小箱也。二。
按：“鑈”訓“小箱”, 來源不詳。
22. 鼜, 倉歷反, 守夜鼓也。
按：“鼜”訓“守夜鼓”, 來源不明。
23. 鏺, 或作；鏺, 正, 普活反, 兩刃刈也。又≪經音義≫補末反, 樹名, 國名。上又音廢。二。
按：“鏺”音“廢”, 不詳。
24. 鐵, 音毒。
按：“鐵”來源不詳。
25. 鏢, 倉葛反, 又七大反。
26. 鋈, 火沃反, 銀也。
按：≪字彙·金部≫：“鋈, 呼木切。”
27. 鋖, 音妄。
按：“鋖” 音“妄”, 正體不明。
28. 鑿, 俗, 普擊反。
按：“鑿” 音“普擊反”, 正體不明。
29. 鑿, 俗, 七昔反。
按：“鑿” 音“七昔反”, 正體不明。
30. 鑵, 音薩。
按：“鑵” 音“薩”, 正體不明。
31. 鑌, 必老反。
按：“鑌”音必老反, 正體不詳。
32. 鍘, 音剃。
按：“鍘”音剃, 正體不詳。
33. 録, 丑弁反。
按：“録”音“丑弁反”, 來源不詳。
34. 鋓, 音利。
按：≪集韻≫：“鋓, 癡廉切。”此與≪龍龕≫“鋓”不同。≪龍龕≫“鋓”音“利”, 不詳。
35. 鏉, 音素。
按：“鏉”音“素”, 正體不詳。
36. 鏅, 音樹。
按：“鏅”音“樹”, 正體不詳。
37. 鉀, 音硬。

按："鉀"音"硬"，正體不詳。

38. 銵，音苟。

按："銵"音"苟"，正體不詳。

39. 鐥，音善。

按："鐥"音"善"，正體不詳。

40. 鏠，步項反。

按："鏠"音"步項反"，正體不詳。

41. 鐐，俗，古瓦反。

按："鐐"音"古瓦反"，正體不詳。

42. 鈖，相承方貧反，玉名。

按："鈖"釋義為"玉名"，不詳。

43. 鐍，俗，行交反。

按："鐍"音"行交反"，正體不詳。

44. 鏲，俗，音鎔。

按："鏲"音"鎔"，正體不詳。

45. 鋮，俗，音成。

按："鋮" 俗音"成"，正體不詳。

46. 鐫，俗，音離。

按："鐫"字，正體不明。

47. 鋛，古行反。又去聲。

按："鋛"字，正體不明。

48. 鉫，音加。又古荷反。

按："鉫"字，正體不明。

以上金部48例，或字的讀音來源不詳，或字的意義來源不詳，或字的形體來源不詳。≪龍龕≫疑難字的存在會影響其自身的價值，也會影響後來收錄了這些疑難字的字韻書的價值。通過初步調查，我們發現≪龍龕≫疑難字的數量還有不少，≪龍龕≫疑難字的研究仍將是今後若干年內≪龍龕≫研究的重點。針對≪龍龕≫疑難字的特殊性，拙著(2004)總結歸納了幾種考釋疑難字的方法與途徑。它們是"據異文考釋疑難字"(包括根據今不同版本佛經異文考釋疑難字、根據≪龍龕≫所存的大量佛經異文考釋疑難字)、"據≪龍龕≫所給俗字的讀音考釋"、"據佛經音義類書、漢文佛經考≪龍龕≫疑難字"、"根據敦煌寫本文獻考≪龍龕≫疑難字”。這些方法對≪龍龕≫俗字、疑難字的考釋起了比較大的作用。下面我們再運用這些方法考釋一些疑難字。

1. 停，特丁反，止水也。

按：“停”無“止水”之義，≪龍龕≫“停”訓“止水”，乃“渟”字。與≪廣韻・青韻≫特丁切：“停，水止。”佛經中“渟”有作“停”的情況。慧琳≪一切經音義≫卷21：“香水澄渟，渟，笛零反。≪埤蒼≫曰：‘水止曰渟。渟猶湛也。’經本有從立人作停者，誤也。”(T54, p437a)

2. 銾，音床。

按：≪五侯鯖字海·金部≫：“銾，金聲也。”“銾”訓“金聲”，來源不明。我們懷疑≪龍龕≫“銾”乃“床”字。佛經中，“床”常與“金”、“銀”等連用，受此影響類化增旁而作“銾”。≪增壹阿含經≫卷51<52大愛道般涅盤品>：“六者夢見狐坐金床上，食以金器。”(T02, p829c)≪佛般泥洹經≫卷2：“黃金床白銀床，琉璃床水精床。”(T01, p170b)

3. 鑼，彼為反，鉊(鈶)屬。

按：≪廣韻·支韻≫：“鑼，≪玉篇≫云：‘耜屬也。’彼為切。”≪龍龕≫“鑼”訓為“鉊屬”，來源不明。我們懷疑“鉊屬”之“鉊”乃“鈶”字之訛。“鈶”可與“耜”同。≪玉篇·金部≫：“鈶，辭理切，亦作耜。”

4. 鉫，尼主、而遇二反。

按：“鉫”音“尼主反”，來源不明。佛經中，“鉫”乃“鉫”字之訛。≪賢愚經≫卷4：“寒地獄中，受罪之人，身肉氷燥，如燋豆散。腦髓白爆，頭骨碎破百千萬分。身骨劈裂，如箭鉫。”(T04, p0378b)“鉫”，宋、元本作“鉫”。“鉫”即“枷”字，而“鉫”乃“鉫”字之訛。≪龍龕≫“鉫”音“尼主反”、“而遇反”，懷疑是俗讀，俗以“鉫”從“如”得聲故讀為“如”。

5. 偳，俗，音端。

按：≪廣韻・桓韻≫多官切：“偳，抄偳，又音湍。”≪廣韻・桓韻≫他端切：“偳，人名。又多丸切。”≪廣韻≫“偳”讀“多官切”，與≪龍龕≫讀“端”音同。不過≪龍龕≫以“偳”為俗，似乎另有所指。如果就是≪廣韻≫中的“偳”的話，≪龍龕≫不當言“俗”。我們懷疑≪龍龕≫“偳”即“端”字之俗。≪隨函錄≫卷5≪方廣大莊嚴經≫卷11：“媏正，上都官反，正也，直也，正作端。”(59/698b) 佛經中 “端正”一詞用來形容女子漂亮，受此心理影響，書寫者改“端”從“女”旁而作“媏”，同樣“端正”由於是形容人，故亦有可能從“亻”旁而作“偳”。

6. 鋓, 音利。

按：≪集韻≫："鋓, 癡廉切。"此與≪龍龕≫"鋓"不同。≪龍龕≫"鋓"音"利", 疑即"鏫"字。慧琳≪一切經音義≫卷49："蒺蔾, 自栗反, 下力尸反。論文從金作鏃鋓二形, 非也。"(T54, p634c)"蒺蔾"同"鏃鋓", 又作"鏃鏫"。≪隨函錄≫卷11："鏃鏫, 上音疾, 下音梨。"(59/954c)≪普曜經≫卷5<17召魔品>："魔眾所住處, 溝坑布鏃鏫。"(T03, p518c)"鋓"同"鏫", 應讀平聲, 何以會讀去聲呢？我們認為"鋓"音"利"乃俗讀, 俗以"鋓"形體上從"利"得聲故讀"利"。

7. 鐞, 音樹。

按："鐞"音"樹", 疑即"樹"字。佛經中, "樹"可與"金"、"銀"等連用。≪長阿含經≫卷3："其金樹者, 銀葉花實；其銀樹者, 金葉花實。"(T01, p21c)"樹"蓋受"金"、"銀"等的影響類化換旁而作"鐞"。

8. 鉀, 音硬。

按："鉀"音"硬", 疑即"硬"字。"硬"可作"鞕"。≪隨函錄≫卷12："堅鞕, 五更反, 堅牢也, 正作鞕、硬二形也。"(59/1004a)"鉀"蓋是"鞕"換旁所致。

9. 錡, 音茍。

按："錡"音"茍", 疑即"狗"字。"狗"俗作"猗"。在佛經中, "狗"常與"銅"等連用。≪佛說佛名經≫卷26："其城四門有四大銅狗, 其身縱廣四十由旬。"(T14, p287c)"狗(猗)"蓋受"銅"等影響類化換旁從金而作"錡", 其理與"臼"作"鈤"一樣。

10. 鐥, 音善。

按："鐥"音"善", 疑乃"饍"字之俗。≪佛說超日明三昧經≫卷2："即以至心供養世尊, 手自斟酌百種之鐥。"(T15, p544b)"鐥", 宋、元、明、宮本作"饍"。根據經文, "鐥"即"饍"字。構件"食"與"金"近似易混, 如≪龍龕·食部≫(503)"鑠"俗作"饑", 可資比勘。

11. 鎟, 俗, 桑朗反。

按：從形體上看, "鎟"即"鎟"。"鎟"乃"磉"字之俗。慧琳≪一切經音義≫卷52："櫨鎟, 力都反。≪說文≫：'柱上枅曰櫨。'經文從金作鑪, 非體也。下宜作磉, 桑朗反。≪說文≫：'磉, 柱下石。'經文從金作鎟, 誤也。"(T54, p651c3)≪中阿含經≫卷14<1王相應品>："金柱銀櫨磉。銀柱金櫨磉。琉璃柱水精櫨磉。水精柱琉璃櫨磉。"(T01, p516a)"櫨磉", 宋本作"鑪鎟"。"鑪鎟"即"櫨磉", "鎟"即"磉"的換聲旁俗字。

12. 鈤, 俗, 音臼。

按："鈤"音"臼", 乃"臼"字。≪隨函錄≫卷11≪十住毘婆沙論≫卷1："鐵鈤，巨久反，正作臼。"(59/954c)≪隨函錄≫卷25："作鈤，巨九反，正作臼。"≪十住毘婆沙論≫卷1<1序品>："其中斧鉞刀矟矛戟弓箭鐵劖椎棒鐵鏘鋑鍱鐵磧刀鐵臼鐵杵鐵輪以如是等治罪器物，斬斫割刺打棒剝裂系縛枷鎖燒煮考掠，磨碎其身搗令爛熟。"(T26, p21a)≪十住毘婆沙論≫"鐵鈤"即"鐵臼"。根據經文，"臼"蓋是受上字"鐵"的影響類化增旁而作"鈤"的。

13. 鈄，天口反，姓也。又≪香嚴≫作邪、斗二音。

按：≪廣韻·厚韻≫天口切："鈄，姓也。"≪龍龕≫又引≪香嚴≫"鈄"音"邪"，乃"斜"字之訛。≪隨函錄≫卷29≪廣弘明集≫卷16："鈄光，上序嗟反，正作斜也。"唐·道宣撰≪廣弘明集≫卷16："曲豔口宣，斜光頂入。"(T52,p0210a)≪隨函錄≫"鈄光"即經文中的"斜光"，其中"鈄"即"斜"字之訛。構件"余"因與"金"形體近似而誤寫成了"金"。

14. 鈖，相承方貧反，玉名。

按：≪龍龕≫"鈖"從"金"卻釋義為"玉名"，疑其另有正體。≪玉篇·玉部≫："玢，玉名。方貧切。""鈖"與"玢"音義皆同。

15. 銙，俗，行交反。

按："銙"音"行交反"，疑即"餚"字。≪隨函錄≫卷9："設餚，戶交反。"(59/880a)"銙"音"行交反"，"餚"音"戶交反"，兩者音同。形體上，構件"食"與"金"近似易混，如≪龍龕·食部≫(503)"鑠"俗作"皪"，可資比勘。

16. 鏞，俗，音鎔。

按："鏞"音"鎔"，疑即"鎔"字。佛經中，"融化"常義同"鎔化"。"融"、"鎔"常替代使用。≪漢語大字典·虫部≫(3104)："蝩"即"融"。"鏞"疑是"鎔"與"融(蝩)"交互影響而產生的。日本影印朝鮮咸化八年增字本≪龍龕手鑒·金部≫："鎔，音容；鏞，俗。"是。

17. 鞕，古行反。又去聲。

按："鞕"字，正體不明。疑為"硬"字之俗。從"石"與從"金"意義相關。俗以"鞕"形體上從"更"得聲，故讀為"更"。"更"正好有"古行切"、"古孟切"二音。

18. 銍，戶耕反。

按："銍"疑即"莖"的增旁俗字。≪廣韻·耕韻≫："銍，莖草木幹也。戶耕切。""銍"與"莖"讀音相同。形體上，≪<新集藏經音義隨函錄>研究·俗別字譜≫："莖"作"荃"、"荎"。佛經中，"莖"常與"金"等連用。≪阿彌陀經疏鈔≫卷2："七寶諸樹，徧滿世界。所謂金根金莖，枝葉華果，亦皆以金，則名一寶。金根銀莖，枝葉華果，亦分金銀，則名二寶。"(X22, p638a)"莖"蓋受"金"或從金的字如"銀"等的影響類化增旁而作"鋞(𨫼)"。

19. 鉫，音加。又古荷反。

按："鉫"音"加"，乃"枷"字之俗。≪大方廣華嚴十惡品經≫："其地赤鐵，上火徹下，下火徹上，鐵鉫鐵鈕鐵銜鐵鋏，持火燒之。"(T85, p1360a)≪心性罪福因緣集≫卷下："或云利劍當殺其命，或云利錐可錐其咽，或云鉫鏁系縛手足。"(X88, p0018b)"鉫鏁"即"枷鎖"。"枷"蓋受下字"鏁"從"金"的影響類化換旁而作"鉫"的。≪新集藏經音義隨函録≫卷21≪賢愚經≫卷5："法鉤，古候反，≪川音≫作鉫，音加，非。"(60/202b)新版≪漢語大字典・金部≫(4513)引≪五侯鯖字海·金部≫："鉫，器也。"≪五侯鯖字海≫"鉫"訓器，來源不明白，意義不明確，恐乃望形生義。

20. 觟，音介。又他口反。

按：≪中華字海・角部≫(1443)："觟，義未詳。"其實"觟"乃"觚"字之訛。東晉・佛陀跋陀羅譯≪佛說觀佛三昧海經≫卷一："如來今者頭上有八萬四千毛，皆兩向靡右旋而生。分齊分明四抓分明，一一毛孔旋生五光。"(T15, p0649a)"抓"，宋本作"觟"，元、明本作"觚"。≪法苑珠林≫卷十："如來頭上有八萬四千毛，皆兩向靡右旋而生。分齊分明四觚分明，一一毛孔旋生五色光。"(T53, p0364c)≪光明經照解≫卷上："如來頂有八萬四千發，四觚分明。"(X20, p0499c)宋本≪佛說觀佛三昧海經≫"四觟分明"即"四觚分明"，其中"觟"即"觚"字。

"觟"是一個俗字，≪龍龕≫音"介"，疑為俗讀，俗以"觟"形體上從"介"得聲故讀為"介"，這是一種音隨形變的現象。≪龍龕≫中不少字注的是俗音，根據俗音是無法考釋出正體的。

≪龍龕≫中存有疑問的字還有很多，限於篇幅，我們只舉了20例疑難字加以考證。我們希望學界能對此加大研究力度。目前我們正在從事≪龍龕≫的校注工作，我們對≪龍龕≫疑難字的考釋與對≪龍龕≫的校注是同時展開的。根據我們的調查，各種版本的≪龍龕≫都或多或少存在校勘問題,即使高麗本≪龍龕≫也存在大量的訛誤。整理出一個可靠的≪龍龕≫文本，將是我們近幾年要努力實現的目標。我們在此希望能得到各位專家的指導幫助，也希望對此開展合作。兹舉幾例，以求教正。

1. 鐃, 土了反, 鐵文也。

按：從形體上看, "鐃"乃"鐃"字。"土"字疑為"吉"或"古"字之訛。"鐃"無"土了切"一音。≪廣韻·筱韻≫："鐃, 古了切。"≪廣韻·筱韻≫："鐃, 吉了切。"

2. 鍦, 於業反, 推鍦, 甲器也。

按："推"應為"椎"字。≪廣韻·業韻≫於業切："鍦, 椎鍦, 田器。""甲"應為"田"字之訛。≪廣韻·業韻≫於業切："鍦, 椎鍦, 田器。"

3. 鉒, 之戍、中句二反, 置又, 又選死人物也。

按："置又"當為"置也"之訛。"選死人物"當為"送死人物"之訛。≪廣韻・遇韻≫中句切："鉒, 置也, 又送死人物也。"≪廣韻・遇韻≫中句切："鉒, 置也, 又送死人物也。"≪止觀輔行助覽≫卷1："鉒, 竹句反, 送死人之器也。"(X55, p866a10)

4. 㜸、傀, 二或作；傀, 通, 傀, 正, 女回反, 美也, 盛也, 偉大皃也, 亦怪也, 異也。下又口罪反, 傀儡。四。

按："女"乃"公"字之訛。≪廣韻·灰韻≫："傀, 大皃, 又美也, 盛也, 偉也, 亦怪異。公回切。"

5. 佼, 下巧反, 庸人敬交 也。又古巧反, 女字也。又奴巧反。又音交。

按："庸人敬交也"不通, 疑為"庸人敏交也", 讀為"庸人敏, 交也"。≪廣韻・巧韻≫下巧切："佼, 庸人之敏。≪說文≫交也。又古巧切。"≪廣韻・巧韻≫古巧切："佼, 女字。"≪廣韻・肴韻≫古肴切："佼, 交也, 又古卯切。"

6. 儆, 居影反, 寤也, 或 也, 起也, 走也。又音竟, 敬慎也。

按：≪廣韻・梗韻≫渠敬切："儆, 儆慎, 又音警。"≪新集藏經音義隨函錄≫卷3："慎儆, 居影反, 寤也, 戒也, 亦作警。"(K34, p713a)≪廣韻・梗韻≫居影切："警, 寤也, 戒也。""或也"應為"戒也"字之訛。

7. 侸, 音樹, 丘也。

按："侸"即"尌"字。≪廣韻·遇韻≫常句切："侸, 同尌。"≪廣韻·遇韻≫常句切："尌, 立也, 又音住。"≪龍龕≫"侸"訓"丘", 有誤, 應為"立"。

8. 俙, 虛豈反, 優俙。又火皆反, 訟也

按："優俙"應為"偯俙"之訛。≪廣韻・尾韻≫虛豈切："俙, 偯俙。"≪說文·人部≫："俙, 訟面相是。从人、希聲。喜皆切。"

9. 僤, 徒且反, 疾也。≪周礼≫云苟欲無僤也。又市連反。

按："徒且"乃"徒旦"之訛, 四庫全書本作"旦", 是。≪說文·人部≫："僤, 疾也。从人、單聲。≪周禮≫曰：句兵欲無僤。徒案切。"≪廣韻·翰韻≫徒案切："僤, 疾也。≪周禮≫云：句兵欲無僤。"≪廣韻·仙韻≫市連切："僤, 同儃。"≪龍龕≫"苟欲無僤", ≪說文≫、≪廣韻≫作"句兵欲無

僤", 今≪周禮·冬官考工记≫作"句兵欲無彈"。句兵乃戈戟一类的兵器。≪龍龕≫作"苟"字有误。

10. 俅, 俗 ; 侅, 正, 古哀反, 竒傻也。又開、亥二音, 旁 侅, 非常也。二。
按 : ≪廣韻・咍韻≫古哀切 : "侅, 竒侅, 非常。" ≪新集藏經音義隨函錄≫卷25 : "恔步, 上經意是侅, 音亥, 奇侅, 非常也, 俊也。"(K35, p510c)

<参考文献>

可 洪(1984-1996), ≪新集藏經音義隨函錄≫, ≪中華大藏經≫第59、60冊, 北京:中華書局.

行 均(1985), ≪龍龕手鏡≫, 北京:中華書局.

增字本, ≪龍龕手鑒≫朝鮮咸化八年 日本影印.

徐中舒(1992), ≪漢語大字典≫(第一版), 武漢:湖北辭書出版社,成都:四川辭書出版社.

漢語大字典編輯委員會(2010), ≪漢語大字典≫(第二版), 成都 : 四川辭書出版社、崇文書局.

陳飛龍(1975), ≪龍龕手鑒研究≫ 台北 : 台灣文史哲出版社.

李慈銘(2006), ≪越縵堂讀書記≫北京:中華書局.

潘重規(1988), ≪龍龕手鑒新編≫ 北京:中華書局.

張湧泉(2000), ≪漢語俗字叢考≫, 北京:中華書局.

鄭賢章(2004), ≪<龍龕手鏡>研究≫, 長沙 : 湖南師範大學出版社.

鄭賢章(2007), ≪<新集藏經音義隨函錄>研究≫, 長沙 : 湖南師範大學出版社.

鄭賢章(2010), ≪<郭迻經音>研究≫, 長沙 : 湖南師範大學出版社.

中華電子佛典協會(2010), ≪CBETA電子佛典集成≫, 中國臺灣.

□ 성명 : 鄭賢章
주소 : School of Chinese Language and Literature, Hunan Normal University, Changsha 410006, China
전화: 86)0731-8887-2607 ; 18900741170(手機)
전자우편 : zhengxz000624@126.com

□ 이 논문은 2012년 12월 19일 투고되어
2013년 01월 14일부터 02월 10일까지 심사하고
2013년 02월 25일 편집회의에서 게재 결정되었음.

<中文摘要>

≪龍龕手鏡≫的疑難字研究及相關問題

辽代僧人行均所撰写的《龙龛手镜》是我国字书发展史上极为重要、极具特色的一部字书。不仅收录了大量罕见的疑难俗字，而且也收录了大量疑难的注音与释义。以前我们比较多地研究了它的编撰方式、体例、引书，对于疑难俗字、疑难注音释义研究不够。论文就这方面的问题展开了探讨，考证了一批疑难俗字、疑难注音释义。

韓国国会図書館所蔵「(秘書)朝鮮通言国字」の朝鮮語かな表記について

岸田文隆
(日本, 大阪大学)

<Abstract>

大韓民国国会図書館に「(秘書)朝鮮通言国字」という写本が所蔵されるが、本書にはかなで表記された朝鮮語の文および語彙が収められており、朝鮮語音韻史の資料として注目される。本論文は、この資料についての文献学的考証と朝鮮語かな表記についての考察をおこなったものである。

本書は、天明6年丙午(1786) 8月に筆写されたものであるが、表紙に「田儀屋」とあり、[石州　大森　田儀屋]なる蔵書印も押されていることから、もともと石見銀山大森の郷宿田儀屋に伝わっていたものと推される。本書がどこで成立したのかについては、本書例文中に、1782年12月23日に石見州邇磨郡宅野村に漂着した江原道三陟楸羅津の漁商との対話と思われる文があらわれることから石見において成立したようにも見えるけれども、さらに仔細に検討すると対話の場面は石見ではなく対馬と思われること、また、本書の朝鮮語かな表記に、ハ行やサ行に三点を付すなど、対馬の朝鮮語学書のかな表記の特徴がうかがわれること、等から対馬において成立したものと推される。

本書の朝鮮語かな表記は、「全一道人」や「朝鮮語訳」などの対馬の朝鮮語学書のかな表記に類似している。本書成立当時の朝鮮語の状況を反映しているものと見られ、朝鮮語東南方言の特徴(口蓋化など)が観察され、二重母音の單母音化の過程、語頭複子音の喪失過程等を考えるための材料を提供している。

Key Words：かな書き朝鮮語、田儀屋文書、漂流民、石見、対馬、朝鮮語音韻史

1. 序

大韓民国国会図書館に「(秘書)朝鮮通言国字」という写本が所蔵されており、その全部の画像が同館の運営するウェブサイト(국회전자도서관, http://dl.nanet.go.kr/index.do)上に公開されている。この資料は、丁数わずか12丁の片々たる分量にすぎないものの、かなで表記された朝鮮語の文および語彙が収められている点が注目され、朝鮮語音韻史の資料として看過できない価値を有していると思われるので、その文献学的考証と朝鮮語かな表記についての若干の考察をおこなうこととする。

2. 文献学的検討

言語面についての考察に先立ち、まず、本書の素性・成立等について書誌的な検討を加えてみたい。

本書の書誌事項につき、大韓民国国会図書館の上記ウェブサイトには、以下の内容が明記されている(原文は朝鮮語)。

制御番号: OLDP3000000106
資料室: 貴重書庫(1階 貸出台)
請求記号: OL 411.84 ㅈ434
資料名/著者事項: (秘書)朝鮮通言国字
版・写事項: 日本筆写本
発行事項: [発行地不明] : [発行処不明], 天明6[1786]
形態事項: 1冊(12張) ; 24.5 × 17 cm
一般注記: 書名: 表題に依る
表紙記: 天明六年午(1786)八月
所蔵印:「柳氏図書」

これらの項目により、本書の書誌の要はつくされているけれども、筆者が

2012年8月直接原本に就いて調査したところにより、若干この記述を補ってみたい。

本書のおもて表紙には、

天明六年
秘書
朝鮮通言国字
田儀屋
　午八月

とある。このことから、書名を「(秘書)朝鮮通言国字」ということ、筆写年代が「天明六年　　午」(1786)の「八月」であること、この本が「田儀屋」という所に所蔵されていたことがわかる。

書名「朝鮮通言国字」の「通言」とは「通用している言葉」、「国字」とは「日本のかな文字」の意であろうから、書名全体の意味は「朝鮮で通用している言葉を日本のかな文字で書き記した本」程度になるであろう。

所蔵所を伝える「田儀屋」については、さらに、本書おもて表紙とうら表紙に以下のような黒色の蔵書印が押されている。

この蔵書印から、「田儀屋」とは、石見銀山大森の郷宿「田儀屋」[1)]のことかと推察されるが、現在島根大学図書館および島根県立図書館にその一部が伝

わっている旧田儀屋文書類[2]を調査してみると、果たして、島根大学図書館所蔵の旧田儀屋文書「唐国え漂流仕候松平薩摩守家来并同人領分の者拾七人口書」[請求番号: 090/O63/984]のおもて表紙右下に上記の蔵書印と全く同一の蔵書印が押されていることが確認される。これにより、本書「(秘書)朝鮮通言国字」がもともと石見銀山大森の郷宿「田儀屋」にあったものであることが明らかである。

本書1丁めおもて、および、うら表紙には、さらに「柳氏図書」なる朱色の蔵書印も押されている。本書が田儀屋から流出したあと、一時「柳氏」の所蔵に帰したことを伝えるものと見られるが、その「柳氏」が何者であるのかについては未詳である。

本書が大韓民国国会図書館に受け入れられたのは、本書おもて表紙のうらに大韓民国国会図書館の蔵書印があり、そこに「1979.10.25」なる登録年月日が明記されていることから、1979年10月25日であることがわかる。ところで、本書12丁めうらの左上には、鉛筆書きで、古書肆の名と購入日とおぼしき「15-10-29th Von Takao Buchhandeler」という記載が見える。大韓民国国会図書館に受け入れられる前に本書を所有していた何者か(柳氏か?)が、古書肆のTakao Buchhandeler(高尾書店のことか)から(19)15年10月29日に本書を購入したことを伝えるものであろう。

本書の筆写年代は上述のごとく天明6年(1786)8月であるが、本書の底本が成立した年代もその筆写年をさほどさかのぼらないものの如くである。本書1丁めおもてから3丁めおもてにかけて、以下のごとき、日本の朝鮮語通詞と日本に漂着した朝鮮人漂流民との対話の文例が見られる(朝鮮語文は省略)。

【通詞】皆共爰許え何として漂着被致候哉/ 朝鮮国は何れの所の人にて御座候

---

1) 「郷宿」とは、公事宿ともいい、江戸時代、村役人や百姓が公事訴訟その他の公用のため城下または代官所に出頭したときに宿泊した宿屋のこと。石見銀山大森の郷宿「田儀屋」については、原宏(1972)pp.277-281に詳しい。

2) 郷宿田儀屋文書については、原宏(1974)に詳しい。

哉/ 一〻に不残　国出帆是迄の事　語られませひ/
【漂民】我〻儀。朝鮮国。江原道の内。三陟。楸羅津と申す所の。商船/ にて。咸境道の内参　帰国掛けに。大西風に相成り。俄に吹流され/ 参申候/
【通詞】積荷は何にて御座候哉/
【漂民】青魚と申す物積登り申候/
【通詞】何月何日に国元出船候哉/ 咸境道は何月何日に出帆被致候哉/
【通詞】人は何人乗りにて候哉/
【漂民】九人乗りにて御座候/
【通詞】各〻の。姓名は。何と申候哉/ 一〻　申上ませひ/
【通詞】朝鮮国　風にはなされ　何日ふりに此元え参申候哉/
【漂民】七日ぶりに。山下えのりかけましたに　浦人出まして　日本と申す/ 事が　かすかに　相わかりまして。大に。安心仕まして御ざりまする/ 其所　領主より段〻飯米等被成下。其上衣類等被下置　難有仕合に存候/
【通詞】漂着の磯辺にて。破船被致。気の毒に存る/
【通詞】皆共。漂着の訳。難船の趣。委敷。都表え申越。頓て。朝鮮え可/ 差帰　滞留の間。慎み可被居候/
【通詞】明日。出立致候様　申来り候。難有可被思候/
【通詞】死人は何人有哉。　此者の年何つか/
【通詞】病人は有か　どこを痛哉/
【通詞】服薬を被致　　膏薬をうたしやれひ/

この対話において漂流民が朝鮮の江原道三陟楸羅津の出身であることが注目されるが、これとよく似た内容の漂流記事が、以下のとおり、諸史料に記録されている。

[典客司日記]正祖７年(1783)癸卯8月8日の条：
(前略)我國原春道三陟漂民七名及慶尙道寧海漂民三名等, 來留府中是去乙, 招致問情, 則三陟漂民沙工良人林善伊所告內, 矣徒等, 當初沙格幷八名, 俱以原春道三陟府南面楸羅津所居漁商, 本道江陵縣大里居物主洪仁宅處, 貸錢興利次, 本里居李戒太船隻良中同騎, 持掌標二張, 上年十一月十五日, 自本土發船, 向往於江陵縣洪仁宅家是白如可, 同月十六日, 到同縣安仁津, 以風勢不利留連矣. 十二月十三日, 自其處離發, 同日到大昌里前洋, 西北風, 猝然大作, 鴟木及後帆竹, 一時折傷, 不能制

船, 漂蕩大洋, 屢日出沒死生之際, 同月二十三日, 格軍中李奉得段, 致死於船中, 漂着一處, 則其處之人, 見其漂來之狀, 卽出救活. 故矣徒七名及船隻, 俱爲得全, 而其地乃日本國石見州邇磨郡宅野村云云也. 仍卽率入閭家, 朝夕供饋, 而李奉得屍身, 自其處造棺以給. 故留連過歲後, 矣徒等船段, 留置漂泊處是遣. 今年二月二十九日, 矣徒七名段騎馬, 李奉得屍身段, 擔運前進, 三月十四日, 到長崎島, 則朝夕供饋, 而四月二十日, 慶尙道寧海府竹山浦居破船漂民三名, 二名屍體, 並來到. 故相逢同爲留連之際, 同月三十日, 矣徒本船一隻, 自漂泊處, 倭人等領曳來到, 所傷船隻什物, 自長崎島, 一倂改給. 故六月初五日, 矣徒七名, 屍身一軀及竹山浦漂民三名, 屍身三軀, 並以同騎於矣徒本船, 倭人等, 領護前進, 同月二十二日, 到對馬島府中, 朝夕供饋留連是如可, 矣徒等七名及一名屍身段, 乘本船, 與領曳差倭大船一隻, 七月初八日, 先爲乘船待風是如爲乎旀. 慶尙道寧海漂民格軍驛吏方德振等所告內, 矣徒當初沙格並五名等, 以慶尙道寧海府南面竹山浦所居海漢, 正月令進上大口魚捉得次, 持釣子十四部, 同里居船主方日伊孫船隻良中同騎, 今年正月二十日早食後, 自本浦出海, 設釣子捉魚之際, 同日北風猝然大作, 不能制船, 漂蕩大洋, 帆竹折傷, 出沒死生之際, 格軍中黃再守, 同月二十三日, 致死於船中, 二十四日, 漂着一處, 而船隻段, 爲巖磯所觸, 片片破碎, 矣徒四名, 僅僅攀陸, 則其處之人, 見卽出救, 黃再守屍身及矣徒釣子二部, 並以拯得以給, 而其地乃日本國石見州邇磨郡浸泉津湊附字唐人川原云云也. 仍卽率入閭家, 朝夕供饋留連之際, 沙工黃芿叱男, 二月初五日, 亦爲因病致死是如乎, 同黃芿叱男黃再守屍身, 其處造棺以給, 故四月初七日, 矣徒三名段騎馬, 二名屍身段, 擔運前進, 同月二十日, 到長崎島, 則朝夕供饋, 而原春道三陟漂民等七名, 先在其處. 故相逢留連是如可, 六月初五日, 三陟漂民七名, 屍身一軀及矣徒三名, 屍身二軀, 並以同騎於三陟漂民本船, 倭人等領護前進, 同月二十二日, 到對馬島府中, 朝夕供饋留連是如可, 三陟漂民等段, 七月初八日, 先爲乘船是遣, 矣徒等段落後, 姑未乘船是如爲乎等以, 同兩處漂民等, 供饋給糧後, 斯速出送之意, 申飭於馬島所任倭人等處是遣. 同漂民等姓名後錄手本是如爲有旀. 其後錄內, 原春道三陟漂民沙工良人林善伊年五十一, 格軍良人金日太年三十九, 驛奴李東云年三十三, 良人金成玉年二十七, 良人朴茂尙年四十四, 良人李千守年十九, 良人李春益年四十五等七名生存, 李奉得年十九物故. 慶尙道寧海漂民格軍驛吏方德振年四十六, 驛吏方莫男年二十二, 私奴尹允三年二十等三名生存. 驛奴黃再守年二十, 沙工驛奴黃芿叱男年三十五等二名物故是如爲有等以, 緣由馳通爲臥乎事爲等如馳通是白置有亦. 上項出來壬寅條副特送使倭所齎原書契別幅段, 待其設行茶禮, 捧上上送該曹計料是白遣. 飛船所持路引二度, 捧上監封上送于該曹爲白乎旀. 同送使倭二號船所持違格路引段, 旣已退却, 後勿如是之意, 更令任譯等, 責諭於館守處是白齊.

[同文彙考:34:35(漂風)]癸卯島主出送漂民書：
　云云初秋　緬惟震艮社贍恋曷已　茲者、貴国江原道三陟居民八名同駕一船、去年十一月中旬爲魚商故開帆本地、十二月十三日暴風自西忽損船具不能、回泊漂転大洋、就中一名渇死、同月二十三日到著本邦石見州邇磨郡宅野村浦、領主厚加矜恤送諸長崎官司、按検依実以聞乃付我有司、去月二十二日解到弊州、仍給衣糧補船隻、殮死躯使使者藤一貫送還、另具土物用抒交忱尚希照亮、粛此不備
天明三年癸卯七月　日　(後略)

[倭館館守日記]天明３年(1783)癸卯８月７日の条：
五巡漂差使着候付　揚陸被申渡　例の通御行規人相附　一代官え可被召連旨　以手紙御横目頭方え被相達
(中略)
右漂民死躯壱身　於北浜可被相渡旨　御横目頭え被申達
漂民今揚陸候付　於一代官家問情　御行規人御横目并組横目相附被罷出　通詞相附　例の通別差出席　手数相済　受取書弐通差出　真文に綴添有之
　但死躯請取書共に弐通也
右手数相済て　於此方御書簡写候に付　東向寺書役通詞相附　写取罷帰る
　　三陟漂民駕船吹嘘壱本
右小通事チボカえ相渡す

すなわち、これら諸史料により、江原道三陟府南面楸羅津の魚商８名が天明２年(1782)11月15日本土を出帆、12月13日西からの暴風により船具を損じ漂流、漂流中に１名が渇死、12月23日石見州邇磨郡宅野村浦に漂着、天明３年(1783)２月29日騎馬にて長崎へ出立、３月14日長崎に到着、６月５日船にて対馬へ出立、６月22日対馬に到着、７月８日朝鮮へ出立、８月７日釜山倭館に到着したことがわかる。「(秘書)朝鮮通言国字」冒頭の如上の漂流民との対話は、おそらくは、この漂流事件に取材したものであろう。両者の内容を比べてみると、いくつか食い違うところはあるものの、出身地や航海の目的(魚商)など主たる会話の設定が一致していることからそのように推測されるのである。

	「(秘書)朝鮮通言国字」の対話	天明2年(1782)漂流記事
出身地	江原道三陟楸羅津	江原道三陟楸羅津
出帆地	咸境道	江原道江陵県安仁津
漂流民の人数	9名	8名(内1名死亡)
航海の目的	魚商(積み荷が魚)	魚商
漂流から日本漂着までの日数	7日	10日

本書中に天明2年(1782)漂流事件に関連した内容が見られるということは、その底本の成立が1782年以降であることを示しており、本書の筆写年の天明6年(1786)8月をさほどさかのぼらない時期であろうと推される。

つぎに、本書の底本の成立地について考えてみたい。上記の天明2年(1782)漂流事件の漂着地が石見州邇磨郡宅野村であり、また、本書が伝わっていた所もその漂着地に近い石見大森の田儀屋であることから、本書の底本の成立地は石見ではないかと考えたくなるが、上掲の本書冒頭の漂流民との対話の文例を仔細に検討すると、どうやらその可能性はないもののごとくである。すなわち、上掲の漂流民との対話の文例には、

【漂民】七日ぶりに。山下えのりかけましたに　浦人出まして　日本と申す/ 事が　かすかに　相わかりまして。大に。安心仕まして御ざりまする/ <u>其所　領主より段〻飯米等被成下。其上衣類等被下置　難有仕合に存候/</u>

【通詞】皆共。漂着の訳。難船の趣。委敷。都表え申越。<u>頓て。朝鮮え可/　差帰　滞留の間。慎み可被居候/</u>
【通詞】<u>明日。出立致候様　申来り候。難有可被思候/</u>

のごとく、対話の場面が、漂着地の石見ではなく、朝鮮への送還を間近にひかえた対馬の地であることを示す表現が見られるのである。このことから、本書の底本の成立地は、石見ではなく、対馬に求めるべきであろうと思う。

また、後に述べるように、本書の朝鮮語かな表記に、ハ行やサ行に三点を

付す、対馬の朝鮮語学書に独特のかな表記の特徴がうかがわれる。このことも、本書の底本が対馬において成立したことを物語るものと見られる。

3. 朝鮮語かな表記について

上に述べたとおり、本書において最も注目されるのはかなによって表記された朝鮮語の文および語彙であるが、本章においてはその朝鮮語かな表記の特徴について考えてみたい。

まず、本書の朝鮮語かな表記には、ハ行やサ行に三点を付す、対馬の朝鮮語学書に独特のかな表記の特徴がうかがわれることを指摘しなければならない。

「全一道人」や「朝鮮語訳」など対馬の朝鮮語学書には、ハ行やサ行に三点を付した特殊なかな表記があらわれるが、

[全:30]フ*ト：不道　〔브도〕
[全:17]ソ*コニニ：子騫　〔ᄌᆞ건이니〕
[訳:1:13a]ヒ*ロク：仮令　〔비록〕
[訳:1:27b]ザ*クハヲルコ：とふ御ざらふか　〔ᄌᆞᆨᄒᆞ올고〕

これらは、それぞれ以下のような意図を持ったものと考えられる[3)]。

ハ行の三点：無声音のㅂやㅍの音をあらわす。
サ行の三点：口蓋化しないㅈやㅊの音をあらわす。

また、「全一道人」や「朝鮮語訳」よりも後代に成った「物名」においては、タ行に三点を付した次のような例もあらわれるが、

3) 安田章(1964)pp.28-36, 岸田文隆(2008)pp.84-87, pp.89-93, 奈良林愛(2010)などを参照。

「物名」
[物:1b] ト*ングム：りんご　　능금
[物:29a] ト*ウヲイ：蚕　　누에

これらは、朝鮮語のㄴの出渡り音[ⁿd]をあらわそうとしたものと考えられる。

ところで、本書「(秘書)朝鮮通言国字」にも、以下のとおり、三点を付したハ行、サ行、タ行のかながあらわれる。

[通:1a]ハ*イ: 船 〔빅〕
[通:3a]ソ*シムハヤラ: 慎み可被居候 〔조심ᄒᆞ야라〕
[通:5a]四百：ト*イハ*ク 〔네빅〕

これらは、上に示した「全一道人」「朝鮮語訳」「物名」などと同じ使用法にしたがったものである。なお、本書には、三点のハ行をㅁの出渡りの[ᵐb]をあらわすために使用した例もあらわれる。

[通:9a]小麦：ヒ*リ〔밀이〕

これは、三点のタ行をㄴの出渡り音[ⁿd]に使用した「物名」の方法をさらに発展させたものと言えよう。本書の三点の使用法は、中には、

[通:10a]口：イヒ*〔입이〕

のように、本来は二点のバ行のかなを用いるべき、有声音のㅂに当てられた例外的なものも見られるものの、おおむねは対馬の朝鮮語学書と同じ原則にしたがっている。このことは、本書「(秘書)朝鮮通言国字」が対馬において成立したことを強く示唆するものである。

次に、本書の朝鮮語かな表記の特徴として指摘できることは、朝鮮語の東南方言の特徴があらわれていることである。東南方言の形をあらわしたもの

と見られるものとして、

[通:1b]何月何日：メグヲ　メイルナル〔명월 명일날〕
[通:2a]人は何人乗りにて候哉：メツ　サラミンカ　〔몃 사름인가〕
[通:8a]油：チ[ル]ミ　〔慶尚道方言 지름-이 < 기름-이〕
[通:8b]枕：モンキミ[4]〔慶尚道方言 몽침이〕
[通:9a]道：チリ　〔慶尚道方言 질-이 < 길-이〕
[通:9b]兄：セギ〔慶尚道方言 셍이 < 형-이〕
[通:10a]舌：ゼイ〔慶尚道方言 세 < 혀〕
[通:11a]寒：チブソ〔慶尚道方言 칩소〕
[通:12a]鶉：モツリ〔慶尚道方言 모추리〕

などがあるが、上向二重母音ㅕ>eの単母音化、ㄱ>ㅈやㅎ>ㅅの口蓋化など東南方言の特徴が観察される。

朝鮮語音韻史や日本語との対照の立場からも本書の朝鮮語かな表記の特徴を指摘できるはずである。まず、母音については、以下の点が注目される。

1）「・」の非音韻化

宋敏(1986:138-140)は、「全一道人」かな表記を分析して、第一音節に位置する母音「・」の非音韻化(主として母音「ㅏ」への合流)の拡散過程は、先行する子音の音声資質による次のような環境順であったと推定した。

a. 〔－鼻音性, －舌端性, －粗擦性〕子音部類(ㅎ, ㄱ, ㅂ)
b. 〔－鼻音性, ＋舌端性, －粗擦性〕子音部類(ㄷ, ㄹ)
c. 〔－鼻音性, ＋舌端性, ＋粗擦性〕子音部類(ㅅ, ㅈ)
d. 〔＋鼻音性, －舌端性, －粗擦性〕子音(ㅁ)
e. 〔＋鼻音性, ＋舌端性, －粗擦性〕子音(ㄴ)

「全一道人」に見られる固有語第一音節に位置する母音「・」のかな表記

4) ㅊ]>ㅋ]の過剰訂正をあらわしたものと見られる。

	ア段	オ段
a.	○	×
b.	○	×
c.	○	○
d.	×	○
e.	×	○

「全一道人」
ㅎ [9] ᄒᆞᄋᆞᆸᄂᆡ(します) ハヲムノイ
ㄱ [18] ᄀᆞ로ᄃᆡ(申さるゝは) カロトイ
ㅂ [49] ᄇᆞᆰ으미오(明なるにて) ハ*ルクミヨ
ㄷ [28] ᄃᆞ라나(逃げ) タラナ
ㅅ [107] ᄉᆞᆯ지니(肥ました) サルチニ
[17] ᄉᆞ랑ᄒᆞ고(愛し) ソラグホコ
ㅈ [47] ᄎᆞ고(帯び) サ*コ
[65] ᄌᆞ로(折々) ソ*ロ
ㅁ [51] ᄆᆞᆺᄎᆞᆷ내(ついに) モツツムナイ
ㄴ [42] ᄂᆞ리지 아니ᄒᆞ더니(降りさりけるに) ノリチ アニハトニ

このようなかな表記の実態は、「全一道人」の編纂された18世紀初頭の時点において、語頭鼻音下の母音「・」はなおも本来の音価を保っていたことを物語る。

「全一道人」よりも100年近く後に成った本書「(秘書)朝鮮通言国字」においても、以下のごとく、ㅅやㅁの後で「・」にオ段のかなが当てられている例が見られる。

[通:3b]四月：ソヲヲル〔ᄉᆞ월〕
[通:5a]四寸：ソウチヨン 〔ᄉᆞ촌〕
[通:6a]子：ソ*ウ 〔ᄌᆞ〕
[通:6a]巳：ソウ 〔ᄉᆞ〕
[通:11b]馬：モリ〔ᄆᆞᆯ이〕

これらの例は、18世紀末においても、一部の語において母音「・」がなおも本来の音価を保つ場合があったことを伝えるものであろう。

2）下向二重母音の単母音化

陳南澤(2003)pp.189-200は、「高麗詞の事」「全一道人」等のかな書き朝鮮語資料を分析して、ㅐㅔ외위ᄋᆡ의等下向二重母音の単母音化の現象はそれら資料にあまりあらわれないことを報告している。本書「(秘書)朝鮮通言国字」においても、同様の傾向が観察され、

[通:7b]此中：コホ*ネ 〔거번에〕

[通:1a]帰国掛けに：ナカル モテ〔나갈 ᄆᆞᄃᆡ〕

のように、一部単母音化したと見られる例もあるものの、大半は、

[通:1a]商(船)：マイマイ〔ᄆᆡ매〕

[通:4b]三：ソイ 〔세〕

[通:1a]語られませひ：アロイラ〔아뢰라〕

[通:4a]五十：スイン 〔쉰〕

[通:2b]浦：ハイベン 〔ᄒᆡ변〕

[通:5b]己：クイ 〔긔〕

のように単母音化以前の段階を示している。本書が成立した18世紀末においても、本書が依拠した朝鮮語(おそらくは東南方言)では下向二重母音の単母音化はさほど進行していなかったことを物語るものであろう。

次に子音については、以下の点が注目される。

1）語頭複子音の喪失

기시다 후미타카＝岸田文隆(2009)において述べたとおり、「全一道人」や「朝鮮語訳」の朝鮮語かな表記は、ㅂ系およびㅅ系の語頭複子音が一部の音韻的環境においてなおも[p-]や[s-]の複子音としての音価を保っていたことを伝えている。すなわち、これらの資料が成立した17世紀初においては、ㅲ、

ㅃㄸなどの破裂音どうしの語頭複子音は許容しないが、ㅄ、ㅺ、ㅼ、ㅽなどの破裂音と摩擦音の語頭複子音は自由変異音としてなお存在していたと考えられる。

[全:121]つかふ：フ#スノン 〔쓰ᄂᆞᆫ〕
[全:61]夢：ス#クム 〔ᄭᅮᆷ〕
[全:27]糞：ス#トグ 〔ᄯᅩᇰ〕
[全:94]はまりしに：ス#ハ*チニ 〔ᄲᅡ디니〕

本書「(秘書)朝鮮通言国字」の朝鮮語かな表記は、おおむね は、もはや語頭複子音がすべての環境において喪失しつつあったことを示すものの、

[通:9a]米：サル〔ᄡᆞᆯ〕
[通:9b]妹：タルサギ〔ᄯᆞᆯ-싱이?〕

以下の例のように、ごく一部の単語においては、破裂音と摩擦音の組み合わせの語頭複子音がなおも命脈を保っていたことを伝えている。

[通:9a]餅：ステキ〔ᄯᅥᆨ이〕
[通:9b]娘：スタル〔ᄯᆞᆯ〕

2）ㄴ、ㅁの出渡り

岸田文隆(1999)pp.124-125、岸田文隆(2008)pp.75-77, pp.82-84において述べたように、朝鮮語かな表記の諸資料は、朝鮮語のㄴやㅁの出渡り音[ⁿd]や[ᵐb]をよく伝えている。本書「(秘書)朝鮮通言国字」においても、朝鮮語のㄴやㅁにダ(タ, タ*)行やバ(ハ*)行のかなを当てた以下のような例が見られる。

[通:2b]七日：ジレンナル〔니렛날〕
[通:3a]皆共：トフヒトル〔너희들〕
[通:4b]四：ドイ 〔네〕
[通:4b]七：ジリコブ 〔닐곱〕

[通:4b]七十：ジリブン 〔닐흔〕
[通:5a]四百：ト*イハ*ク 〔네빅〕
[通:5b]四尺：トイザア 〔네자〕
[通:9b]老仁/人/：ヅルコンニミ〔늙은 님이〕
[通:9a]小麦：ヒ*リ〔밀이〕

本書のかな表記も、また、ハングルによって書かれた資料からはうかがい知ることのできない朝鮮語の側面を、よく伝えていると言えるであろう。

4. 結

以上、本論文においては、大韓民国国会図書館に蔵される「(秘書)朝鮮通言国字」について、文献学的考証と朝鮮語かな表記についての検討をおこなった。論じた内容を略記すれば、以下のとおりである。

本書は、天明6年丙午(1786) 8月に筆写されたものであるが、表紙に「田儀屋」とあり、[石州　大森　田儀屋]なる藏書印も押されていることから、もともと石見銀山大森の郷宿田儀屋に伝わっていたものと推される。本書がどこで成立したのかについては、本書例文中に、1782年12月23日に石見州邇磨郡宅野村に漂着した江原道三陟楸羅津の漁商との対話と思われる文があらわれることから石見において成立したようにも見えるけれども、さらに仔細に検討すると対話の場面は石見ではなく対馬と思われること、また、本書の朝鮮語かな表記に、ハ行やサ行に三点を付すなど、対馬の朝鮮語学書のかな表記の特徴がうかがわれること、等から対馬において成立したものと推される。

本書の朝鮮語かな表記は、「全一道人」や「朝鮮語訳」などの対馬の朝鮮語学書のかな表記に類似している。本書成立当時の朝鮮語の状況を反映しているものと見られ、朝鮮語東南方言の特徴(上向二重母音ㅕ>eの単母音化、ㄱ>ㅈやㅎ>ㅅの口蓋化など)が観察されるほか、「・」の非音韻化、下向二重母音の單母音化、語頭複子音喪失の過程等を考えるための材料を提供している。

<参考文献>

岸田文隆(1999), 「漂流民の伝えた朝鮮語　－島根県高見家文書「朝鮮人見聞書」についてー」『富山大学人文学部紀要』30, 113-143.

岸田文隆(2008), 「早稲田大学服部文庫所蔵『朝鮮語訳』の朝鮮語かな表記について(その１：子音について)」, *Dynamics in Eurasian Languages*, 71-102. 神戸市看護大学

陳南澤(2003), 「朝鮮資料による日本語と韓国語の音韻研究」 東京大学大学院人文社会系研究科基礎文化研究専攻言語学専門分野博士学位論文

奈良林愛(2010), 「近世朝鮮語学習書の発音注意記号「三点」について」 『朝鮮語研究』4, 117-137. 朝鮮語研究会

原宏(1972), 「仁摩町誌　第二章　封建社会と農民」 仁摩町誌編さん委員会編『仁摩町誌』, 228-298. 仁摩町役場

原宏(1974), 「石見銀山御料の大森町郷宿と郷宿田儀屋文書について」『島根県文化財調査報告』9, 1-98. 島根県教育委員会

安田章(1964), 『全一道人の研究』, 京都大学国文学会

李康民(1993), 「対馬宗家文庫所蔵の『物名』について」『朝鮮学報』148, 147-217. 朝鮮学会

기시다 후미타카＝岸田文隆(2009), 「쓰시마(対馬) 및 사쓰마(薩摩)의 한국어학서 -신자료의 발견과 연구-」 (韓国)国語学会創立50周年記念学術大会発表資料　韓国西江大学

宋敏(1986), 『前期近代国語 音韻論 研究』 서울: 塔出版社

□ 성명 : 기시다 후미타카(岸田文隆)
주소 : 日本 大阪府箕面市粟生間谷東 8-1-1, 大阪大學言語文化研究科 言語社會專攻
전화 : 81)72-730-5198
전자우편 : f-kishid@lang.osaka-u.ac.jp

□ 이 논문은 2012년 11월 30일 투고되어
2013년 01월 14일부터 02월 10일까지 심사하고
2013년 02월 25일 편집회의에서 게재 결정되었음.

付録「(秘書)朝鮮通言国字」翻字およびハングル復元形

本付録は、大韓民国国会図書館に所蔵される「(秘書)朝鮮通言国字」の全文を翻字し、さらに朝鮮語かな表記に対応するハングル復元形を〔 〕内に示したものである。

[通言: 1(おもて表紙)]
(蔵書印)[石州 田儀屋 大森]
天明六年
秘書
朝鮮通言国字
田儀屋
午八月

[通言: 2(おもて表紙のうら)]
古411.84
ㅈ434
(蔵書印)[대한민국 국회도서관 등록 (1979.10.25) 263105]

[通言: 3(1丁めおもて)]
(蔵書印)[柳氏図書]
問 イノミドリ ヨクイシヤ ヲツチ ブルリヨ ワンノンカ/
〔이 놈이들이 여긔샤 어찌 블려 왓는가〕
皆共爰許え何として漂着被致候哉/

同 チヨウセン クヽ ヲテイ サラミンニヤ/
〔됴션 국 어딕 사룸이냐〕

朝鮮国は何れの所の人にて御座候哉/

同 ナンナアチ　クヽチルトツ　マルソムハカイ　~~ハヲブソ~~/アロイラ/
〔낫나치 국출돗 말ᄉᆞᆷᄒᆞ개 ᄒᆞ옵소/ 아뢰라〕
一ゝに不残　国出帆是迄の事　語られませひ/

答　ウリトロルン。チヨウセンクヽ。カヲントウシヤ。サムチヨ。カラアチンウイ。マイマイ/
〔우리들은 됴션국 강원도샤 삼텩 ᄀᆡ래진의 ᄆᆡ매〕
我ゝ儀。朝鮮国。江原道の内。三陟。楸羅津と申す所の。商船/

ハ*イ　ヲルコ　ハンギヨワ/ヨ/ウンシヤ　ナカル　モテ。タイセグブクルマヨ　ブニ。ホクシ　ブリヨ/
〔비 오르고 함경샤 나갈 ᄆᆞᄃᆡ 대셔풍을 ᄆᆡ오 브니 혹시 블려
にて。咸境道の内参　帰国掛けに。大西風に相成り。俄に吹流され/

[通言: 4(１丁めうら)]
~~ヲ~~/ハ/ツソムノイダ, ハヤソムノイダ/
〔~~왓~~/ᄒᆞ[얏]ᄉᆞᆸᄂᆞ이다,　ᄒᆞ얏ᄉᆞᆸᄂᆞ이다〕
参申候/

問　チミノン コン　モウシンカ/
〔짐이ᄂᆞᆫ [건?] 무엇인가〕
積荷は何にて御座候哉/

答　テヱカイ　チミ　イソムノイ/
〔청어의 짐이 잇ᄉᆞᆸᄂᆡ〕
青魚と申す物積登り申候/

問　メグヲ　メイルナル　タアクヽハノカ/
〔명월 명일날 [　?]ᄒᆞᄂᆞᆫ가〕
　何月何日に国元出船候哉

同　ハンギヨントウ。メヲ　メイルナルイ。チユウトツハノカ/
〔함경도 명월 명일날의 출돗ᄒᆞᄂᆞᆫ가〕
　　咸境道は何月何日に。出帆被致候哉/

[通言: 5(２丁めおもて)]
同　メツ　サラミンカ/
〔멋 사ᄅᆞᆷ인가〕
　人は何人乗りにて候哉/

答　アホブ　サラミヲルソイ/
〔아홉 사ᄅᆞᆷ이올ᄉᆡ〕
　九人乗りにて御座候/

問　メグメグン。セグメグン。モウシンガ/
〔명명은 셩명은 무엇인가〕
　　各ゝの。性名は。何と申候哉/
　　又云　イ　ノミトリイ/
〔이 놈이들이〕

同　ナンナチ　アロイラ/
〔낫나치 아뢰라〕
　一ゝ　申上ませひ/

　チヨセンクヽ　ブルリヨ　メンナルイシヤ　ヨクイ　トロニヤ/
〔됴션국 블려 몃날이샤 여긔 들엇냐〕

　　朝鮮国　風にはなされ　何日ふりに此元え参申候哉/
[通言: 6(2丁めうら)]
ジレンナルチケイ。サンハイヱ　タコチトイ　ハイベンサ[?]シヤヤ。イルボン/
〔니렛날[?] 산하예 ᄐ[?] ᄒ힌변 사[롬 나샤?] 일본〕
七日ぶりに。山下えのりかけましたに　浦人出まして　日本と申す/

ウイシヤマル　アラシトイ。タイダニ。アンシムハカイ　ハヤソムノイ/
〔의 이샴올 알아시되 대단히 안심ᄒ개 ᄒ얏습ᄂ]〕
事が　かすかに　相わかりまして。大に。安心仕まして御ざりまする/

ク　ゾク　タイシユウ公{コク}　ウムシユ　トロ。ク　ウホイ。ウキボクト　ツシニ/
〔그 적 태슈공 음식 들어 그 우히 의복도 주시니〕
其所　領主より段〻飯米等被成下。其上衣類等被下置　難有仕合

カムキヨクハヲイタ/
〔감격ᄒ오이다〕
に存候/

ブルリヨハノン。ハイヘ*ネシヤ。ハ*センハヤ。ブルシヤグハヲイ/
〔블려 ᄒ는 ᄒ변에샤 파션ᄒ야 블샹ᄒ외〕
漂着の。磯辺にて。破船被致。気の毒に存る/

[通言: 7(3丁めおもて)]
トフヒトル。ブルリヨ　ハノン　マルソム。ハ*センハンダ　マル　ナンナチ。ク　マルソム。セヲルリ　サ*ヒ*　カシヤ。ツクシ。朝鮮ネ/
〔너희들 블려 ᄒ는 말솜, 파션혼다 말, 낫나치 그 말솜 셔올의 [?] 가샤 즉시 됴션에〕

皆共。漂着の訳。難船の趣。委敷。都表え申越。頓て。朝鮮え可/
トラカヲブシニ。ソ*シムハヤラ/
〔돌아가옵시니 조심ᄒᆞ야라〕
差帰　滞留の間。慎み可被居候/

ナイル。トラカン。マル　ハシタ　ハヲトイ。タハグハヤラ/
〔너일 돌아간 말 ᄒᆞ시다 ᄒᆞ오되 다힝ᄒᆞ야라〕
明日。出立致候様　申来り候。難有可被思候/

ツコハ　サラミ　メツ　サラミンカ。　イノン　ナヒ　メツチンカ/
〔죽[은?] 사롬이 몃 사롬인가. 이는 나히 몃인가〕
死人は何人有哉。　此者の年何つか/

ヘ*クハン　サラミ　イン×カ[〇ヤ]　ヲテシヤ　アツバ/
〔병ᄒᆞᆫ 사롬이 잇냐. 어듸샤 아파〕
病人は有か　どこを痛哉/

[通言: 8(3丁めうら)]
ホ*ヤク　ハヤラ　　コグヤクル　フ*ツテラ/
〔복약ᄒᆞ야라. 고약을 브텨라〕
服薬を被致　　膏薬をうたしやれひ/

月の部
正月：チヱグヲル〔정월〕
二月：イヽヲル〔이월〕
三月：サムヲル〔삼월〕
四月：ソヲヲル〔ᄉᆞ월〕
五月：ヲヽヲル〔오월〕
六月：ニユルヲル〔뉴월〕

七月：チルヲル〔칠월〕
八月：ハ*ルヲル〔팔월〕
九月：クウヲル〔구월〕
十月：シヲル〔시월〕
十一月：トグジタル〔동짓돌〕

[通言: 9(4丁めおもて)]
十二月：ソツタル〔섯돌〕
閏月：ユウンタル〔윤돌〕

日数の部
朔日：ハロンナル〔ᄒᆞᄅᆞᆺ날〕
二日：イレナル〔이렛날?〕
三日：サムレン×サ[〇ナ]〔삼으렛날? 〕
四日：ソンナル〔ᄉᆞᆺ날?〕
五日：ヲヽレナル〔오렛날?〕
六日：ニユレンナ〔뉴렛날?〕
七日：ジレンナル〔니렛날?〕
八日：ヨドレンナル〔여드렛날〕
九日：アフレナル〔아흐렛날〕

[通言: 10(4丁めうら)]
十日：エルナル〔열날〕
廿日：スムレンナル〔스므렛날?〕
卅日：セルフンナル〔셜흔날〕

ことの数の部
一：ハナ〔ᄒᆞ나〕
二：トウル〔둘〕

三：ソイ 〔세〕
四：ドイ 〔네〕
五：タソツ 〔다ᄉᆞᆺ〕
六：ヨソツ 〔여ᄉᆞᆺ〕
七：ジリコブ 〔닐곱〕
八：ヨトロブ 〔여ᄃᆞᆲ〕
九：アホブ 〔아홉〕
十：ヱル 〔열〕
廿：スムル 〔스믈〕
三十：セルフン 〔셜흔〕
四十：マフン 〔마흔〕
五十：スイン 〔쉰〕
六十：ニヱシユン 〔여쉰〕
七十：ジリブン 〔닐흔〕
八十：ヨトン 〔여든〕
九十：アン 〔아흔〕

[通言: 11(5丁めおもて)]
百：イルハ*ク 〔일빅〕
弐百：トウバク 〔두빅〕
三百：ソハ*ク 〔서빅〕
四百：ト*イハ*ク 〔네빅〕
五百：ヲヽバク 〔오빅〕
六百：ニユバク 〔뉵빅〕
七百：チルハ*ク 〔칠빅〕
八百：ハ*ルハ*ア 〔팔빅〕
九百：クビヤ 〔구빅〕
千：イルチヱン 〔일쳔〕
万：イルマン 〔일만〕

億：イリヽマン 〔일 ?〕
寸尺の部
一寸：イチヨン 〔일촌〕
弐寸：イヽチヨン 〔이촌〕
三寸：サムチヨン 〔삼촌〕
四寸：ソウチヨン 〔ᄉᆞ촌〕
五寸：ヲヽチヨン 〔오촌〕

[通言: 12(5丁めうら)]
六寸：ニユウチヨン 〔뉵촌〕
七寸：チルチヨン 〔칠촌〕
八寸：ヤトルチヨン 〔여듧촌〕
九寸：アホブチヨン 〔아홉촌〕
壱尺：ハンザア 〔ᄒᆞᆫ자〕
弐尺：トヲヽザア 〔두자〕
三尺：サムザア 〔삼자〕
四尺：トイザア 〔네자〕
五尺：タソザア 〔다ᄉᆞᆺ자〕
六尺：ヨソザア 〔여ᄉᆞᆺ자〕
七尺：チルザア 〔칠자〕
八尺：ヨトルサア 〔여듧자〕
九尺：アホルザ 〔아홉자〕
壱丈：ハンビル 〔ᄒᆞᆫ ?〕

十干
甲：カブ 〔갑〕
乙：ウル 〔을〕
丙：ヘ*グ 〔병〕
丁：チエグ 〔뎡〕

戊：ムウ 〔무〕
己：クイ 〔긔〕

[通言: 13(6丁めおもて)]
庚：ケグ 〔경〕
辛：シン 〔신〕
壬：イム 〔임〕
癸：ケイ 〔계〕

十二支
子：ソ*ウ 〔ᄌᆞ〕
丑：チユウク〔튝〕
寅：イン 〔인〕
卯：ミヨウ 〔묘〕
辰：チン 〔진〕
巳：ソウ 〔ᄉᆞ〕
午：ヲウ 〔오〕
未：ユウ 〔미?〕
申：シン 〔신〕
酉：ニユウ 〔유〕
戌：シユル 〔슐〕
亥：ハイ 〔ᄒᆡ〕

日本：イルホ*ン 〔일본〕
対馬州：タイマアチユウ 〔ᄃᆡ마쥬〕

[通言: 14(6丁めうら)]
船の部
船：ハ*イ 〔ᄇᆡ〕

梶：カアチヤ 〔 ?〕
帆柱：チムタイ 〔? 대〕
櫓：ノツゾ 〔노?〕
×錠[○碇]：タツ 〔닷〕
綱：ビノル 〔 ?〕
帆：トツ 〔돗〕 又云 チム 〔 ?〕
沖船頭：サコン 〔사공〕
積主：チミシユウ 〔짐이쥬〕
船方：ハ*イサラミ 〔ᄇᆡ 사ᄅᆞᆷ이〕
浦津役人：センジイカア 〔 ?〕

風の部
[通言: 15(7丁めおもて)]
風：ハ*ラミ 〔ᄇᆞᄅᆞᆷ이〕
東風：トグフ*ギ 〔동풍이〕
西風：ハネハ*ラミ 〔하늜->하ᄂᆡᄇᆞᄅᆞᆷ이, 咸境道方言 하뉘바람〕 又云 セツフ*ギ 〔셔풍이〕
南風：サツハ*ラミ 〔샛ᄇᆞᄅᆞᆷ이〕
北風：マツハ*ラミ 〔마ᄑᆞᄅᆞᆷ이〕
丑寅風：チユクインハネ 〔튝인하ᄂᆡ〕
辰巳風：チンソウハネ 〔잔ᄉᆞ하ᄂᆡ〕 又云 チンフ*ルハネ 〔?-하ᄂᆡ〕
未申風：カヤアハネ 〔?-하ᄂᆡ〕
戌亥風：ツウイハネ 〔[슐희?] 하ᄂᆡ〕

宇宙の部
東：トグ 〔동〕
西：セグ 〔셔〕
南：ナン 〔남〕
北：フ*グ 〔븍〕

[通言: 16(7丁めうら)]
日：ひ；ナル 〔날〕　　にち；ハイ 〔히〕
月：つき；タル 〔돌〕　　げつ；ヲル 〔월〕
昼：ナルハイ 〔날히?〕　　チヱムシン又云 〔뎜심〕
日暮：ハイソンダ 〔히딘다?〕
夜る：ハ*ムイ 〔밤의〕
明ぼの：ナルナイツタ 〔날 냇다?〕
雨：ピイ 〔비〕
天気能：ナリチヨツタ 〔날이 둏다〕
雪：ヌウ 〔눈〕
海：タイハイ 〔대히〕
山：サン 〔산〕
石：トヲル 〔돌〕
磯：ハイサ*イ 〔히치(海採)〕
砂：モラ 〔몰애〕
今日：ヲノル 〔오놀〕
明日：ナイル 〔니일〕
明後日：モロノイナル 〔모레날〕
昨日：ヲゾイ 〔어제〕
明後ゝ日：モルコツビイ 〔慶尚道方言 모래고패〕
此中：コホ*ネ 〔거번에〕
雪雨ふる：ヒ*イヌウヲンダ 〔비 눈 온다〕
[雪]雨が止みた：ヒ*イヌイカヤツタ 〔비 눈 개얏다〕

[通言: 17(8丁めおもて)]
日用語の部
火：ブ[5]ル 〔블〕

---

5) もともと三点を付した「フ*」であったが三点のうちの右端の一点を虫が食べてしまったため、二点の「ブ」になったものと見られる。

火吹竹：フ*ルタイ 〔블대〕
火はし：フ*ルチヱ 〔블져〕
はし：チヱ> 〔져〕
わん：クルス 〔그릇〕
[膳?]：[?]ル 〔 ?〕
皿：ソ*ブシ 〔뎝시〕
天目：タンクイ 〔 ?〕
水：ムル 〔믈〕
木：モク 〔목〕
油：チ[リ]ミ 〔慶尙道方言 지름-이〕
醤油：チリヤグ 〔지령〕
味噌：チヤギ 〔장이〕
塩：ソコム 〔소곰〕
戸：ムヌ 〔문〕
せうじ：ムン 〔문〕
畳：ハクセキ 〔방셕이〕
筵：モギシヨ 〔멍셕〕
鍋：ソツ〔솥〕
釜：ソフル〔 ?〕

[通言: 18(8丁めうら)]
包丁：カル〔갈〕
燈×行?[○籠]：テウロン〔등롱?〕
行燈：フ*ルトン〔블등〕
枕：モンキミ〔慶尙道方言 몽침이〕
夜着：ウイボク〔의복〕
煙草盆：タンバハ*ン〔담바반〕
煙草：タンバ〔담바〕
煙草入：タンバサシ/ミ/ジ〔담바 쌈지〕

腰物：ハントウ〔환도〕
扇：フ*ツソ*イ〔부체〕
硯：ベロ〔벼로〕
墨：モク〔목〕
筆：フ*ツ〔붇〕
紙：チヨグホイ〔죵희 <죠희〕
書物：チヤイ〔칙〕
蝋燭：
炭：スキ〔숫기〕
酒：スル〔술〕
肴：アンジユウ〔안쥬〕
魚：コキ〔고기〕
鯛：トミコキ〔도미 고기〕
鰯：メチイ　　コキ〔멸티 고기〕
鮑：ソンヒ*〔젼복?〕
さゞひ：コトグ〔고동〕
鯨：コライコキ〔고래 고기〕
飯：ハ*ブ〔밥〕
粥：チユウク〔쥭〕

[通言: 19(9丁めおもて)]
餅：ステキ〔떡이〕
茶：ツア〔차〕
米：サル〔쌀〕
麦：ホ*リ〔보리〕
小麦：ヒ*リ〔밀이〕
粟：ソ*ブシ〔조삐〕
そば：モミル〔모밀〕
大豆：タイホ*ツ〔대푹〕

小豆：ホ*[ツ]〔폿〕
湯：トヲンムル〔더온 믈〕
焼酎：ヤクチユウ〔약쥬〕　　シヨチウ〔쇼쥬〕
硯箱：ヘ*ロハ*ン〔벼로반〕
道：[ト]ウ〔도〕　　又云　チリ　みち[?]〔慶尙道方言 질-이〕
橋：タアリ〔다리〕
喰事：モクコ〔먹고〕
呑事：シユルイ〔술이(酒)?〕
いや：アニ〔아니〕
おう：ヲルソイ〔올시〕
有：イツソ〔잇소〕
無し：ヲブタ〔업다〕

人の部

[通言: 20(9丁めうら)]
人：サラミ〔사름이〕
此人：イサラミ〔이 사름이〕
あの人：チヱサラミ〔뎌 사름이〕
その人：クサラミ〔그 사름이〕
こなた：サ*ナイ〔자내〕
其元：コイシヤ〔게샤〕
男：アトル〔아둘〕
女：ケチビ〔겨집이〕
坊主：チユグ〔즁〕
医師：ヘンシヤグ〔편작(扁鵲)〕
妻：エツヘ*イ〔여편〕　　カクシ〔각시〕
老仁/人/：ヅルコンニミ〔늙은 님이〕
若い者：ナマノンサラミ〔나 많은 사름이(年とった人)?〕

祖父：ハラビ〔할아비〕
祖母：ハルミ〔할미〕
父：アイビ〔애비〕
母：ヲマンニ[ミ?]〔어마님이?〕
兄：セギ〔慶尚道方言 셍이〕
姉：ヌン〔누나〕
弟：トクサアギ〔동싱이〕
嫁：メミリ〔며느리〕
娘：スタル〔쏠〕
小児：アハイ〔아희〕
子共：アトル〔아둘〕
妹：タルサギ〔쏠-싱이?〕

[通言: 21(10丁めおもて)]
体の部
頭：タイコリ〔디골이〕
目：ヌン〔눈〕
目まゆげ：ヌントボリ〔慶尚道方言 눈떠부리(上まぶた)〕
髪：モリ〔머리〕
はな：コウツ〔코〕
口：イヒ*〔입이〕
口ひる　唇：[コ?]ウ〔코(鼻)?〕
耳：クイ〔귀〕
歯　は：イヽ〔니〕
口×髪[○髯]：シユンヤミ〔슈얌이〕
ひたい：ナンバキイ〔慶尚道方言 이마빠기?〕
ほんのくぼ：[チ?]ユグバギ〔慶尚道方言 종지기?〕
腰：ホリ〔허리〕
ほそ：ハイコウ〔비곱〕

手：ソン〔손〕
足：タリ〔다리〕
舌：ゼイ〔慶尚道方言 세〕
指：ソンコラ〔숀가락〕
[足のこふら?]：バルトツウ〔발등?〕
腹：ハ*イ〔빅〕
胸：カスム〔가숨〕
[しり?]：ヨトン〔엉덩이?〕

[通言: 22(10丁めうら)]
背中：トン〔등〕
大便：タイベン〔대변〕
小便：シヨグビン〔쇼변〕

衣服の部
綿：コヲル〔咸境道方言 거왜?〕
布：ホ*イ〔뵈〕
着物の内腰より上み：チヨングリ〔져고리〕
同腰より下も：ハ*アツチイ〔바지〕
帯：ヨウタイ〔요디〕
頭巾：フヤグ〔 ?〕
手拭：シユウコン〔슈건〕

又通用の事

[通言: 23(11丁めおもて)]
合点：ヲルタ〔올타〕
不合点：アジモツタ〔아지 못호-〕
そうてない：モルラアニ〔몰라, 아니〕

よひ事：チヨツタア〔둏다〕
問言に　何角：モウシンカ〔무엇인가〕
招呼：イリヲナラ〔이리 오나라〕
歩行：コル〔걸〕
平座：アンザア〔앉아〕
満腹：ハ*イフ*ンナ〔ᄇᆡ 브럿나〕
空腹：ハ*イコハ*イ〔ᄇᆡ 고ᄑᆡ〕
酔ました：チユイハンダ〔취ᄒᆞᆫ다〕
かゆい：カレウ〔ᄀᆞ려워〕
痛：ハアツハ*ア〔하 앒아?〕
熱　　あつひ：トカソ〔뜨겁소〕
冷：チヤンクワ〔ᄎᆞ가와〕
暑し：トブソ〔덥소〕
寒：チブソ〔慶尚道方言 칩소〕
臥：ノウサアヽ〔누웟소〕
起る：イラナカラ〔일어나거라〕
大き成事：タイマヽネ〔 ?〕

[通言: 24(11丁めうら)]
少事：シヨクンダ〔젹다〕
物洗事　　－あらへ：シユコハヤラ〔싯고 ᄒᆞ여라〕
×袁[○哀]　　かなしみ：イゴウ〔아이고?〕
吐：コウダ〔게우다〕
咬む：ムラ〔물어〕
笑：ウスブソ〔우습소〕
白眼：ヌンフ*ルツンダ[イ?]〔눈 브르뜬ᄃᆡ?〕
乗：タコ〔ᄐᆞ고〕
疵×倉[○瘡]：アンムラ〔 ?〕

生類の部　あらまし
牛：シヨウ〔쇼〕
馬：モリ〔뫌이〕
犬：カイ〔가히〕
猫：コイ〔괴〕
鼠：ツイ〔쥐〕
虱：ニイ〔니〕
鹿：サスミ〔사숨이〕
[獐?]：ノウロ〔노로〕
猿：サ*ルラビ〔잔납이〕
寅：ホウ.ミイ〔범이〕
鶏：タロキ〔돍이〕
鳥：サイ〔새〕

[通言: 25(12丁めおもて)]
鶴：カツクイ〔학이?〕
雁：イマネヲル〔? -오리?〕
鴨：ヲル〔오리〕
鶉：モツリ〔慶尚道方言 모추리〕
雉子：チヨシイ〔 ?〕
烏：カマクイ〔가마괴〕

朝鮮国八道の部
慶尚道：ケグシヤグトウ〔경샹도〕
江原道：カヲンドウ〔강원도〕
咸境道：ハンギヨンドウ〔함경도〕　　又云カガントウ〔?-도〕
忠清道：チグセグトウ〔듕쳥도〕
京畿道：ケンクイドウ〔경긔도〕
全羅道：チエルラドウ〔젼라도〕

[通言: 26(12丁めうら)]
黄海道：ハンアイドウ〔황희도〕　　又云コグハイドウ〔?-희도〕
平安道：ヘ*アンドウ〔평안도〕

15-10-29th
Von Takao Buchhandeler

[通言: 27(うら表紙)]
(蔵書印)[石州　田儀屋　大森]
(蔵書印)[柳氏図書]
(蔵書印)[石州　田儀屋　大森]
古　411.84　ㅈ434

<국문초록>

한국 국회도서관 소장 '(秘書)朝鮮通言国字'의 한국어 가나 표기에 대하여

대한민국 국회도서관에 소장되어 있는 필사본 '비서 조선통언국자 (秘書 朝鮮通言国字)'는 일본 가나로 표기된 한국어 문장과 어휘가 수록되어 있어 한국어 음운사 자료로서 주목된다. 본논문에서는 이 자료에 대한 문헌학적 고증과 한국어 가나표기에 대한 고찰을 시도한 것이다.

이 책은 텐메이(天明) 6년 병오(丙午), 즉 1786년 8월에 필사된 것인데 앞표지에는 "田儀屋"라고 적혀져 있고 "石州 大森 田儀屋"라는 장서인도 찍혀져 있는 것으로 미루어 원래 이와미(石見) 은산(銀山) 오모리(大森)의 고슈쿠(鄉宿) 다기야(田儀屋)에 전해져 있었던 것으로 보인다. 이 책이 어디서 성립되었는가에 대해서는 그 예문 중에 1782년 12월 23일에 이와미슈(石見州) 니마군(邇磨郡) 다쿠노무라(宅野村)에 표착한 강원도(江原道) 삼척(三陟) 추라진(楸羅津)의 어상(漁商)들과의 대화로 추측되는 문장이 나타나므로 이와미(石見)에서 성립된 것 같이 보이지만 더 자세히 검토해보면 대화 장면은 이와미(石見)가 아니라 쓰시마(対馬)라고 추측되는 것, 또한 이 책의 가나표기에 ハ[ha]행이나 サ[sa]행 가나에 삼점(三点)을 찍는 등 쓰시마(対馬) 한국어학서의 가나표기의 특징들이 관찰되는 것 등으로 미루어 쓰시마(対馬)에서 성립된 것으로 추측된다.

이 책의 한국어 가나표기는 '전일도인(全一道人)'이나 '조선어역(朝鮮語訳)' 등 쓰시마의 한국어학서의 가나표기와 유사하다. 이 책이 성립된 시기의 한국어의 모습을 반영한 것으로 보이며 한국어 동남방언의 특징들(구개음화 등)이 관찰되며 이중모음의 단모음화 과정이나 어두자음군의 소실과정 등을 연구하는 데 좋은 자료가 될 수 있다.

≪原本老乞大新註新譯(五)≫

李陸禾
(한국, 광주대)

<Abstract>

≪老乞大≫与≪朴通事≫同为高丽、朝鲜两朝人学习汉语的两部会话教科书。≪老乞大≫近二万字。此书以高丽商人来中国经商为线索, 用对话的形式, 表现道路见闻、住宿饮食、买卖货物等等, 中间插入一些宴饮、治病的段落。≪朴通事≫的字数近三万字, 约比≪老乞大≫多三分之一, 分成上、中、下三卷。全书用对话或一人叙述的方式, 介绍中国社会生活的各个方面, 涉及宴会、买卖、农业、手工业、词讼、宗教、游艺、景物等多项内容。两书的史料价值, 非常之高。

从元刊本的≪原本老乞大≫到清乾隆本的≪重刊老乞大≫本子而言, 已是500年间汉语语言变化的记录。同一内容的作品有不同时代的修改, 这对於语言史的研究来说是十分罕见、十分珍贵的资料。正如著名学者杨联升教授所说:「从史学看, 有许多难得的关于元、明两代风俗事物的记载。从语学看, 有很多珍贵的元末明初的口语史料。」从元代到清代的≪老乞大≫、≪朴通事≫系列, 是研究元代到清代汉语变化宝贵资料。

1998년≪原本老乞大≫的发现, 韩国、中国、日本等国家的学者, 全面而不同角度对这两系列书进行研究, 取得了相当可观的成绩。因此本译注以≪老乞大新注新译≫为题目, 力求在前人研究的基础上, 希望有所弥补与进一步发展, 并给与研究≪朴通事≫、≪老乞大≫一系列研究者的小小的推动。

Key Words : 老乞大、原本老乞大、原本老乞大譯註、老乞大譯註

Ⅰ. 緖論

본 논문은 ≪原本老乞大新註新譯(一)≫、≪原本老乞大新註新譯(二)≫과 ≪原本老乞大新註新譯(三)≫[1] 그리고 ≪原本老乞大新註新譯(四)≫[2]의 후속

작업으로, 第六十話부터 第七十一話까지의 註釋과 飜譯文을 싣기로 한다. 본 논문의 研究背景과 譯註의 原則 등에 관한 사항은 《原本老乞大新註新譯(一)》의 서론과 각주에서 설명하였으므로 생략하기로 한다.

Ⅱ. 本論

第六十話

不多時却[3]到店裏, 見店主人和三箇客人立地[4]看馬。店主人道。這三箇伴當[5], 兩箇是買馬的客人[6], 一箇是管牙人[7]。你這馬, 他每都一發[8]買將直南[9]賣去, 便將到市上也則[10]兀的[11]是[12]。千零不如一頓, 則不如都賣與他每倒[13]快

---

1) <中國語文論叢>第47輯(2010年), 第48輯(2011年), 第50輯(2011年).

2) <人文科學>第12輯(2012年).

3) 却 : 動詞。返; 回。《三國志》卷上:「丞相道無凭驗, 兄弟却來取書。」(劉堅 江藍生 主編, 《元語言詞典》, 上海敎育出版社, 1998年, 頁257。)

4) 立地 : 顧學頡 王學奇, 《元曲釋詞》卷二(中國社會科學出版社, 1984年, 頁337):「立地, 卽立着、站着。"地"用爲語調詞, 猶着。這種用法, 元曲中很普遍, 如"坐地"卽坐着、"臥地"卽躺着, 等等。敦煌變文 《前漢劉家太子傳》: "其耕夫逐耕壟, 上下埋地"("埋地"卽埋着。)

5) 伴當 : 同伴, 朋友。又作僕從, 奴僕。王雲路 方一新 《中古漢語語詞例釋》:「"伴"字本爲伴侶義, "黨"字也可指同伙、同類。…近代漢語作品中, 可見"伴當"、"伴儻"、"伴等"等詞, 有伙伴、同伴和僕從二義, 當系由"伴黨"演變而來。」(吉林敎育出版社, 1992年, 頁13。)

6) 客人 : 客商; 商販。《三國志平話》卷中:「趙雲按適樓, 言天晩, 來日入城, 客人不肯, 言: "俺資本船貨物多, 城外恐有失。"」

7) 牙人 : 爲賣買雙方撮合從中取得傭金的人。也說"牙子"。《元典章·戶部五》:「哈迷委曾先已商議定價, 令牙人估計前後房院實直。」(劉堅 江藍生 主編, 《宋語言詞典》上海敎育出版社, 1999年, 頁370。) 按, 管牙人應爲'官牙人', '官牙子'之誤寫, 官牙人相對有'私牙人'。

8) 一發 : 此作"統統、全部"之意。《合汗衫》三 白:「母親有的話, 一發說了罷。」(顧學頡 王學奇 《元曲釋詞》卷四, 中國社會科學出版社, 1990年, 頁224。)

9) 直南 : 正南也。用在方位詞前, 起指示方位作用。《射柳捶丸》一【混江龍】白:「爲因直北雁門關外, 有一人仍是耶律萬戶。」(劉堅 江藍生 主編, 同上揭書, 頁430。)

也。既你待[14]賣時, 咱每商量[15]。這箇青馬[16]後生[17]那[18]老? 你則拿著[19]覷[20]牙根底[21]。我覷了也, 下頭没[22], 上頭邊兒有, 哏老有。你敢[23]不理會的馬齒歲, 這箇馬如何? 今春新騸[24]了的, 哏壯馬。這好的歹的都一發[25]商量。

【제60화 번역】

얼마 후 주점으로 되돌아 왔다. 店房의 주인과 세 명의 손님이 서서 말들을 살펴보고 있는 광경을 목격한다.

店主: (가게 주인이 말 한다) 이 세 사람은, 두 분은 말을 살 사람들이고, 한 분은 중개인[26]이요. 댁들이 몰고 온 말들을, 이 분들이 한꺼번에 사서 남쪽[27]으

---

10) 則 : 就。關漢卿 ≪四春園≫二 官人白:「非衣兩把火, 這名字則在這頭一句裏面。」

11) 兀的: 此作表示驚異或强調語氣的助詞。關漢卿 ≪陳母敎子≫二 正旦白: 「則不你說, 兀的又有人來說裏!」

12) 是 : 與"似"通用。關漢卿 ≪玉鏡臺≫二【牧羊關】:「指頭是三節兒瓊瑤, 指甲似十顆水晶。」

13) 倒 ; 正, 却。

14) 待 : 打算, 想要。

15) 商量 : 討價還價。≪宣和遺事≫元集: 「楊志…將一口寶刀出市貨賣, 終日價無人商量。行至日晡, 遇一惡少後生要買寶刀。」(龍潛庵 編著, ≪宋元語言詞典≫, 上海辭書出版社, 1985年, 頁845。)

16) 青馬 : 青色的馬。三國·魏·阮籍 ≪獼猴賦≫:「夸文獨鹿袚其豪, 靑馬三騅棄其群: 此以其壯而殘其生者也。」

17) 後生 : 年輕。≪西廂記≫二本 二折【朝天子】:「休道這生年紀兒後生, 恰學害相思病。」

18) 那 : 語氣助詞。用在選擇問句前面一個選擇項的後面。≪元典章·戶部十≫: 「大哥, 這是冬天那春天?」

19) 拿著 : 卽"捉着"。

20) 覷 : 瞧; 看。

21) 牙根底 : 根底, 猶云面前或旁邊也。按, "牙根底", 此猶云"牙邊", 就是"牙齒周圍"。張相 ≪詩詞曲語辭匯釋≫ :「≪樂府新聲≫下, 無名氏小令, ≪罵玉郞過感皇恩採茶歌≫: "無情杜宇閒淘氣。頭直上, 耳根底, 聲聲聒得人心碎。" 此猶云耳邊。」(上海古籍出版社, 2009年, 頁632)

22) 沒 : 就是"陷沒"。猶不見, 失去。

23) 敢 : 只怕, 也許。敢, 此作表示不確定, 猜測之意的副詞。

24) 騸 : 閹割牲畜。≪西遊記≫三九回:「菩薩道: 點污他不得, 他是個騸了的獅子。」

25) 一發 : 一起, 一並。

26) 原文의 '管牙人'이란 어휘는 다른 문헌에서 찾을 수가 없고, 앞의 주 7)번에서 언급한 바처럼 '管牙人'은 '官牙人'의 誤寫로 보인다. ≪原本老乞大≫本에서는 '거간' 즉 '중개인'의 의미를 가지는 語彙에 대해서 '牙子' · '牙人' · '牙家' 등의 어휘가 쓰이고 있음을

로 가서 팔 것이니, 시장에 가는 것과 매 한 가지일 것이요[28]. 흩어진 천 개보다 한 개의 큰 뭉치가 낫다고,[29] (한 마리 한 마리씩 팔리는 것보다)이

볼 수 있고, '管牙人'이라는 어휘가 모두 두 번이 사용되고 있었다. 改修本인 ≪飜譯老乞大≫에서는 '管牙人'이 삭제되고, '牙人'으로 改修되어 있음을 볼 수 있다. 近代漢語의 다른 문헌에서는 "牙郎"、"牙老" 등의 어휘도 찾을 수가 있고, 여자 거간꾼을 "牙婆"、"牙嫂"、"牙媼" 등으로 불린다. '官牙人'은 이른바 '官認仲介人'이다. '官牙子'에 반대되는 말에는 '私牙子'가 있다. 다음은 중국 鎭江日報(09年11月16日)에 실린<古代经纪人 - 牙子>이라는 글에서 발췌한 '牙子'에 대한 글이다:「중국의 고대에도 중개사가 존재하였는데 '牙子'·'牙人'·'牙郎'·'牙儈' 등으로 불렀다. 그들은 매매당사자들을 이어주고 성사에 도움을 줌으로서 중개료를 받는 것이다. 明나라의 商書인 ≪士商類要≫에는 '매매에는 牙子가 필요하고, (배에)물건을 싣고 내리려면 선창이 필요하다' 말이 있다. 이것은 '牙子'에 대해서 商業 활동에 매우 긍정적인 기능을 하고 있음을 말하는 것이다. 이른바 牙者는 물건의 질을 감별하고, 무게를 확인하고, 가짜를 가려내는 것이다. 바로 이러하기 때문에 정부는 중개인의 감독과 稅收의 증대를 강화하기 위하여 '牙行'이라는 지금의 허가증과 같은 증서(帖子)를 발급한 것이다. 그래서 이른바 '官牙'라는 말이 생긴 것이다.(中国古代也有"经纪人", 稱爲"牙子", 也叫"牙人"、"牙郎"、"牙儈", 他們所从事的職業, 就是在賣買雙方之間撮合, 幇人做成交易後收取傭金。…明代商書≪士商類要≫說 : "賣買要牙, 裝載須埠。"對"牙子"在商業活動中的作用, 给予了充分肯定: "所谓牙者, 別精粗、衡重輕、革僞妄也。" 正因为牙子重要, 所以官府爲了加强管理和收税的需要, 還给"牙行"發帖(類似如今的商業執照), 于是就有了所謂"官牙"的說法。」'管牙人'에 대해서 ≪鄭光本≫ (242쪽 注 2번)에서는 다음과 같은 설명을 볼 수 있다 :「언해에서는 'ᄌᆞ름'으로 번역하였다. 거간 또는 거간꾼을 말한다. 일반적으로 『飜老』에서처럼 '牙子' 또는 '牙人'이라고 하지 '管牙人'이라고 쓴 예는 아직 찾아볼 수 없다. 『老朴集覽』에 의하면 '牙'는 본래 '瓦' 이었으나 唐代에 '瓦'와 '牙'의 글자 모양이 유사하였으므로 잘못하여 '牙'라고 쓴 것이 그대로 정착되었다고 한다(朴覽 上).」

27) 原文의 '直'은 方位를 나타내므로 '正南'을 말함이다. '直東'、'直南'과 같은 쓰임은 ≪原老≫에서 볼 수 있는데, 地名과 함께 오기도 하고 단독으로 쓰여 전체의 방향을 나타내기도 한다. ≪原老≫에서 「但是直東去的客人每」는 ≪老乞大≫에서는「但是遼東去的客人們」으로 나타나고 있음을 볼 수 있다. 原文 '直東'에 대하여 ≪鄭光本≫ (51쪽 주 17번)에서는 다음과 같이 설명하고 있다: 『原文 '直東'의 '直'은 방향을 표시하는 접두어이다. 위를 '直上', 아래를 '直下'라고 한다. 제9화, 제60화, 제67화에 '直南'이 보이면, 元刊本 ≪張千替殺妻≫ 雜劇 一折의 대사에 "哥哥往直西去, 早半年 - 형님은 '直西'에 가서 반년이 되었네"가 있고 또한 ≪大元馬政記≫의 지원(至元) 6년조에 '直北의 蒙古 千戶, 百戶, 牌甲'이라는 기사가 있다. 당시, 대도를 중심으로 사방을 이렇게 불렀던 것으로 보인다. 따라서 '直東'은 요동(遼東)이나 고려 방면을 말할 것이다.』

28) 原文 '便將到市上也則兀的是'에서의 '是'는 소리가 같은 '似'와 통용이 된다고 한다면, '便將到市上也則兀的是'一句를 '牽(馬)到市場也就一樣'처럼 現代漢語로 바꿀 수가 있을 것이다. 즉 '장사꾼들이 한꺼번에 몽땅 사갈 것이니, 말을 끌고 시장으로 가서 파는 것과 똑 같다'의 의미로 해석하였다. ≪原老≫의 '便將到市上也則兀的是'는, 改修本인≪飜譯老乞大≫에서는「便到市上, 也只一般。」으로 나타나고 있음을 볼 수 있다.

분들에게 한꺼번에 파는 것이 빠르고 좋을 것입니다.
商客: 여러분들이 팔려고 작정을 하셨다면, 우리 한 번 흥정을 해봅시다. 이 총이 말(靑馬)[30]은 나이가 몇 살입니까?
漢商: 손님께서 말을 잡고 말들의 이빨들을 잘 살펴보시지요.
商客: 내가 살펴보았는데, 아래는 없고, 위쪽은 있는걸 보니, 꽤 나이가 먹어 보입니다.
漢商: 말의 나이를 잘 볼 줄 모르시는 모양입니다, 이 말이 어떠한가 하면요? 올봄에 거세를 한 튼튼한 어린 말입니다.
商客: 좋은 말과 나쁜 말들을 함께 묶어서 값을 흥정합시다.

第六十一話

這曳剌[31]馬、騸馬[32]、赤馬、黃馬、鷰色馬、栗色馬、黑綜馬、白馬、黑馬、灰馬、土黃馬、繡膊馬[33]、白臉馬、五明馬[34]、桃花馬[35]、青驄馬[36]、豁[37]鼻馬、騍馬[38]、懷駒馬、環眼馬[39]、乖驕馬[40]、烟薰馬[41]。這馬牛行花

---

29) 原文 '千零不如一頓'의 출처는 알 수가 없고, ≪鄭光本≫ (242쪽)에는 「조금씩 따로따로 흩어져 있는 천무더기보다는 한 개의 큰 무더기가 낫다」라는 번역을 볼 수 있다. ≪飜老≫에서는「즈믄 뽄거시 ᄒᆞᆫ 무들기만 ᄀᆞᆮ디 몯ᄒᆞ니」로 諺解하고 있음을 볼 수 있다.

30) 原文 '靑馬'에 대한 ≪飜老≫의 諺解는 '총이ᄆᆞ리'이다. 갈기와 꼬리가 파르스름한 흰 말이다.

31) 曳剌：契丹語稱壯士、走卒爲曳剌(ye la); 唐代回訖語謂之曳落河。≪遼史·百官志≫作拽剌。(顧學頡 王學奇, ≪元曲釋詞≫卷四, 中國社會科學出版社, 1990年, 頁 196。)

32) 騸馬： 即 閹割了的馬, 也稱去勢之馬。

33) 繡膊馬：騧馬(黃馬黑喙)之一種。≪琵琶記≫ 第一出:「〔末〕有甚顏色的? 〔丑〕布汗、虎刺、合里烏、赭哂兒…兔黃、真白、玉面、銀鬃、綉膊、青花。正見五花散作雲滿身, 萬里方看汗流血。」

34) 五明馬：因馬的四蹄白如霜雪, 肩上有一片白毛, 故名。亦作"五明驥"。

35) 桃花馬：駓。毛色黃白相雜的馬。亦稱"桃花馬"。

36) 青驄：毛色青白相雜的駿馬。

37) 豁：裂開, 缺口。

38) 騍馬："騍", 雌。"騍馬"就"母馬。

39) 環眼馬： 二目皆白之馬。

40) 乖驕馬：乖, 機巧, 靈敏。驕, (馬)高大健壯。驕馬, 壯健的馬。宋·梅堯臣 ≪上馬和公儀≫:「烟火千門曉欲開, 五花驕馬肯徘徊。」按, 乖驕馬, 應指機靈健壯的好馬。

41) 烟薰馬： 未詳。

塔步, 竄行42)馬、鈍馬、眼生43)馬、撒蹶44)的馬、前失45)的馬、口硬46)馬、口軟馬。這些馬裏頭, 歹的十箇。一箇瞎, 一箇跛47), 一箇蹄歪, 一箇磨硯, 一箇打破48)脊梁49), 一箇熟蹶50), 一箇疥51), 三箇瘦。則52)有五箇好馬。

【제61화 번역】

商客: 種馬인 수말53), 거세(去勢)된 악대말54), 털빛이 붉은 절따마,55) 털빛이 누

---

42) 竄行 : 竄, 奔跑; 逃竄。竄行, (馬)疾行狂奔。又作"攛行"、"躥行"。

43) 眼生 : 對所見的人或物不認識或不熟悉。按, 此作"視線不正確"。

44) 撒蹶 : 指馬、驢等向後踢腿。寧致遠 ≪楚氏春秋≫ :「那馬見此計不成, 如瘋癲一般, 在練兵場上撒蹶亂跳。」

45) 前失 : 指馬的前足失陷或謂失足向前跌倒。≪儒林外史≫ 第二回 : 「每日騎着這個驢, 上縣下鄉, 跑得昏頭暈腦, 打緊又被這瞎眼的忘八在路上打個前失, 把我跌了下來。」

46) 口硬 : 指牲口年齡較小、較壯的。馮彪 ≪飈馬一族≫: 「那種口硬馬, 越勒嚼子越狂奔, 跨溝躍坡, 往死裏跑, 一般人都憷它。」

47) 跛 : 腿或脚有病, 走路時身體不平衡, 瘸。例: 跛脚。跛子。

48) 打破 : 使物體破壞、損傷。元·馬致遠 ≪荐福碑≫第二折 : 「天色暄熱, 打破了我這脚, 我慢慢的行波。」

49) 脊梁 : 人和動物背上中間的骨頭。

50) 熟蹶 : 熟, 喻程度深。例: 熟睡。蹶, 跌倒。

51) 疥 : 疥癬。

52) 則 : 此作 "只; 僅"。

53) 原文 '曳剌馬'에 있어, '曳剌(yela)'는 앞의 註 31)번에서처럼 거란어(契丹語)로 '健兒', '兵士'를 나타내는 말임을 알 수 있지만 '曳剌馬'에 대한 풀이는 辭書에서 찾을 수가 없다. 그러나 아래의 烏日陶克套胡(內蒙古師範大學 敎授)가 지은 ≪古族遊牧民經濟及其變遷≫ 一書에는 '曳剌馬'와 소리가 비슷한 種馬 '移剌馬'에 대한 어휘를 볼 수가 있다: 「由南宋人彭大雅撰, 徐霆疏证的≪黑鞑事略≫中对蒙古人、蒙古马有这样的描述: "其牡馬留十分壯好者, 作移剌馬種, 外餘者多扇(騸)了"。"移剌者, 公馬也, 不曾扇, 專管; 騍馬群不入扇馬隊, 扇馬、騍馬各自爲群隊也"。(南宋人 彭大雅가 撰하고 徐霆가 疏를한 몽골의 見聞錄인 ≪黑鞑事略≫(1237年)에는 몽골사람과 몽고말(馬)에 대한 이러한 묘사가 있다. 건장한 수컷 말을 남겨 '移剌馬'의 種馬로 쓰고, 나머지는 거세를 한다. '移剌'은 수말로, 거세를 하지 않고 전문적으로 관리를 한다; 암말은 수말 무리에 섞이지 않게 하고, 수말과 암말은 각각 무리를 이루게 한다.」(中國 百度에서 발췌) 그러나 改修本인 ≪老乞大≫와 ≪飜老≫에서는 '曳剌馬'대신 '兒馬'로 교체되었고 '아질게몰'로 諺解되고 있음을 볼 수 있다. '아질게'는 '새끼'의 옛말로 중세 몽고어 ažirra(morin)에서 유래되어 쓰인 말이다. '아질게몰'에 대한 국어사전에서는 '망아지'라는 풀이를 볼 수 있고, '兒馬'는 '길이 들지 아니한 작은말'이라는 설명을 볼 수가 있다. ≪新元史≫에서도 '曳剌馬'는 '骟马', '小馬'와 함께 출현이 되고 또한 이러한 말들이 馬場에서 거래되는 가격으로 볼 때, '曳剌馬'는 새끼 말인 '망아지(小馬)'와는 다름을 알 수가 있다. (≪新元史≫卷一百·

런 공골말[56], 온 몸의 털빛이 검푸른 오류마[57], 털이 밤 빛깔인 구렁말[58], 털이 희고 갈기가 검은 가리온[59], 흰빛에 거무스름한 점이 드문드문 섞인 서라말[60], 털빛 온통 검은 가라말[61], 털빛이 잿빛인 추마말[62], 등에 검은 털이 난 고라말[63], 주둥이가 검은 황마,(黃馬)[64] 빰에 흰줄이 지고, 눈에

志第六十七:「馬價以中統鈔爲則: 騸馬, 每匹上等五錠, 中四錠, 下三錠; 曳剌馬, 每匹上等四錠, 中等三錠, 下等二錠; 小馬, 每匹上等三錠, 中等二錠二十五兩, 下等一錠。」). 다음은 세종실록에서 엿볼 수 있는 '兒馬'에 대한 언급으로, '兒馬' 즉 '아질게ㅁㆍㄹ'은 순응되기 전 서너 살 먹은 '새끼 말'임을 알 수 있다:「兵曹據司僕寺提調所申啓…請自今點馬別監同都節制使, 依詳定尺數, 從自願以三歲兒馬二匹, 換調習壯實馬一匹, 分養于各官, 京畿各牧場兒馬, 則刷聚本寺 換易分養于各官, 臨時進獻 (병조에서 사복시 제조의 신청에 의해 아뢰기를, "…지금부터 점마별감이 도절제사와 같이 상정한 척수에 의해, 자원에 따라 3세의 아마 2필을 훈련된 장대한 말 한 필과 교환하여 이를 각 고을에 분배해 기르게 하고, 경기 각 목장에 있는 아마는 모두 본시로 집합시켜 교환한 뒤에 각 고을에서 나누어 기르다가, 때가 되거든 가져다가 바치게 하시기를 청하옵니다." 하였다.)」(世宗實錄 권제49, 31장; 네이버 백과에서 발췌) 그러므로 ≪老乞大≫와 ≪飜老≫에서 볼 수 있는 '兒馬(아질게ᄆᆞᆯ)'은, 原文인 "曳剌馬"를 "兒馬"로 바꾼것일뿐 같은 의미를 가지는 어휘는 아닌 것이다. '曳剌馬(移剌馬)'는 種馬이고, ≪老乞大≫와 ≪飜老≫에서 '曳剌馬' 대신 '아질게ᄆᆞᆯ'로 언해된 '兒馬'는 '망아지'를 나타내는 것이다.

54) '악대말'은 '거세마(騸馬)'를 일상적으로 이르는 말이다. 다음은 '騸馬'에 대한 중국의 자료인데, '騸馬'는 '불깐 말'의 중국어 표기이고, 몽골어로는 '阿塔思'라고 부르고 있음을 알 수 있다. 우리말의 '악대 말'의 '악대'는 몽골어 '阿塔思'와 비슷하게 들린다. (馬生下來一、二年間在草地上進行精心騎乘訓練, 使其飽食青草, 膘滿體壯。長出四齒即去勢。蒙古語稱去勢之馬爲"阿塔思", 漢語叫騸馬。這樣早去勢的馬矯健勇壯, 而且有力柔順, 能耐寒冷氣候。去勢後的馬經二、三年在草地放牧後, 再次騎乘, 并像最初騎乘訓練那樣再次教練。經第二次教練, 馬的性情已較温順, 步法也很理想, 不會咬人、踢人。) (摘自 百度百科)

55) ≪飜老≫의 諺解는 '졀다ㅁㆍㄹ'이다. 우리말사전에는 '적다마(赤多馬)', '절따말', 등으로 설명되어 있다.

56) 原文 '黃馬'에 대한 ≪飜老≫의 諺解는 '공골ᄆᆞᆯ'이다.

57) 原文 '鷰色馬'에 대한 ≪飜老≫의 諺解는 '오류마'이다.

58) 原文 '栗色馬'에 대한 ≪飜老≫의 諺解는 '구렁ᄆᆞᆯ'이다.

59) 原文 '黑綜馬'에 대한 ≪飜老≫의 諺解는 '가리운ᄆᆞᆯ'이다.

60) 原文 '白馬'에 대한 ≪飜老≫의 諺解는 '셜아ᄆᆞᆯ'이다.

61) 原文 '黑馬'에 대한 ≪飜老≫의 諺解는 '가라ᄆᆞᆯ'이다.

62) 原文 '灰馬'에 대한 ≪譯語類解≫의 諺解는 '츄마ᄆᆞᆯ'이다. ≪飜老≫에서는 '灰馬' 대신에 '鎖羅靑馬'로 대체되었지만, '츄마ᄆᆞᆯ'로 諺解되어 있음을 볼 수 있다.

63) 原文 '土黃馬'에 대한 ≪飜老≫의 諺解는 '고라ᄆᆞᆯ'이다.

64) 原文의 '繡膊馬'는 과(騧; 황고랑), 즉 '주둥이가 검은 노란색의 말(黃馬黑喙)'의 한 종류다. ≪宋會要輯稿≫라는 책에는 '주둥이가 검은 공골 말(騧)'에 대해서 그 특징에 따라

푸른빛을 띤 잠불미[65], 이마와 네 발이 흰 오명마(五明馬)[66], 누른 바탕에 흰빛이 섞인 도화잠불(桃花馬)[67], 흰 털에 푸른빛이 나는 말(青驄馬)[68], 코 째진 말[69], 암말, 새끼 밴 말, 눈알이 하얀 고리눈 말[70], 영민한 건장한 말[71], 연훈마(烟薰馬)입니다[72]. 이 말은 소걸음걸이로 느릿느릿 걷고,[73] 발이 빠른 말, 느린 말, 시선을 맞추지 못하는 말[74], 뒷발만 차는 말, 앞으로 잘 고꾸라지는 말, 말을 잘 안 듣는 말[75]과 성격이 온순한 말[76]들이 있군요. 이 말들

'純騸、繡膊、鈞星、曆面、白腳、護蘭' 등의 여섯 종류로 나누고 있음을 볼 수 있다. (清·徐松 ≪宋會要輯稿≫: 「騸之別六, 純騸、繡膊、鈞星、曆面、白腳、護蘭。」) 原文 '繡膊馬'에 대한 ≪飜老≫의 諺解는 '쇠눈래브튼몰'이다.

65) 原文 '白臉馬'에 대한 ≪飜老≫에서는 '破臉馬'로 改修되고, 諺解는 '간자몰(이마와 빰이 흰 말)'이다. 原文 '白臉馬'에 대한 ≪譯語類解≫의 諺解는 '잠불몰'이다.

66) 原文 '五明馬'에 대한 ≪飜老≫의 諺解는 '가라간쟈ᄉ죡빅'이다.

67) 原文 '桃花馬'에 대한 ≪飜老≫의 諺解는 '도화잠불몰'이다.

68) 原文 '青驄馬'에 대해 ≪飜老≫는 '青白馬'로 改修되고, 諺解는 '털청총이'이다.

69) 原文의 '豁鼻馬'는 코 째진 말, 즉 '콧구멍이 넓은 말'을 말한다. ≪飜老≫에서는 '豁鼻馬'를 '고찐몰' 諺解되어 있다.

70) 原文의 '環眼馬'는 두 눈알이 갈색이 아닌 하얀색으로 '고리눈 말(驍)'이라고도 하는데, 쉽게 겁을 먹고 놀란다하여 말 가운데 最下로 쳤다고 한다. ≪飜老≫에서는 '골회눈이' 諺解되어 있다.

71) 原文 '乖驕馬'는 영리하고 건장한 말로 보았다. '乖'字에 대해서 ≪古漢語字典≫에서는 '違背', '不和諧'등 의미로 풀이되고 있음을 볼 수가 있지만, ≪近代漢語詞典≫에는 '機巧', '靈敏'. '敏銳' 등의 의미로 쓰이고 있는 用例들을 많이 볼 수 있다. 이에 ≪現代漢語詞典≫(商務印書館)에서 '乖'字를 찾아보면, '乖'字는 '乖 1'과 '乖 2'로 각각 나누어서 풀이하고 있음을 볼 수 있다. 즉 '乖 1'에서는 '① (小孩兒)不鬧; 聽話' ② '伶俐'로 풀이하고 있고, '乖 2'에서는 <書>① '違反; 背理' ②'(性情、行爲)不正常'으로 풀이되고 있음을 볼 수 있다. 改修本인 ≪飜老≫에서는 '乖驕馬'가 삭제되고 '劣馬(골외는몰)'라는 어휘가 등장하고 있음을 볼 수 있다. '劣馬'는 '성격이 난폭하여 제어하기 어려운 말'을 말한다. 혹시 改修하는 과정에서 '乖'字를 '乖僻' 등의 書面語의 의미만을 보고 '乖驕馬'를 '劣馬'로 대체시킨 것으로 보인다.

72) 原文 '烟薰馬'에 대한 자료를 찾을 수가 없다. ≪飜老≫에서는 삭제되고 보이지 않는다.

73) 原文 '牛行花塔步'를 설명한 문헌을 찾을 수가 없다. ≪飜老≫에는 「이 몰이 쇠거름ᄀ티 즈늑즈늑기 건는 몰 리로다」로 언해되고 있음을 볼 수 있다.

74) 原文 '眼生馬'에서의 '眼生'은 '사물을 잘 분간하지 못하다'는 의미를 가지므로, '시선이 바르지 못하다'로 번역하였다. ≪飜老≫에서는 '놀라는 몰'로 諺解되어 있다. ≪鄭光本≫ (249쪽 주 26번)에서는 다음과 같이 설명하고 있음을 볼 수 있다 : 『原文 '眼生馬'는 "낯선 것에 놀라기 쉬운 말"이란 뜻이다. '生'은 '陌生'과 같고, 낯설다는 의미이다. ≪麗春堂≫ 「雜劇」 2折의 李圭 대사에 "可不是射不着, 我那馬眼生, 他躲一躲, 把我那箭擦過去了(화살이 맞지 않는 것이 아니라 제 말이 낯선 것에 놀라 피했기 때문에 화살이 빗나갔습니다)"라는 대사가 있다. 또한 같은 극의 1折에서는 이 부분을 '眼叉'라고 말하였다.』

가운데, 열 마리가 좀 상태가 좋지 않습니다. 한 마리는 눈이 멀고, 한 마리는 절름발이며, 한 마리는 발굽이 비뚤어지고, 한 마리는 발굽이 닳아빠지고, 한 마리는 등이 휘었으며, 한 마리는 많이 저는데다가, 한 마리는 옴에 옮았고, 세 마리는 살이 없고 말랐습니다. 오직 다섯 마리만 상태가 좋군요.

第六十二話

你這馬好的歹的, 大的小的, 相滾[77]著要多少價錢? 一箇家[78]評[79]了價錢。通要一百二十兩定[80]鈔。你說這般價錢怎麽斷合[81]的? 你則說賣的價錢, 無來由這般高索[82]甚麽. 俺不是矯[83]商量的, 你道的是呵, 兩三句話便成了交易。不爭[84]你這般胡索價錢, 怎生的還[85]呵是[86]? 牙子道: 伴當每, 恁底似的休多索,

---

75) 原文의 '口硬馬'에 대해 앞의 주 46)번의 例文(那種口硬馬, 越勒嚼子越狂奔, 跨溝躍坡, 往死裏跑, 一般人都憷它; 그러한 '口硬馬'는 재갈을 물릴수록 사방으로 날뛰고 죽자고 달리므로 일반 사람들은 무서워들 한다.)을 보면, 어리고 순치되지 않은 억센 말(馬)을 말하는 것으로 보인다. ≪飜老≫에서도 '아귀 센 ᄆᆞᆯ'로 언해되어 있는데, ≪李朝語辭典≫(李昌惇 著)에서는 '아귀 센 ᄆᆞᆯ'에 대해서 '억센 말'로 풀이하고 있음을 볼 수 있다. 또한 '口軟馬'의 諺解는 '아귀 무른 ᄆᆞᆯ(온순한 말)'이다.

76) 原文의 '口軟馬'의 ≪飜老≫의 諺解는 '고개므른 ᄆᆞᆯ'이고, ≪老乞大諺解≫는 '아귀 무른 ᄆᆞᆯ'이라하였다. '아귀 무른 ᄆᆞᆯ'은 '온순한 말'이라는 풀이를 볼 수가 있다.

77) 相滾 : 通扯, 共總。

78) 一箇家 : 家, 猶"地"。元無名氏≪漁樵記≫第一折:「此女頗不賢慧, 數次家和小生作鬧, 小生只得將就, 讓他些罷了。」

79) 評 : 評論; 評定。

80) 定 : 舊時銀幣鑄成一定形狀, 稱爲"定"。亦爲貨幣計量單位。後通寫作"錠"。明·陶宗儀≪輟耕錄・賢母辭拾遺鈔≫:「(村人)拾得至元鈔十五定。」(≪漢語大詞典≫, 漢語大詞典出版社, 1991年。)

81) 合 : 折算; 共计, 折合。如: 一公顷合十五市亩。

82) 索 : 討, 要。索價錢, 卽"討價錢"。

83) 矯 : 假托; 詐稱。

84) 不爭 : 此作"不知、想不到"。≪忍字記≫: "不爭俺這一回還了俗, 却原來倒做了佛。" (李申 著, ≪金瓶梅方言俗語匯釋≫, 北京師範學院出版社, 1992年, 頁83。)

85) 還 : 支付; 付給。≪水滸傳≫九回:「兩箇公人那裏敢再開口, 吃了些酒肉, 收拾了行李, 還了酒錢, 出離了村店。」

86) 是 : 好。關漢卿 ≪拜月亭≫一 正旦白: 「呵! 我每常幾曾和個男兒一處說話來! 今日到這裏無奈處也, 怎生呵是那!」(藍立蓂 編著, ≪關漢卿戲曲詞典≫, 四川人民出版社, 1993年, 頁255。)

恁兩箇枉[87]了, 成合[88]不得。 我是箇牙人, 也不向[89]買主, 也不向賣主。我則依本分[90]的中間說, 你索一百二十定鈔呵, 這五箇好馬, 十箇歹馬, 恁評[91]多少? 這五箇好馬, 俺評五十定, 這十箇歹馬, 我評七十定。似這般價錢, 其實[92]著落[93]不得。我依著如今直實的價錢說與恁, 兩家依著我說倒[94]的去[95]如何?

【제62화 번역】

商客: 좋은 말 나쁜 말, 나이 든 말 어린 말, 모두 합쳐서 얼마를 달라고 하는 것이요?

漢商: (한 마리씩 값을 매긴다)[96] 모두 합쳐서 120定은 받아야 합니다.

---

87) 枉 : 徒然, 白費。≪紅樓夢≫九八回:「將來你成了人, 老太太也看着樂一天, 也不枉了老人家的苦心。」

88) 成合 : 成全。關漢卿 ≪切鱠旦≫一 白姑姑白: 「我與你做個落花的媒人, 成合了您兩口兒, 可不省事也?』(藍立蓂 編著, 同前揭書, 頁35。)

89) 向 : 偏向; 偏袒。

90) 本分 : 亦作"本份"。本人的身分地位。≪醒世恒言·賣油郎獨占花魁≫:「(卜喬)平昔是個游手游食, 不守本分, 慣喫白食, 用白錢的主兒。」(≪漢語大詞典≫, 漢語大詞典出版社, 1991年。)

91) 評 : 就是"評價"。購物時講價錢。

92) 其實 : 實在。≪水滸傳≫十九回: 「這是笑裏藏刀, 言淸行濁的人, 我其實今日放他不過!」(香坂順一著 植田均 譯, ≪水滸詞匯硏究(虛詞部分≫ 文津出版社, 1992年, 頁106。)

93) 著落 : 猶按配; 處置。≪元典章·刑部十八·李蘭奚≫:「本省去都四千餘里, 誠恐沿路瘦損倒死…若不早爲著落, 歲月旣久, 死損更多。」同"着落"。≪古今小說≫卷十九: 「就把箱籠東西, 叫人着落停當。」

94) 倒: 此作"定"之意。"倒"用在動詞後做補語, 即"說倒"。也就是"說定"之意。≪灰闌記≫楔白:「只是你家裏有個大渾家哩, 我女孩兒過門來, 倘或受他欺負, 又不如在家的好, 也要與員外說個明白, 一發講倒了, 纔好許你這親事。」(劉堅 江藍生 主編, 同前揭書, 頁112。)

95) 去 : 語助詞, 猶來也; 啊也; 着也; 了也。此作"來"意。張相 ≪詩詞曲語辭匯釋≫ : 「≪雍熙樂府≫十八, 無名氏小令, ≪朝天子≫ : "志高伯夷, 才超仲舒, 說的去, 行不去"。此猶云說得來做不來。其猶啊字者。」中華書局, 1991年. 頁329。按: 原本斷句爲"兩家依著我說, 倒的去如何"。應是"兩家依著我說倒的去如何"。以現代漢語可譯爲"你們兩個人依着我說定的來決定怎麽樣呢?"。

96) 本文의 '一箇家評了價錢'은 ≪飜譯老乞大≫에서는 '一箇家說了價錢'으로 改修本되어 나타나고 "ᄒᆞᆫ나·콤 갑·슬 니ᄅᆞ·라(하나씩 값을 말하라)"언해되어 있음을 볼 때, 本文의 '家'는 '地'와 유사한 조사의 용도로 보고 있다. 즉 本文의 '一箇家評了價錢'은 現代漢語의 "一個一個地說了價錢(하나하나씩 값을 따져 말하시오, 즉 한 마리 한 마리의 값을 말하시오)"로 해석될 수 있을 것이다. 이러한 用例는 바로 뒤의 제66화 「這契寫時, 一總寫那? 一箇家分開著寫?」에서도 확인 할 수가 있다. 또한 이러한 쓰임은 近代漢語의 ≪

商客: 당신이 말한 이 가격이 어떻게 합산한 것이요? 팔 값을 말하시고, 이유도 없이 이렇게 비싼 가격을 달라고 하는군요. 우리는 속임수로 장사하자는 것이 아니요. 옳은 가격을 말하면, 몇 마디에 거래가 이뤄질 것이요. 이렇게 값을 엉터리로 부를 줄은 정말 몰랐소, 어떻게 (값을)치르는 것이 좋겠소?

牙子: (중개인이 말한다) 이보시오 형씨들, 형씨들은 한사코 값을 많이 받으려고만 하시는데, 그러면 두 분은 공연한 헛고생만 하시고 거래가 이뤄질 수가 없습니다. 난 중개인으로, 사는 사람 쪽도 아니고 파는 사람편도 아닙니다. 난 내 직책을 걸고 중간의 입장에서 말씀을 드립니다. 형씨께서는 120定의 銀子를 요구하셨는데, 그럼 괜찮다고 생각되는 이 다섯 마리의 말은 얼마를 치신 것이고, 좀 떨어지는 이 열 마리의 말은 얼마를 치신 것 입니까?

麗商: 괜찮은 이 다섯 마리는, 50定으로 보았고, 질이 좀 떨어지는 이 열 마리는, 우린 70定으로 계산한 것입니다.

牙子: 그와 같은 값이면, 솔직히 처리해 드릴 수가 없습니다. 제가 오늘 거래되는 사실 가격으로 손님들에게 말씀을 드릴 것이니, 양쪽은 제 결정에 따르는 것이 어떻습니까?

第六十三話

我試聽你定的價錢。這五箇好馬, 每一箇評七定, 計三十五定。這十箇歹馬, 每一箇評五定, 計五十定。通做八十五定, 成了去[97]。似你這般定價錢, 就[98]高麗田地裏也買不得。那裏是[99]實[100]買馬的? 則是[101]胡商量[102]的。這箇伴當

醒世姻緣傳≫에서 ≪老乞大≫아와≪朴通事≫에서 볼 수 있는 '家'字의 用例, 즉 '數詞+量詞+家' 형식의 여러 개의 用例에서 확인되고 있다. 예를 들면 ≪醒世姻緣傳≫ 20回에서 볼 수 있는 '一個家'가 그것이다.「大尹问夫人道: "这些妇人全了不曾? "夫人道: "就是这十四個人。" 大尹叫本宅的家人媳妇尽都出来, 一個家歪歪拉拉来到。大尹叫把这些妇人身上仔细搜简。(大尹이 부인에게 묻는다: '여인들은 다 모였습니까?' 부인이 말한다: '바로 이 14명입니다.' 大尹이 집안 하인들의 아내들을 다 나오라고 하니, 하나같이(한 사람 한 사람씩)억지로 모여들었다. 大尹은 이 여인들의 몸을 샅샅이 뒤지라고 하였다.」

97) 去 : 語氣助詞 "罷"、"吧"。成了去, 就"成了罷"。

98) 就 : 此作介詞 "在"。關漢卿 ≪望江亭≫三 正旦白:「自從俺父親就那客店上生扭俺夫妻兩箇, 我不曾有片時忘的下俺那染病的男兒。」(藍立蓂 編著, 同前揭書, 頁137。)

99) 那裏是 : 怎算得, 哪裏是, 說什麽。

100) 實 : 副詞。眞。又作"實是"。

你說甚麽話? 不買時, 害風[103]那, 做甚麽[104]來這裏商量?

【제63화 번역】

麗商: 중개인이 정한 가격을 좀 들어봅시다.

牙子: 이 다섯 마리의 좋은 말은 한 마리 당 7定으로, 합해서 35定이고요. 이 열 마리의 상태가 좀 좋지 않은 말은, 마리 당 5定으로, 합이 50정입니다. 모두 합쳐서 85定이니, 거래를 합시다.

麗商: 중개인의 그러한 가격은, 고려 땅에서도 살 수가 없습니다. 어찌 정말 말을 살 사람이라고 할 수가 있다는 말이요, 단지 장난삼아 흥정해 보려는 것이지요!

商客: 이보시오 무슨 말을 그렇게 하시오? 사질 않는다면, 미쳤다고[105], 왜 이곳에 와서 흥정을 한다는 말이요?

第六十四話

這馬恰纔牙家定來的價錢, 猶自[106]虧著俺有。這般價錢不賣, 你更待想甚麽? 你兩家休只管[107]叫喚。買的更添些箇, 賣的減了些箇。再添五定, 做九十定成

---

101) 則是：只是, 只顧。≪薛仁貴≫:「俺那孩兒薛驢哥, 不肯做那庄農的生活, 每日則是刺創弄棒, 習甚麽武藝。」(龍潛庵 編著, 同前揭書, 頁311。)

102) 商量：討價還價。≪宣和遺事≫元集:「楊志…將一口寶刀出市貨賣, 終日價無人商量。行至日晡, 遇一惡少後生要買寶刀。」(龍潛庵 編著, 同前揭書, 頁845。)

103) 害風：神經發病, 發神經。宋·王喆 ≪解風令≫詞:「害風王三, 前時割稅。爲酒愛、飮中沈醉。往往來來, 眼前事、全然不記。」又譚處端 ≪憶王孫≫詞:「害風哥, 割了舌頭趕退魔。」(許少峯 編, ≪近代漢語大詞典≫, 中華書局, 2008年, 頁714。)

104) 做甚麽：爲甚麽, 因何。≪水滸全傳≫四五回:「大嫂, 我夜來醉了, 又不曾惱你, 做甚麽了煩惱?」(許少峯 主編, ≪近代漢語詞典≫團結出版社, 1997年, 頁1563。)

105) 原文 '害風'의 '風'은 '瘋'과 같고 "미친 것, 정신 나간 것" 등의 뜻이다. ≪鄭光本≫ (255쪽 주 1번)

106) 猶自：亦作"由自"。尙自, 還是。金·董解元 ≪西廂記諸宮調≫卷七:「悶對西廂月, 添香拜。去年此夜, 猶自月圓人在。」(高文達 主編, ≪近代漢語詞典≫, 智識出版社, 1992年, 頁963。)

107) 只管：只顧; 一味。≪五代史·漢上≫:「咱爺娘得恁地無見識, 將個妹妹嫁與日個事馬的驅口, 教咱弟兄好不羞了面皮。只管憎嫌他妹夫劉知遠。」(劉堅 江藍生 主編, 同前揭書, 頁430。)

交呵, 天平地平。買主, 添不著[108]價錢也買不得, 賣主多指望[109]價錢也賣不得。(邊頭[110]立地[111]閑看的人說) 這牙家說的價錢, 哏是[112]本分[113]的言語。罷, 罷。咱每則依牙人的言語, 成了者[114]。既這般時價錢, 哏虧著俺。

【제64화 번역】

麗商: 방금 이 말에 붙인 중개인이 부르는 값으로는, 아무래도 우리가 손해입니다.

商客: 이러한 가격에도 파시지 않겠다면, 다른 생각이 또 있습니까?

牙子: 두 양반이 자신들의 입장에서만 말씀을 하시는군요. 사는 사람은 값을 좀 더 보태시고, 파는 사람은 좀 깎아 주시지요. 5定을 보태서, 90정으로 거래를 한다면, 서로가 공평[115]할 것 입니다. 사는 쪽은 돈을 보태지 않으면 살 수가 없고, 파는 사람도 더 많은 가격을 바라면 팔수가 없는 것입니다.

閑人: (길가에 서있던 구경꾼이 참견을 한다) 이 중개인이 말 한 가격이, 매우 합당한 말인 것 같소이다.

漢商: 자 그만들 합시다! 우리 중개인의 말대로, 성사합시다.

麗商: 그러한 가격이면, 내 손해가 막심합니다.

---

108) 著 : 又作"着", 添, 加。≪岳陽樓≫二【賀新郎】白: 「這師父倒會吃! …第三盞吃個杏湯, 再着上些乾糧, 都飽了半日。」(劉堅 江藍生 主編, 同前揭書, 頁441。)

109) 指望 : 希望, 期望。≪劉知遠諸宮調≫第二: 「莫想靑凉傘兒打, 休指望坐騎着鞍馬, 你不是凍殺須餓殺!」(龍潛庵 編著, 同前揭書, 頁618。)

110) 邊頭 : 近傍; 根前。元·缺名≪貨郎旦≫二折: 「慌走到岸邊頭, 倉卒間怎着手。」(許少峯 主編, ≪近代漢語詞典≫ 團結出版社, 1997年, 頁58。)

111) 立地: 站着。永樂大典戲文≪張協壯元≫十出: 「甚人來投此處? 早早開門, 莫敎奴家立地。」(許少峯 主編, 同上揭書, 頁690。)

112) 是 : 通"似"。≪金瓶梅詞話≫九九回: 「王六二道: 還有大是他的, 睬這殺才做什么?」(許少峯. 同前揭書. 頁1704。)

113) 本分 : 安分, 守規格。

114) 者 : 同"吧"。

115) 原文 '天平地平'은 "매우 공정하다"는 뜻이다. 『월절서(越絶書)』(권13)에 "聖人은 위로 하늘 을 알고, 아래로는 땅을 알며, 가운데로 사람을 안다, 이것을 天平地平이라고 한다"라는 구절이 있고, 또 『五燈會元』(권19)에 "天平地平, 同明同暗"이라는 기사가 있다. ≪鄭光本≫ (258쪽 주 1번)

第六十五話

只是一件, 爛鈔[116]不要, 與俺好鈔。那般者。爛鈔也沒, 俺的都是好鈔。既是好呵, 咱先撿了鈔, 寫契。那般者。布袋裏鈔將來, 都撿了。著[117]牙人[118]先撿了。你賣主自撿。裏頭無一張兒歹的。這鈔雖是撿了, 假僞俺不識。恁使了記印[119]者, 已後使不得[120]時, 俺則問[121]牙人煥。那般者, 使著印兒[122]也, 不揀[123]幾時管[124]煥。

【제65화 번역】

漢商: 다만 한 가지, 험한 돈[125]은 받지 않겠으니, 우리에게 상태가 좋은 돈으로 주시오.

商客: 그렇게 합시다. 찢어진 헌 돈은 없고, 우리 것은 모두가 상태가 좋은 지폐입니다.

漢商: 좋다면, 우리 먼저 화폐의 상태를 점검하고, 계약서를 씁시다.

商客: 그렇게 하시지요. 자루에서 지폐를 가져와 검수를 해보시오.

---

116) 爛鈔 : 張帆 ≪元典章≫札記 : 「≪元典章≫合, … 如字迹模糊, 稱爲昏鈔, 邊角毁缺, 稱爲爛鈔, 兩者亦統稱昏鈔。」

117) 著 : 同"着"。敎, 命。≪水滸全傳≫十六回:「你常說這個人十分了得, 何不着他委紙領狀, 送去走一遭。」(許少峯 編, 同前揭書, 頁2452。)

118) 牙人 : 爲賣買雙方撮合從中取得傭金的人。也說"牙子"。≪元典章·戸部五≫:「哈迷委曾先已商議定價, 令牙人估計前後房院實直。」(劉堅 江藍生 主編, 同前揭書, 頁370。)

119) 記印 : 應是"記認"。記認, 卽'記號,' '標識'。元·朱凱≪顥天塔≫三折:「這骨殖都有件數, 每件都有郎主朱筆記認的字迹在上, 那一個敢假得。」(許少峯 主編, ≪近代漢語詞典≫ 團結出版社, 1997年, 頁525。)

120) 使不得 : 猶"無須""不可以""用不着"。常用爲阻止之詞。也作"使不的""使不着"。(王學奇 王靜竹 撰著 ≪宋金元明清曲辭通釋≫, 語文出版社, 2002年, 頁1001。)

121) 問 : 此作介詞"向"。≪元典章·刑部三≫: 「因弟李辛六問夢龍取索舊欠二兩, 無錢歸還, 將夢龍毁罵。」(劉堅 江藍生 主編, 同前揭書, 頁335。)

122) 印兒 : 泛指圖章。

123) 不揀 : 不論。也說"不選"。

124) 管 : 准定; 包管。≪七國春秋≫卷下:「伯楊大驚, 管解了厭法, 救了孫子!」(劉堅 江藍生 主編, 同前揭書, 頁113。)

125) 原文 '爛鈔'는 '昏鈔'와 같이 불량지폐를 말하지만, '昏鈔'가 지폐의 문자 등이 흐려진 것에 비하여 '爛鈔'는 특히 파손된 지폐를 말한다. ≪鄭光本≫ (261쪽 주 1번)

漢商: 중개인에게 먼저 확인하게 해주시오.
牙子: 파시는 분이 확인하시지요.
漢商: 이 가운데 나쁜 지폐는 없군요. 이 돈은 비록 검수는 했지만, 가짜인지는 우리는 모릅니다. 중개인께서 표기를 해주세요, 나중에 사용할 수 없다면, 우리는 중개인에게 바꿔달라고 할 것입니다.
牙子 : 그렇게 하세요, 도장을 찍으면, 언제든지 틀림없이 바꿀 수 있습니다.

第六十六話

文契[126)]著誰寫? 牙家就寫。這契寫時, 一總[127)]寫那? 一箇家[128)]分開著寫? 休總寫, 總寫時, 怎麽發落[129)]? 你各自寫者。恁這馬是一箇主兒的那? 是各自的? 一主兒的不是。這四箇伴當是四箇主兒, 這馬裏頭各自有數目。你從頭[130)]寫我的馬契。你的馬是家生[131)]的那元[132)]買的? 我的是元買的。你在那裏住? 姓甚麽? 我在遼陽城裏住, 姓王, 寫著王客者。

【제66화 번역】
麗商: 계약서는 누구보고 쓰라고 해야 합니까?
漢商: 중개인이 씁니다.
牙子: 계약서를 쓸 때, 한 번에 씁니까? 하나하나씩[133)] 나눠서 씁니까?

---

126) 文契 : 立下的字據, 執凭。
127) 一總 : 總括; 一竝。臧本≪薛仁貴≫一白:「則不這件, 一總過海平遼, 有五十四件大功, 都被張士 貴賴了。」(劉堅 江藍生 主編, 同前揭書, 頁390。)
128) 家 : 猶“地”。元無名氏 ≪漁樵記≫第一折:「此女頗不賢慧, 數次家和小生作鬧, 小生只得將就, 讓他些罷了。」
129) 發落 : 此作處置, 處理。≪京本通俗小說·菩薩蠻≫:「明日分付臨安府, 量輕發落。」
130) 從頭 : ① 全部; 一一。≪東堂老≫ 一【賺殺】:「你將這連天的宅憎嫌小、負郭的田還不好, 一張紙從頭兒賣了, 不知久後栖身何處着? ② 仔細。≪劉弘嫁婢≫一【油葫蘆】:「人家一領簇新的衣, 你去那典場上你便從頭的覷。」(劉堅 江藍生 主編, 同前揭書, 頁55。)
131) 家生 : 生物由人工飼養或栽培, 稱爲家生。對"野生"而言。北魏 賈思勰≪齊民要術·養猪≫:「牡性遊蕩, 若非家生, 則喜浪失。」(≪漢語大詞典≫, 漢語大詞典出版社, 1991年。)
132) 元 : 通“原”。本來, 原來。
133) 原文의 '一箇家'에서의 '家'는 '地'와 유사한 조사의 용도로 보고 있다. 이러한 견해는 앞의 제62화 주석 제 96번)에서 설명한 바 있다. 즉 '一箇家評了價錢'은 現代漢語의 "一

漢商: 한꺼번에 쓰지 마세요, 하나로 묶어서 쓰면, 어떻게 처리를 하겠습니까? 각자 따로 써 주세요.

牙子: 이 말들은 주인이 한 사람입니까? 각자 따로 입니까?

漢商: 한 사람이 주인이 아닙니다. 이 네 사람이 각자 주인이고, 각자 자신들의 몫이 있습니다. 중개인께서는 우리들의 계약서를 하나하나 자세히 써주세요.[134)]

牙子: 당신의 이 말은 집에서 새끼를 내어 키운 것이요[135)] 아니면 사온 것입니까?

漢商: 제 말은 사온 것입니다.[136)]

牙子: 어디에 사시고, 성은 무엇입니까?

漢商: 저는 遼陽城에서 살고, 성은 王씨고, 王客이라고 써주시오.

個一個地說了價錢(하나하나씩 값을 따져 말하시오)"로 해석을 하였다. 마찬가지로 原文의「一箇家分開著寫」도 '한 장씩 한 장 씩 나눠 쓰다'라고 번역이 되어야 한다고 본다.

134) 原文 '你從頭寫我的馬契'一句에 대해 ≪飜老≫의 諺解는 '첫 그투로'이고, ≪老乞大≫의 諺解는 '첫머리로'이다. 이에 ≪鄭光本≫(264쪽)에서도 「당신은 맨 처음에 내계약서를 먼저 쓰시오」라는 번역을 볼 수 있다. 그러나 앞의 註 130)번에서처럼 '從頭'는 '全部(전부, 몽땅)' 또는 '仔細(자세히) 등으로 풀이되고 있음을 近代漢語詞典에서 쉽게 찾아볼 수가 있다. '從頭'에 대한 ≪現代漢語詞典≫(商務印書館; 2001年)에서는 '從最初(처음부터)' 또는 '重新(다시)'으로 풀이하고 있음을 볼 수 있다. '從頭'가 "全部"나 '仔細' 그리고 '從最初' 또는 '重新'으로 풀이가 된다고 하더라도, 諺解나 ≪鄭光本≫에서처럼 '첫 번째' 또는 '맨 처음'으로 번역할 수는 없다고 본다. '내 계약서를 맨 먼저 쓰시오' 등의 의미를 現代漢語로 번역을 한다면「你(最)先寫我的馬契吧」또는 「你第一個寫我的馬契」등이 되어야 할 것이다. ≪詩詞曲語辭集釋≫(王鍈 曾明德 著)에서도 많은 用例를 제시하면서 '從頭'가 '全部、一一'의 의미를 가진다는 설명을 볼 수 있다. 많은 예문가운데「待從頭收拾舊山河, 朝天闕」(岳飛 ≪滿江紅≫詞)가 그것인데, 여기서의 '從頭'가 '全部、一一'의 의미를 가진다면 「내 하나하나 (오랑캐에게 잃은)옛 산하를 수습하여 천자를 알현하리라」라고 번역할 수 있을 것이고, '從頭'가 現代漢語에서 풀이되고 있는 '重新'이라고 해석되어도 「내 다시 잃어버린 옛 산하를 회복시켜 천자를 뵈리라」라고 번역할 수 있을 것이다. 그러나 '從頭'를 '처음으로'나 '첫 번째' 또는 '맨 처음' 등으로 풀이를 한다면, 앞의 주 133)번에서 제시되고 있는 예문은 물론이고, 위의 岳飛의 ≪滿江紅≫詞 조차도 엉뚱한 번역이 된다. 그러므로 '你從頭寫我的馬契'一句에서 '我'를 복수로 보고, 「중계인은 우리들의 계약서를 하나하나 소상히 써주시오」라고 번역을 하였다.

135) 原文 '家生'은 자기 집에서 키운 가축이나 또는 자기 집 奴婢에서 태어난 씨종을 말한다. 『輟耕錄』(권17) 「奴婢」조에 "奴婢가 낳은 아이를 家生孩아라고 말한다」라는 설명이 있다. ≪鄭光本≫ (264쪽 주 3번)

136) 原文 '元買'는 "지금은 자기 것이지만, 원래는 산 것"이라는 의미이다. ≪鄭光本≫ (264쪽 주 4번)

第六十七話

我寫了這一箇契也。我讀, 你試聽。遼陽城裏住人王客, 今爲要錢使用, 別無得處, 遂將自己元買到赤色騸馬一疋, 年五歲, 左腿上有印記, 憑大都管牙人羊市角頭街北住坐137)馬二作牙人, 賣與直南府客人張五, 永遠爲主。兩言議定, 價錢中統鈔七定, 其錢立契日一幷交足, 外無懸欠。如馬好歹, 買主自見。如馬來處不明, 賣主一面承當。成交已後, 各不許番悔138)。如先悔的, 罰中統鈔一十兩與不悔之人使用無詞。恐後無憑, 故立此文契爲用者。某年月日。立契人王客押。管牙人馬二押。其餘的馬契都寫了也。

【제67화 번역】

牙子: 계약서를 다 작성을 했습니다. 내가 읽을 터이니, 들어 보시오.
遼陽城에 사는 사람 王客은 지금 쓸 돈이 필요하지만, 다른 곳에서 변통할 곳이없기 때문에 자신이 산 붉은 색의 거세마 한 마리, 나이는 5살, 왼쪽 다리에 표식139)이 있고, 大都의 羊市角頭 북쪽에 살고 있는 중개인 馬二의 중개로, 直南府상인인 張五에게 영원한 소유자로 팔기로 하였다. 쌍방이 합의하여, 가격을 中統鈔 7定으로 정했으며, 그 대금은 계약서를 작성한 날에 모두 지불하기로 하고 외상은 없다. 말의 좋고 나쁨은 산 사람이 알아서 판단하기로 한다. 예를 들어, 말의 내력이 분명치 않을 경우, 파는 사람이 책임을 진다. 매매가 성립된 후에는, 각자 무를 수가 없다. 만일 번복하고자 할 때는, 벌금으로 中統鈔 10兩을 번복을 원하지 않는 쪽에 주어 쓰도록 하여도 이의를 달지 않는다. 나중에 근거가 없음이 염려되어, 이 계약서를 작성하여 사용도록 하였다.
모년 모일(某年月日)

---

137) 住坐 : 住居, 居住。≪五代史平話·梁史≫卷上:「行到前面, 見荊棘中有一草舍, 有個老叟在彼住坐。」(龍潛庵 編著, 同前揭書, 頁441。)

138) 番悔 : 應是"翻悔"。對曾許諾的事後悔而不予承認。

139) 原文 '印記'는 烙印을 가리킨다. 元代에는 軍馬, 驛馬 등의 확보를 위해 말의 소유, 매매가 엄격하게 제약되었다.『大元馬政記』에서는 정부가 화매(和賣, 강제로 매입하는 것), 구쇄(拘刷, 강제로 징용하는 것) 등의 수단으로 민간인에게 모은 말에 烙印을 찍었다. 또 쓰지 못하게 된 말을 민간인에게 매각하는 경우에도 退印을 찍었는데, 여기의 印記는 그 가운데 어느 하나를 말할 것이다. ≪鄭光本≫ (267쪽 주 2번)

계약인 王客 서명
중계인 馬二 서명
牙子: 나머지 말들의 매매계약서도 다 작성했습니다.

第六十八話

咱每筭了牙稅錢者。體例[140]裏, 買主管稅, 賣主管牙 , 你各自筭將牙稅錢來。俺這八十五定價錢裏, 該多少牙稅錢? 你自筭, 一兩三分, 十兩三錢, 一百兩該三兩。八十五定鈔, 計四千二百五十兩, 牙稅錢各該著一百二十六兩五錢。牙稅錢都筭了也。俺這馬契, 幾時稅得[141]了[142]? 那的[143]不容易那? 你著一箇伴當根[144]我去來, 到那裏便了[145]。更不[146]時[147], 恁都則這裏有[148]者, 我去稅了, 送將來與恁。

【제67화 번역】
牙子: 우리는 중개료와 세금을 계산합시다. 규정에 따르면, 산 사람이 세금을 내고, 판 사람이 중개료를 부담하는 것으로 되어 있습니다. 두 분이 각자 중개료와 세금을 계산해 보세요.
漢商: 우리는 85定[149]인데, 중개료와 세금이 얼마입니까?

---

140) 體例 : 禮法, 格範。高則誠 ≪琵琶記≫三九出:「媳婦事舅姑合體例, 相公怎不敎女孩兒同去?」
141) 得 : 用作動詞後綴, 表示對該動作的肯定。猶"到""了""成水"。元 缺名≪碧桃花≫楔子:「不提防雙親在背後, 我可也怎遮得這場羞!」(許少峯, 同前揭書 頁412。)
142) 了 : 完畢, 完成。
143) 那的 : 那, 那個。≪元典章禮部六≫:「除那的以外, 不揀甚麽差發休與者。」
144) 根 : 介詞。同'跟'。
145) 便了 : 語末助詞, 有就是。≪水滸全傳≫十一回:「不若只是一怪, 推却事故, 發付他下山去便了, 免致後患。」(許少峯 主編, ≪近代漢語詞典≫團結出版社, 1997年, 頁61。)
146) 更不 : 連詞。再不。關漢卿 ≪蝴蝶夢≫二孤白:「這三個小厮必有名諱, 更不呵, 也有個小名兒。」(藍立蓂 編著, 同前揭書, 頁92。)
147) 時 : 同'呵'。表示假定的語氣詞。猶似現代漢語的"~的話"。
148) 有 : 等候。關漢卿≪五侯宴≫三 正旦白:「(劉知遠見科, 云:)哥哥, 呼喚你兄弟那廂使用?(李嗣源云: 且一壁有者, 等五將來全時, 支拔與你軍馬)。」(藍立蓂 編著, 同前揭書, 頁360。)
149) 原文 '85定'은 제64화에서 중개인의 조언으로 5정을 더하여 90정으로 낙착되었는데,

牙子: 계산해 보세요, 1兩이면 3分[150]이고, 10兩은 3錢, 100兩은 3兩이 됩니다.
漢商: 85定鈔는 총 4,250兩으로, 중개료와 세금은 각각 126兩5錢[151]을 내야 하겠군요.
牙子: 중개료와 세금 둘 다 계산이 되었습니다.
漢商: 우리의 이 계약서는, 언제 세금이 납부가 되는 것입니까?
牙子: 그것은 쉬운 일이 아닙니까? 동행 한 사람을 시켜 나랑 함께 가도록 하시지요, 그곳에 가면 됩니다. 그렇지 않으면, 이곳에서 기다리시지요, 내가 세금을 내고, 가져다 드리겠습니다.[152]

第六十九話

我不曾[153]好生[154]覷, 這箇馬元來有病。有甚麽病? 那鼻子裏擺膿, 是瘙[155]馬。俺怎麽敢買將去? 不爭[156]將去時, 連其餘的馬都染的壞了。這般的, 你更[157]待[158]悔交[159]那? 我是索[160]不要。你旣不要時, 契上明白寫著。如馬好

저자가 깜박 잊었던 것일지도 모른다. ≪鄭光本≫ (271쪽 주 1번)

150) 『元典章』「戶部」(권8) '課程·契本'의 '契本稅錢'조에 "商稅는 30分에 대하여 1分을 징수함"이라는 규정이 있어 당시 세금이 대체로 30분의 1이었음을 알 수 있다. 1냥(100푼)에 3푼(分)의 세금을 징수하는 것이 된다. ≪鄭光本≫ (271쪽 주 2번)

151) 원래는 '1백27냥5전'이 되어야 옳다. 저자가 착각한 듯하다. 아니면 주인공인 고려인이 계산을 잘못했거나 1냥을 속인 셈일지도 모른다. ≪鄭光本≫ (271쪽 주 3번)

152) 元代의 稅納에 대한 상세한 설명을 ≪鄭光本≫ (272쪽 주 6번)에서 상세한 설명을 볼 수 있다 :「元代에 상품을 매매할 때에 세금을 납부하는 것에 대하여『元典章』…條에 "보통 諸人인 田宅, 인구, 頭疋을 典賣(전당 잡힘과 전매)하여 작성하는 文契를 報하기 위해서는 務(稅務)에 가서, 稅를 投하여야 하며, 隨卽에 契本을 粘連하여 買主에게 給付함. 每本에 寶鈔 3錢을 납입함"이라는 규정이 있다. 이에 의하면 상거래가 성립되면 중개인이 세무서에 가서 세금을 납부함과 동시에 戶部가 발행한 '契本'(收入印紙와 같음)을 사서 계약서에 붙이고 買主에게 주기로 되어 있다. … 契本을 붙이지 않는 경우 脫稅로 간주하고 처벌하였으나 효과는 별로 없었다고『元典章』의 前揭부분에 나와 있다.」

153) 不曾 : 未, 沒有。

154) 好生 : 此作"認眞, 着着實實"解。≪龍圖耳錄≫第八七回:「只要三角酒一完, 咯噔的就打起哈起來了, 飯也不能好生吃。」(許少峯 編, 同前揭書 頁729。)

155) 瘙 : 同'嗓'。六畜病名。明·胡應麟 ≪少室山房筆叢·庄岳委談下≫:「凡六畜勞傷, 鼻中流膿, 則謂之嗓也。」

156) 不爭 : 如果, 若是。≪京本通俗小說·錯斬崔寧≫:「我從丈人家借辦得幾貫錢來養神活名, 不爭你偷了我的去, 却是怎的計結?」(龍潛庵 編著, 同前揭書, 頁130。)

歹, 買主自見, 先悔的罰鈔十兩。官憑印信161), 私憑要約162)。你罰下他十兩鈔與他賣主, 悔交去便是163)。索甚麽164)煩惱? 那般者。你擡出165)這箇馬契來, 問166)他每元定價錢內中, 除了167)十兩鈔做罰鈔, 毀了文契者。這箇馬悔交了也。該168)著五定價錢。你要過169)的牙稅錢, 各該著七兩五錢, 你却廻將來。那般者, 廻與你。你都這裏有170)者, 我稅契去。索甚麽等你, 俺趕著馬, 下處兌付171)草料去。你稅了契時, 到明日俺下處送來。相別散了。

【제69화 번역】

商客: 내가 잘 살펴보질 못했는데, 이 말은 애당초 병들어 있었습니다.

---

157) 更：難道。又作“更怕”。關漢卿 ≪調風月≫三【鬼三臺】:「俺那厮做事一㓕行, 這妮子更敢有四星?」(藍立蓂 編著, 同前揭書, 頁92。)

158) 待：打算, 想要。≪水滸全傳≫十七回:「欲要就崗子上自尋死路, 却待望黃泥崗下躍身一跳, 猛可省悟, 拽住了脚。」(許少峯 主編, ≪近代漢語詞典≫團結出版社, 1997年, 頁238。)

159) 悔交：因反悔而廢棄交易。

160) 是索：索, 須也。時索, 是須。是須, 卽‘務須; 務必’也。

161) 印信：公私印章的總稱。此指‘官印’。

162) 要約：立盟; 立約; 約定。≪朱子語類≫卷二二:「如今與人要約, 當於未言之前, 先度其事之合義與不合義。」亦指契約、盟約。(≪漢語大詞典≫ 漢語大詞典出版社, 1991年。)

163) 便是：此同“便了”。就是了, 句末語氣詞。

164) 索甚麽： 用不着; 無須。又作“索甚”、“色甚麽”。

165) 擡：拿。≪忍字記≫二【牧羊關】:「擡去波, 我可是敢拿也不敢拿?」

166) 問：猶向也。杜甫 ≪春日江村≫詩：「隣家送魚鼈, 問我數能來」言屢向我送魚鼈也。張相 ≪詩詞曲語辭滙釋≫上海古籍出版社, 2009年, 頁510。開口向人。≪水滸全傳≫六一回:「去裏面提出一個包, 內取出四面白絹旗, 問小二哥討了四根竹竿, 每一根縛起一面旗來。」(許少峯 主編, 同前揭書, 頁1940。)

167) 除了：除去, 去掉。

168) 該：欠, 賒。明·范受益≪尋親記≫六出:「只因做夫生受, 着你去張員外家借生錢, 如今又該月了, 本利算來, 那得還他。」(許少峯 主編, ≪近代漢語詞典≫, 團結出版社, 1997年, 頁370。)

169) 過：副詞。了。關漢卿≪謝天香≫四 柳耆卿白:「怕你不放心, 待我再去與他說過。」(藍立蓂 編著, 同前揭書, 頁102。)

170) 有：等, 候。元·鄭德輝≪齊公定齊≫楔子:「(淨虎白長做見科, 云)某奉俺秦國元帥秦姬輦的將令, 將這一對玉連環進與公子 … (齊公子云)將來, 一壁有者。」又, 缺名≪凍蘇秦≫第三折:「賢士, 你則這裏有者, 待我將的來。」(許少峯 主編, 同前揭書, 頁2271。)

171) 兌付：付。關漢卿 ≪竇兒寃≫一 卜兒白:「我數次索取這銀兩, 他兌付不起。」(藍立蓂 編著, 同前揭書, 頁74。) 凭票據支付現金。淸·蒲松齡 ≪聊齋志異·局詐≫:「某拜恩出。卽有前日裘馬者從至客邸, 依券兌付而去。」

漢商: 무슨 병이 있다는 말이요?

商客: 코에서 고름이 흐르고 있는 것으로 보아, 콧물을 흘리는 병에 걸린 말이요. 내 어찌 사 가지고 갈 수 있겠습니까? 만약 끌고 간다면, 다른 말까지도 감염시켜 나쁜 결과를 초래 할 것이요.

牙子: 그럼, 설마하니 거래를 번복할 생각이요?

商客: 난 절대 필요치 않습니다.

牙子: 당신이 원하지 않는다면, 계약서에 분명히 써져 있습니다. 말의 상태는 산 사람이 스스로 살펴야 하고, 먼저 무르자고 한 사람이 10냥의 벌금을 내야 합니다. 관청은 도장을 근거로, 개인은 약속(계약)을 근거로 일이 이뤄지는 법입니다. 당신이 위약금조로 10냥을 판 사람에게 주고, 무르면 되는 것이지요. 고민하실 필요는 없습니다.

商客: 그렇게 합시다. 계약서를 내놓으시고, 저분들에게 원래 정한 값에서, 10냥을 벌금으로 빼고, 계약서를 파기하기로 하지요. 이 말의 매매는 철회되었습니다. 5定을 돌려 줘야겠군요. 중개인께서 받으신 중계료와 세금은 각 7兩정5錢이니, 돌려주셔야지요.

牙子: 그러하다면, 돌려드리지요. 여기서 모두 기다리시지요, 난 세금을 납부하러 가겠습니다.

漢商: 기다릴 필요는 없지요, 우린 말을 몰고, 숙소에 돌아가 말먹이 값이나 지불해야겠소. 중개인께서 세금을 내고, 내일 우리가 묵는 숙소로 보내주시오.

牙子: 서로 각자 헤어집시다.

第七十話

你這人參、布疋不曾172)發落173), 敢174)有些175)時176)住177)裏178)。我別179)

---

172) 不曾 : 未曾。與現代漢語"沒有"同。

173) 發落 : 此作"處置, 辦理"。元缺名≪延安府≫二折:「這個是你偺們裏小的每, 打甚麽不緊, 你那裏自發落去罷。」(許少峯 主編, ≪近代漢語詞典≫, 團結出版社, 1997年, 頁329。)

174) 敢 : 只怕, 也許。元鄭庭玉≪後庭花≫三折:「這孩兒敢死在黃泉下, 這官司無頭無尾, 那賊人難捉難拿。」(許少峯 主編, 同上揭書, 頁378。)

175) 有些 : 略微, 稍微。≪水滸傳≫四回:「昨日有三四個做公的來隣舍街坊打聽得緊, 只怕要來村裏緝捕恩人, 倘或有些疎失, 如之奈何?」(羅竹風 主編, ≪漢語大詞典≫, 漢語大詞典出版社,1991年。)

176) 時 : 語氣詞。表停頓, 相當于"呵"。

177) 住 : 停留, 留。≪盛世恒言·施潤澤灘闕遇友≫:「向年我丈夫在盛澤買絲, 落掉六兩多銀無甚買賣, 比及180)恁賣布的其間181), 我買些羊, 到涿州182)地面賣去。走一遭183)回來, 咱每商量別買行貨184)如何? 那般者也好。你買羊時, 咱每一處去來, 我也閑185)看價錢去。到街上立地186)的其間187), 一箇客人赶著一群羊過來。伴當, 你這羊賣麽? 可知賣裏。你要買時, 咱們商量。

【제70화 번역】

漢商: 노형의 인삼과 베를 아직 처리를 못하셨으니, 어쩌면 얼마간 머물러야 할 것입니다. 난 별도의 팔 것이 없으니, 노형의 천이 팔릴 때까지, 난 양을 좀 사서, 탁주(涿州)188)에 가서 팔까 합니다. 한 차례 갔다 와서, 다른 물건을 살 것을 상의를 하는 것이 어떻겠습니까?

麗商: 그리해도 좋겠지요. 형님께서 양을 사신다면, 우리 함께 가시지요. 저는 그냥 시세가 어떻게 돌아가고 있는지 보기나 하렵니다.

子, 遇着個好人拾得, 住在那裏等候。我丈夫尋去, 原封不動, 把來還了。」(羅竹風 主編, ≪漢語大詞典≫ 漢語大詞典出版社, 1991年。)

178) 裏 : 助詞。用在句末, 相當于"哩"、"呢"。

179) 別 : 猶"另", 謂另外也。元·王仲文 ≪救孝子≫楔子 白:「別着個人送去也好。」

180) 比及 : 此用爲副詞, 表示"未及"、"未到"之意, 指在某時或某事以前。元·王實甫≪西廂記≫一本三折 白:「比及小姐出來, 我先在太湖石畔牆角兒邊等待。」(龍潛庵 編著, 同前揭書, 頁107。)

181) 其間 : 時候, 正當時。元·鄭庭玉 ≪楚昭公≫一折:「等小官直至西秦, 借他兵來, 那其間內外夾攻, 方能取勝。」

182) 涿州 : 今河北省涿縣。

183) 遭 : 量詞。回; 次。≪京本通俗小說·西山一窟鬼≫:「教授分付了渾家, 換了衣服, 出去閑走一遭。」

184) 行貨 : 貨物, 物品。≪水滸傳≫十六回:「你這廝好大膽, 怎敢看俺的行貨!」(高文達 主編, 同前揭書, 頁287。)

185) 閑 : 隨便; 胡亂。≪琵琶記≫三出:「休閑說! 今日能勾在此閑戲歇子, 也不是容易。」(劉堅 江藍生 主編, 同前揭書, 頁348。)

186) 立地 : 立刻; 卽時。元·鄭德輝 ≪㑳梅香≫二折:「我是個未出嫁的閨女, 你與他將着這等淫詞來戲我, 倘或我風火性的夫人知道呵, 教你立地有禍。」(許少峯 主編, ≪近代漢語詞典≫團結出版社, 1997年, 頁690。

187) 其間 : 指某一段時間。

188) 原文의 '涿州'는 直隸順天府를 말한다. 秦代에는 上谷郡, 魏晋 시대에는 范陽郡이 있었고, 元代에는 涿州路를 두었다(『老朴集覽』). 北京에서 서남쪽으로 약 50킬로 떨어진 곳에 있는 도시. 元代의 驛路가 이곳에서 남쪽의 山東 방면으로 가는 길과, 서쪽의 山西 방면으로 가는 길로 갈라진다. ≪鄭光本≫ (279쪽 주 1번)

(길에 도착하여 잠깐 사이에, 한 상인이 한 무리의 양떼를 몰고 다가왔다.)

漢商: 이보시오! 양을 팔 것입니까?

羊商: 물론 팔지요. 사신다면, 흥정을 해보시오.

第七十話

這箇羝羊[189]、羖胡羊[190]、羯羊[191]、羖䍽[192]羔兒[193]、母羖䍽, 都通要多少價錢? 我通要六定鈔。量[194]這些羊索這般高價錢? 好綿羊却賣多少? 索的是虛, 還[195]的是實。你與多少? 你這般胡索價錢, 我那些箇[196]還呵是[197]! 你道[198]的是[199]者[200], 這般者, 減了半定者。你來[201], 你休[202]減了半定。我老實價錢, 則一句兒話還你。我與你四定鈔, 肯時賣, 你不肯時, 趕將去。休四定,

189) 羝羊：公羊。≪老乞大集覽≫：「≪音義≫云: 好鬪的。≪質問≫云: 公羊見人抵觸, 方言謂之羝羊。又云: 乃有角之騸羊也。」

190) 羖胡羊：山羊。≪老乞大集覽≫：「≪質問≫又云: 羖羊, 未割腎羊也。胡羊, 山羊也。又云: 乃有角大山羊, 有鬍子。」按, 用來繁殖的成年公羊叫羖羊。

191) 羯羊：閹割過的公羊。

192) 羖䍽：一種黑色長毛的公羊。

193) 羔兒：應是"羔子"。初生小羊。

194) 量：用于句首, 加强否定語氣。關漢卿 ≪單刀會≫:「一魯肅白, 俺這裏有雄兵百萬, 戰將千員, 量他到的那裏!」(藍立蓂 編著, 同前揭書, 頁162。)

195) 還：支付, 付給。≪水滸傳≫九回:「兩個公人那裏敢再開口, 吃了些酒肉, 收拾了行李, 還了酒錢, 出離了村店。」(高文達 主編, 同前揭書, 頁315。)

196) 那些個：亦作"那些兒"。哪裏是, 說不上。宋·無名氏≪錯立身≫戲文十三出:「事到頭, 如今不自由, 那些個男兒得志秋! 」元·關漢卿 ≪金線池≫四折:「受了你萬方作賤, 那些兒體面。」(高文達 主編, 同前揭書, 頁563。)

197) 是：此作語助詞, 相當于"呵"。

198) 道：意爲, 認爲。

199) 是：此作"這"、"這樣"。關漢卿 ≪蝴蝶夢≫一【金盞兒】:「相當時, 你可也不三思, 這一還一報從來是, 想皇天報應不容私。」(藍立蓂 編著, 同前揭書, 頁255。)

200) 者：此作表商酌、表聲明的語氣助詞。≪元朝秘史≫續卷一:「若退了軍時, 咱那時再做商量也者。」(孫錫信 ≪近代漢語語氣詞≫語文出版社, 1999年, 頁118。)

201) 來：或作俫、唻, 音義同。用在句中或句尾的助詞, 只起音節作用, 無義, 略同現代漢語中的啊、呢、拉、哩。≪度柳翠≫二【梁州第七】:「柳翠唻, 少不得搜尋遍四大神州。」(顧學頡 王學奇, ≪元曲釋詞≫卷二, 中國社會科學出版社, 1984年, 頁302、305。)

202) 休：副詞。用在動詞前, 表示禁止或勸阻。可譯作"不要"、"別"。≪張協狀元≫四出:「先凶後吉, 身在清霄外, 君休慮。」

你再添半定, 賣與你。添不得, 肯時肯, 不肯時罷203)。我是快性204), 揀好鈔來。臨205)晚也, 賤合殺206)賣與你。

【제70화 번역】

漢商: 이놈은 수놈이고, 이놈은 뿔이 큰 山羊의 종자고, 이놈은 거세한 놈이고, 이것은 어린 숫양이고, 이놈은 암양인데, 모두 합쳐서 얼마요?

羊商: 전부 합쳐서 6定을 주시오.

漢商: 이까짓 (형편없는)양들을 가지고 이렇게 높은 가격을 요구한다는 말이요? 그렇다면 좀 괜찮은 면양(綿羊)은 얼마에 판다는 말이요?

羊商: '부르는 가격은 虛數이고, 받는 가격이 진짜다'라는 말이 있습니다. 얼마나 주시겠소?

漢商: 이렇게 값을 터무니없이 달라고 하니, 내 값을 부를 수가 없소!

羊商: 손님께서 그렇게 생각을 하신다면, 이렇게 합시다, 半定을 깎아 드리겠습니다.

漢商: 보세요!207) 半定이라면 깎지도 마시오. 내 솔직한 가격이면, 두 말도 않고 샀을 것이요. 내4定을 주겠소, 원하면 팔고, 원하지 않으면, 몰고 가시지오.

羊商: 4定은 안되고, 半定을 더 보태주시면, 팔겠습니다.

漢商: 더 줄 수는 없고, 된다면 하고, 원하지 않으면 관둡시다.

羊商: 난 성질이 급합니다, 좋은 돈으로나 골라주세요. 곧 날도 저물고 하여, 값을 싸게 하여, 손님에게 파는 것입니다.

---

203) 罷 : 停止, 取消。≪水滸全傳≫五三回:「你從今已後, 只依得我一件事, 我便罷得這法。」(許少峯主編, ≪近代漢語詞典≫, 團結出版社, 1997年, 頁21。)

204) 快性 : 爽快, 乾脆。

205) 臨 : 將要; 快要。

206) 合殺 : 同"合煞"。了結、收場。徐本≪汗衫記≫二【洛絲娘么篇】:「待去來當街裏立着兵馬, 俺却是怎生合煞!」(劉堅 江藍生 主編, 同前揭書, 頁119。)

207) 原文의 '你來'에서의 '來'는 現代漢語에서 쓰이고 있는 語氣助詞 '啊'와 같은 語氣助詞이다. 예를 들어 "這些年啊, 咱們的日子越過越好啦。(요즘은 말입니다, 우리의 형편이 갈수록 좋아지는 것 같습니다)"처럼, "啊"는 "啊"뒤에서 오는 말에 대한 약간의 강조(환기)의 기능을 가지고 있다.

<参考文獻>

原典類
≪朴通事新釋·朴通事新釋諺解≫, 서울대학교규장각
≪老乞大、朴通事諺解≫, 亞細亞文化史(影印本), 1973年
汪維輝 ≪朝鮮時代漢語教科書叢刊≫, (全四冊)中華書局, 2005年
鄭光 監修, 國語史資料硏究會 譯註≪譯註飜譯老乞大≫, 太學社, 1995年
鄭光 역주해제, ≪原本老乞大≫, 김영사, 2004年
鄭光. ≪譯註原本老乞大≫, 박문사, 2010年
鄭光, ≪역주번역노걸대와노걸대언해≫, 신구문화사, 2006年
錢南揚 著, ≪永樂大典戲文三種校注≫, 臺灣·華正書局, 1990年
王學奇 等校注, ≪關漢卿全集校注≫, 河北教育出版社, 1990年
凌景埏校注本, ≪董解元西廂記≫, 人民出版社, 1980年
王季思校注, ≪西廂記≫, 新文藝出版社, 1954年
李小强 王小忠注釋, ≪西廂記≫, 中國文聯出版公司, 1997年
劉堅 蔣紹愚 主編, ≪近代漢語語法資料彙編≫,(元代明代卷) 商務印書館, 2002年
王士點、商企翁(元), ≪秘書監志≫, 百度(인터넷)電子版

詞典類
張相, ≪詩詞曲語辭匯釋≫,中華書局, 1991年
張相, ≪詩詞曲語辭匯釋≫, 上海古籍出版社, 2009年
顧學頡 王學奇, ≪元曲釋詞≫卷一, 中國社會科學出版社, 1983年
顧學頡 王學奇, ≪元曲釋詞≫卷二, 中國社會科學出版社, 1984年
顧學頡 王學奇, ≪元曲釋詞≫卷三, 中國社會科學出版社, 1988年
顧學頡 王學奇, ≪元曲釋詞≫卷四, 中國社會科學出版社, 1990年
劉堅 江藍生 主編, ≪元語言詞典≫, 上海教育出版社, 1998年
劉堅 江藍生 主編, ≪宋語言詞典≫, 上海教育出版社, 1999年
許少峯 主編, ≪近代漢語詞典≫, 團結出版社, 1997年
許少峯. ≪近代漢語大詞典≫, 中華書局, 2008年
龍潛庵 編著, ≪宋元語言詞典≫, 上海辭書出版社 1985年
高文達 主編, ≪近代漢語詞典≫, 知識出版社 1992年
吳士勛 王東明 主編, ≪宋元明淸百部小說詞語大辭典≫, 陝西教育出版社, 1992年
呂叔湘 主編, ≪現代漢語八百詞≫增訂本, 商務印書館, 1999年
呂叔湘, ≪中國文法要略≫, 商務印書館, 1982年

張惠英, ≪金瓶梅俚俗難詞解≫, 社會科學文獻出版社, 1993年
≪中朝詞典≫, 中國民族出版社, 1986年
≪漢語大詞典≫, 漢語大詞典出版社, 1991年
中國科學院語言研究所詞典編纂室編, ≪現代漢語詞典(修訂本)≫商務印書館,1986年
中國社會科學院語言研究所詞典編輯室編, ≪現代漢語詞典(修訂本)≫商務印書館, 2001年
王鍈 曾明德, ≪詩詞曲語辭集釋≫, 語文出版社, 1991年
王鍈, ≪詩詞曲語辭例釋≫, 中華書局(增訂本), 1991年
王鍈, ≪唐宋筆記語辭匯釋≫, 中華書局(增訂本), 1990年
王鍈, ≪宋元明市語匯釋≫, 中華書局(修訂增補本), 2008年
蔣禮鴻 主編, ≪敦煌文獻語言詞典≫, 杭州大學出版社, 1994年
蔣禮鴻 著, ≪敦煌變文字義通釋≫, 上海古籍出版社, 1997年
劉昌惇, ≪李朝語辭典≫, 延世大學校出版部, 2005年
藍立蓂 編著, ≪關漢卿戲曲詞典≫, 四川人民出版社, 1993年
李法白 劉鏡芙 編著, ≪水滸語詞詞典≫, 上海辭書出版社, 1989年
張永言 等編, ≪簡明古漢語字典≫, 四川人民出版社, 1991年
卜鍵主編, ≪元曲百科大辭典≫, 學苑出版社, 1991年
史東, ≪簡明古漢語詞典≫, 雲南人民出版社, 1985年
王學奇 王靜竹 撰著, ≪宋金元明淸曲辭通釋≫, 語文出版社, 2002年
白維國 編, ≪金瓶梅詞典≫, 中華書局, 1991年
譚其驤 主編, ≪中國歷史地圖集≫, 地圖出版社, 1982年
謝紀鋒 編纂, ≪虛詞詁林≫, 黑龍江人民出版社, 1992年
楊樹達 著, ≪詞詮≫, 中華書局, 1990年
廖珣英 編, ≪全宋詞語言詞典≫, 中華書局, 2007年
陸澹安 著, ≪小說詞語語彙釋≫, 上海錦綉文章出版社, 2009年

著書類

呂叔湘著 江藍生補, ≪近代漢語指代詞≫, 學林出版社, 1985年
胡安竹等編, ≪近代漢語研究≫, 商務印書館, 1992年
馮春田, ≪近代漢語語法研究≫, 山東敎育出版社, 2000年
梁伍鎭, ≪老乞大朴通事硏究≫, 太學社, 1998年
太田辰夫 著 蔣紹愚、徐昌華譯, ≪中國語歷史文法≫, 北京大學出版社, 1987年
香坂順一著 江藍生 白維國譯, ≪白話語匯研究≫, 中華書局, 1997年
香坂順一著 植田均譯, ≪水滸詞匯研究(虛詞部分≫, 文津出版社, 1992年

江藍生, ≪近代漢語探源≫, 商務印書館, 2000年
兪光中 植田均, ≪近代漢語語法研究≫, 學林出版社, 2000年
孫錫信, ≪近代漢語語氣詞≫, 語文出版社, 1999年
董志翹 蔡鏡浩, ≪中古虛詞語法例釋≫, 吉林敎育出版社, 1994年
曹廣順, ≪近代漢語助詞≫, 語文出版社, 1995年
王雲路 方一新, ≪中古漢語語詞例釋≫, 吉林敎育出版社, 1992年
胡竹安 楊耐思 蔣紹愚 編, ≪近代漢語研究≫, 商務印書館, 1992年
蔣紹愚 江藍生 編, ≪近代漢語研究(二)≫, 商務印書館, 1999年
北京大學中文系1955、1957級語言班編,≪現代漢語虛詞例釋≫, 商務印書館, 1982年
房玉清 著, ≪實用漢語語法≫, 北京語言學院出版社, 1996年
呂叔湘 主編, ≪現代漢語八百詞≫(增訂本), 商務印書館, 1999年
呂叔湘, ≪漢語語法論文集≫(增訂本), 商務印書館, 1984年
日·靑山定雄 編 ≪中國歷代地名要覽≫, 臺灣: 洪氏出版社, 1975年。
蔣紹愚 曹廣順 主編, ≪近代漢語語法史研究綜述≫, 商務印書館, 2005年
蔣紹愚, ≪近代漢語研究槪要≫, 北京大學出版社, 2005年
李泰洙, ≪老乞大四種板本語言研究≫, 語文出版社, 2003年
傅雨賢 等著, ≪現代漢語介詞研究≫, 中山大學出版社, 1997年
魏耕原, ≪唐宋詩詞語詞考釋≫, 商務印書館, 2006年
郭作飛, ≪張協狀元詞彙研究≫, 巴蜀書社, 2008年
張美蘭, ≪近代漢語論稿≫, 江西敎育出版社, 2004年
陳秀蘭, ≪敦煌變文詞彙研究≫, 四川民族出版社, 2002年
程湘淸 主編, ≪宋元明漢語研究≫, 山東敎育出版社, 1992年
李崇興 等著, ≪元代漢語語法研究≫, 上海敎育出版社, 2009年
정승혜 등 옮기고 엮고 지음, ≪박통사 원나라 대도를 거닐다≫, 박문사, 2011년

論文
鄭旭, ≪老乞大이 V着 연구≫, 한국외국어대학교, 석사학위논문(2005年)
鄭潤哲 ≪老乞大方向動詞硏究≫, 한국외국어대학교, 박사학위논문(2005年)
金美娘, ≪老乞大 4종판본 전치사연구≫,한국외국어대학교, 석사학위논문(2005年)
楊聯陞, ＜老乞大朴通事裏的語法語彙＞, 東方學志, 1955年(臺灣)
愼鏞權, ＜老乞大가 반영하는 漢語의 성격에 대하여＞, 中國語文學 第48輯(2006)
拙稿, ＜董西廂與王西廂裏的語氣助詞用例考＞, 中國語文論叢, 第36輯(2008年).
拙稿, ＜近代漢語語氣詞用例考(上)＞, 中國語文論譯叢刊, 第22輯(2008年).
拙稿, ＜老乞大語彙考＞, 中國語文論叢, 第39輯(2008年).

拙稿, <老乞大語彙考(二)>, 中國學論叢, 第25輯(2009年).
拙稿, <老乞大語彙考(三)>, 中國語文論叢, 第41輯(2009年).
拙稿, <老乞大語彙考(四)>, 中國語文論叢, 43輯(2009)
拙稿, <老乞大語彙考(五)>, 中國語文論叢, 44輯(2010)
拙稿, <老乞大語彙考(六)>, 中國語文論譯叢刊, 27輯(2010)
拙稿, <原本老乞大語彙詁釋(一)>, 光州大學校 人文科學, 10輯(2010)
拙稿, <原本老乞大語彙詁釋(二)>, 光州大學校 人文科學, 11輯(2011)
이수진, <老乞大處置文의 把/將字硏究>, 中國學 26輯(2006年).
鐘焓, <民族史硏究中的“他者”視角>, (歷史硏究, 2008年 第1期)
맹주억, <老乞大諺解 諸板本에 반영된 통사규칙 난점의 유형>, 중국학연구42집
맹주억, <老乞大諺解類 諸板本中‘着’의 번역에 관한 연구>, 중국연구 제39권

□ 성명 : 이육화(李陸禾)
주소 : 광주광역시 남구 진월동 광주대학교 호심관 1703호
전화 : 82)10-2004-2282
전자우편: lyh@gwangju.ac.kr

□ 이 논문은 2012년 11월 20일 투고되어
2013년 01월 14일부터 02월 10일까지 심사하고
2013년 02월 25일 편집회의에서 게재 결정되었음.

<국문초록>

原本老乞大新註新譯(五)

1998년에 最古本으로 추정되는 ≪原本老乞大≫(1346년)本이 발견됨으로서 국내외 학계에서는 세기의 발견이라고 찬사를 받으면서 주목을 받고 있고, 또한 활발한 연구가 진행되고 있는 것이다. 이러한 ≪老乞大≫系列書는 中國의 近代 漢語語彙 및 漢語口語 發展史 등 연구에 소중한 資料인 同時에 漢語原文을 當時의 한글로 表音하고 對譯文을 병기한 諺解書들은 우리 國語史 연구의 소중한 자료로 評價 받고 있다. 지금도 國內外적으로 ≪原本老乞大≫에 대한 연구는 계속되고 있지만, 諺解類의 자료에 대하여 사람들은 전해져 내려오는 그대로의 모습을 신뢰하고 또한 우리는 현재 우리가 알고 있고 구사하고 있는 現代漢語의 지식으로 近代漢語의 현상들을 이해하고 해석하려는 경향이 있음을 볼 수 있다. 이에 본 연구는 ≪原本老乞大≫에 실려 있는 語彙 하나하나에 대하여 近代漢語와 관련된 각종문헌을 참고하고 고증 등의 작업을 거쳐 漢語原文의 註釋을 달고 번역하여 老乞大系列書는 老乞大時代를 代表하는 當時의 口語이고, 漢語의 變遷과 發展過程을 硏究하는 資料로서 그 가치를 정당하게 평가를 받을 수 있고 또한『老乞大·朴通事』系列書 연구에 토대가 되고자 함이다.

<역어유해>의 어휘 분절구조 고찰*
-<타는 기구> 명칭을 <몽어유해>와 대비하여-

배성우
(한국, 고려대)

<Abstract>

A Study of <Yeogeoyuhae> on the wordfield
-focusing on Noun Expressions <palamquin or mount> in comparison with <Mongeoyuhae>

In this study I made attempt to apply 'wordfield-theory' to finding out viewpoints of contemplating the noun expression <palamquin or mount> in <Yeogeoyuhae>

As a result of this study, I made certain of following facts.

(1) In this wordfield, <palamquin or mount>, is related three viewpoint, <Use>, <User>, <structure>.

(2) There are no expression for 'wagon' in <Mongeoyuhae> but <Yeogeoyuhae> in the wordfield, <Use>.

(3) There are expressions for 'boat' in <Yeogeoyuhae> and <Mongeoyuhae> in the wordfield, <Use>.

(4) There are no expression for 'palamquin' related 'king' in <Yeogeoyuhae> but <Mongeoyuhae> in the wordfield, <User>.

(5) There are no expression for 'wagon' and 'boat' in <Mongeoyuhae> but <Yeogeoyuhae> in the wordfield, <structure-seize-large>.

(6) There are no expression for 'wagon' in <Mongeoyuhae> but <Yeogeoyuhae> in the wordfield, <structure-seize-small>.

Key Words : Wordfield(어휘분절구조이론), Yeogeoyuhae(역어유해), Mongeoyuhae(몽어유해)

---

* 이 논문은 한국학중앙연구원의 연구비 지원에 의한 것임(AKS-2011-AAA2101 조선시대 역학서의 종합적 연구).

1. 서론

이 논문은 <역어유해>에 나타난 어휘 가운데 <타는 기구>에 해당하는 어휘들을 <몽어유해>의 그것들과 대비하여 분절구조를 밝히는 데 목적이 있다. 어휘의 분절구조를 밝히는 것은 바이스게르버의 언어 연구 4단계 중 2단계인 내용중심의 고찰에 해당하는 것으로 언어 속에 내재한 세계관을 밝히는 고찰이다[1].

어휘분절구조 이론에 따라 <역어유해>의 어휘와 <몽어유해>의 어휘를 대비하는 것은 중국어와 몽고어의 세계관을 대비한다는 점에 그 의의가 있다. 어휘분절구조 이론에 있어서 분절 개념은 객관적으로 존재하는 대상을 인간이 의식할 수 있는 존재로 개변함을 말한다. 분절은 각각의 언어공동체마다 독자적으로 수행되기에 그 결과 또한 언어마다 차이가 있으며, 그렇기 때문에 각각의 언어는 소리와 기호의 차이뿐만 아니라 대상에 대한 시각의 차이이기도 하다. 우리는 외국어를 공부하면서 한국어의 무엇은 영어의 무엇이라고 생각하면서 공부하는 경우가 있는데, 그러한 대비가 반드시 일치하지 않는 경우가 의외로 많이 나타남을 경험하게 된다. 한국어의 '형'과 '아우'를 영어와의 'brother'와 비교해 볼 때 한국어에는 연령의 <노소>가 구분되어 있는 반면 영어에서는 그렇지 않음이 나타난다. 조금 더 깊이 들어가 자매 명칭까지 확대해 보면, 한국어의 '오빠', '누나' '언니' '동생' 등 다양한 분절을 보이는 데 비하여 영어에는 단지 'brother'와 'sister' 이외에는 낱말들이 나타나지 않는다. 이것은 객관적인 대상을 인간의 의식세계로 끌어들이는 방식이 언어마다 다름을, 즉 분절의 방식이 다름을 뜻하며 개별어마다 상이한 분절의 방식을 발견하는 것이 어휘분절구조 이론이다. 우리는 흔히 동물을 고양이, 개, 말 등의 애완동물, 소, 닭, 돼지 등의 가축, 사자, 호랑이, 곰 등의 야생동물 등으로 구분하지만, 이러한 분류는 고양이과, 개과, 소과, 등으로 분류하는 동물학의 체계와는 다른 것이며, 실제 생활에서 인간이 동물과 어떤 관계를 맺고 있는가 하는 것을 보여주고 있다(沈在箕, 李基用, 李廷玟(1984: 56).

1) 배해수(1998) <한국어와 동적언어이론> 고려대학교출판부 162-163 참조.

또한 한국어 형제/자매 명칭의 경우, <노소>와 <성별> 등의 기준에 의하여 분절되는데, 연령의 <노소>에 있어서 <노>에 비하여 <소>는 분절이 다양하지 않음도 드러난다. <노>에 해당되는 '형', '누나', '오빠', '언니'에 비하여 <소>는 '아우', '동생' 만이 나타난다. 다양한 분절의 양상을 보이는 항목은 그렇지 못한 항목에 비하여 관심이 많았음을 의미한다. <동물>의 명칭을 비교해 보면, 우리의 생활과 밀접하여 친근한 동물들은 비교적 그 분절이 다양하게 진행되는데 비하여 그렇지 않은 동물들은 그 분절이 비교적 단순함을 볼 수 있기 때문이다. 소(牛), 개(犬), 말(馬) 등은 여러 가지 관점에 의하여 분절되는 양상을 보이며, 특히 <암수>의 구분이 명확하게 이루어지는데 비하여 기타 다른 동물들, 곰, 호랑이, 사자 등은 <암수>의 구분이 이루어지지 않으며, 그냥 모아서 <암놈>, <수놈>이라고 칭하고 있다는 점에서 다양한 분절의 양상을 보이는 항목은 그렇지 못한 항목에 비하여 해당 민족의 관심을 많이 받았음을 알 수 있다.

<역어유해>는 조선시대 역학서 중 辭書로 편찬된 漢學에 대한 어휘집이다. 특이하게도 이들 유해류는 (天文) (時令) 등과 같은 문항 아래에 낱말들이 배열되는 순서로 편찬되었다. 정광(1978)은 이러한 문항의 분류가 분류체 辭書인 <淸文鑑>과 <同文廣彙>의 영향임을 언급하면서 다른 유해류의 문항과 대비한 바 있다. 정광(1978)에 따르면 문항의 분류는 유해류들 간에 완전히 일치하지 않는데 이 논문에서 다루는 <역어유해>와 <몽어유해> 간에도 문항은 일치하지 않는다. 예를 들어 <역어유해>는 (車輛)과 (舟舡)으로 분류 된 것이 <몽어유해>는 (舟車) 합쳐져 있다. 또한 이 유해류의 어휘는 그 나라의 회화에 있어서 필수적이고 기본적인 낱말들만을 수록하였기에 문항 아래의 낱말들의 수가 많지 않다. 다음은 <역어유해>와 <몽어유해>에 나타난 <타는 기구>에 해당하는 낱말들인데 <역어유해>에 12개, <역어유해보> 2개, <몽어유해>에 11개의 낱말이 나타나고 있다.

<역어유해>
搖車 아ᄒᆡ 담아 흔드ᄂᆞᆫ 술위. <1690역어유해下:18a> (器具)
大車 큰 술위. <1690역어유해下:22a> (車輛)

小車 져근 술위. <1690역어유해下:22a> (車輛)
室車 집 지은 술위. <1690역어유해下:22a>(車輛)
庫車 자븐 것 년는 술위. <1690역어유해下:22a>(車輛)
坐車 ᄐᆞᄂᆞᆫ 술위. <1690역어유해下:22b>(車輛)
車畺 軸 ᄒᆞᆫ ᄢᅵ 술위. <1690역어유해下:22b(車輛)
推車 ᄒᆞᆫ ᄢᅵ 술위. <1690역어유해下:22b>(車輛)
海舡 큰 ᄇᆡ. <1690역어유해下:20b> (舟舡)
擺渡舡 ᄂᆞᄅᆞᄇᆡ. <1690역어유해下:20b>(舟舡)
槽舡 마샹이. <1690역어유해下:20b>(舟舡)
筏子 ᄠᅦ. <1690역어유해下:20b>(舟舡)
爬山筧 남여 <1775역어유해보,46b>(車輛補)
靈轎 魂車 <1775역어유해보,27b>(喪葬補)

<몽어유해>
船 ᄇᆡ[2] <1790몽어유해14a> (舟車)
漁船 고기잡ᄂᆞᆫ ᄇᆡ <1790몽어유해14a> (舟車)
筏子 ㅅ데 <1790몽어유해14a> (舟車)
全木船 마샹이 <1790몽어유해14a> (舟車)
擺渡舡 ᄂᆞᄅᆞㅅᄇᆡ <1790몽어유해14a> (舟車)
轎車 가마[3] <1790몽어유해14b> (舟車)
囚車 함거 <1790몽어유해14b> (舟車)
輦 - <1790몽어유해14b> (舟車)
轎子 - <1790몽어유해14b> (舟車)
爬山筧 남여 <1790몽어유해14b> (舟車)
車子[4] 술위 <1790몽어유해14b> (舟車)

---

2) 이 낱말은 배의 원어휘소에 해당한다.
3) 이 낱말은 가마의 원어휘소에 해당한다.
4) 이 낱말은 수레의 원어휘소에 해당한다.

2. 용도에 따른 분절구조

(1) 搖車 아ᄒᆡ 담아 흔드ᄂᆞᆫ 술위.<1690역어유해下:18a> (器具)

이 낱말은 {유아를 위한 수레}로 풀이되므로 <유아용>이라는 특성을 문제삼고 있다.

(2) 坐車 ᄐᆞᄂᆞᆫ 술위.<1690역어유해下:22b>(車輛)

이 낱말은 '坐'를 통해 {앉아 타는 수레}로 풀이되므로, <좌석용>이라는 특성을 문제삼고 있다.

(3) 庫車 자븐 것 넌ᄂᆞᆫ 술위.<1690역어유해下:22a>(車輛)

이 낱말은 {창고로 사용하는 수레}로 풀이되므로, <창고용>이라는 특성을 문제삼고 있다.

(4) 擺渡舡 ᄂᆞᄅᆞᄇᆡ.<1690역어유해下:20b>(舟舡)
擺渡舡 ᄂᆞᄅᆞㅅᄇᆡ <1790몽어유해14a> (舟車)

이 낱말들은 {나루와 나루 사이를 오가며 사람이나 짐 따위를 실어 나르는 작은 배}로 풀이되므로 <나루터 간 수송용>이라는 특성과 <크기 - 소>라는 특성을 문제삼고 있다.

(5) 漁船 고기잡ᄂᆞᆫ ᄇᆡ <1790몽어유해14a> (舟車)

이 낱말은 {고기 잡는 배}로 풀이되므로 <어업용>이라는 특성을 문제삼고 있다.

지금까지 살펴 본 낱말들의 특징으로 그림으로 그리면 (그림 1)과 같이 도식화될 수 있다.

(그림 1) <용도>에 따른 분절 구조

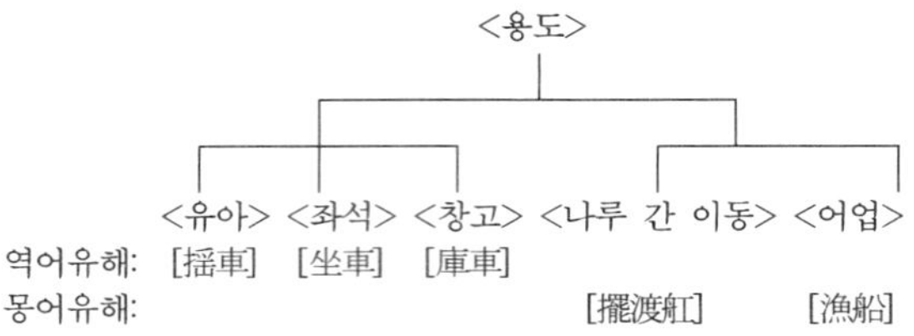

<용도>와 관련된 표현들은 <역어유해>에 5개의 낱말들이 나타나는데, <수레>가 3개, <배>가 2개 나타난다. <몽어유해>에서는 2개의 낱말이 나타나는데, <배> 분절에만 관여하고 있음을 알 수 있다. <수레>와 <배>는 서로 다른 분절구조이지만, <용도>의 분절 현황을 이해하기 쉽게 제시하기 위해 함께 다루었다. 한편 <용도>와 관련된 한국어의 <수레> 명칭들을 살펴보면 <유아용>에 해당하는 유모차, 동차 등이 있을 수 있고, <배> 명칭으로는 <나루수송용>에 나룻배, <어업용>으로 어선, 고깃배 등이 있다. 이러한 <용도>와 관련된 분절의 특징을 요약하면, <역어유해>에는 <유아용> <좌석용> <창고용>의 <수레> 명칭이 나타나는 반면 <몽어유해>에서는 <용도>와 관련된 <수레> 명칭이 나타나지 않는다. 또한 <용도>와 관련된 <배> 명칭은 <역어유해>에는 <나루수송용>만이 나타나는 반면 <몽어유해>에는 <나루수송용>과 <어업용>관련된 명칭이 나타난다. 이러한 특징을 한국어와 비교하여 표로 제시하면 다음과 같다.

(표1) 용도와 관련된 어휘 대비

구분	<역어유해>	<몽어유해>	한국어
유아용	搖車		유모차, 동차
좌석용	坐車		
창고용	庫車		
나루 수송용	擺渡舡	擺渡舡	나룻배
어업용		漁船	어선, 고깃배

위의 표를 보면, <역어유해>와 한국어가 일치하는 관점은 2개이고 <몽어유해>와 한국어 역시 2개이다.

3. 타는 사람의 신분에 따른 분류(주체)

(6) 爬山篼 남여 <1775역어유해보,46b> (車輛補)
爬山篼 남여 <1790몽어유해14b> (舟車)

이 낱말은 {의자와 비슷하고 뚜껑이 없는 작은 가마. 승지나 참의 이상의 벼슬아치가 탔다}로 풀이되므로 <신분-벼슬아치> <크기-소>, <모양-무개(無蓋)>라는 특성을 문제삼고 있다

(7) 轎子 - <1790몽어유해14b> (舟車)

이 낱말은 {조선 시대에, 종일품 이상 및 기로소(耆老所)의 당상관이 타던 가마}로 풀이되므로 <신분-벼슬아치>라는 특성을 문제삼고 있다.

(8) 輦 - <1790몽어유해14b> (舟車)

이 낱말은 {임금이 거둥할 때 타고 다니던 가마}로 풀이되면서 <신분-임금>이라는 특성을 문제삼고 있다.

(9) 囚車 함거 <1790몽어유해14b> (舟車)

이 낱말은 {죄인을 실어 나르던 수레}로 풀이되면서 <신분-죄인>이라는 특성을 문제삼고 있다.

(10) 靈轎 魂車 <1775역어유해보,27b> (喪葬補)

이 낱말은 '靈'과 '魂'으로 보아 {상여}로 풀이되므로 <주체-망자>라는 특성을 문제삼고 있다.

지금까지 살펴 본 낱말들의 특징으로 그림으로 그리면 (그림 2)과 같이 도식화될 수 있다.

(그림 2) <주체>에 따른 분절구조

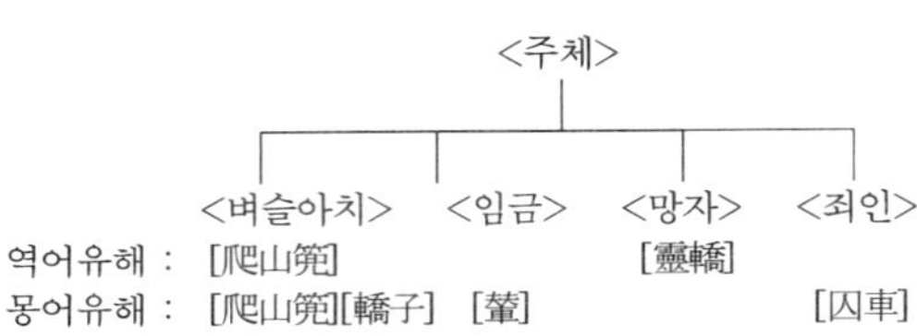

<주체>와 관련된 표현들은 <역어유해>에 2개의 낱말들이 나타나는데, 2개 다 <가마> 명칭이다. <몽어유해>에서는 4개의 낱말이 나타나는데, <가마> 명칭이 3개이고 <수레> 명칭이 1개 나타난다. <수레>와 <가마>는 서로 다른 분절구조이지만, <주체>의 분절 현황을 이해하기 쉽게 제시하기 위해 여기서도 함께 다루었다. 한편 <주체>와 관련된 한국어의 <수레>와 <가마> 명칭들을 살펴보면 <벼슬아치>에 해당하는 藍輿, 교자, 교헌 등이 있고, <임금>은 연, 난거, 거가 등이 있다. 또한 <왕족>인 <공주>의 덩, <왕자>의 가여 등이 있다. <죄인>은 함거, 함여 등이 있고, <망자>는 상여가 있다. 이러한 <주체>와 관련된 분절의 특징을 요약하면, <역어유해>에는 <벼슬아치>와 <망자>와 관련된 <가마> 명칭만이 나타나는 반면, <몽어유해>에는 <벼슬아치>와 <임금>과 관련된 <가마> 명칭과 <죄인>과 관련된 <수레> 명칭이 나타난다. 이러한 <주체> 분절구조의 특징을 한국어와 비교하여 표로 제시하면 다음과 같다.

(표2) 타는 사람의 신분과 관련된 어휘 대비

구분	<역어유해>	<몽어유해>	한국어
벼슬아치	爬山篼	爬山篼, 轎子	남여, 교자, 교헌
임금		輦	연, 난거, 거가,
죄인		囚車	함거, 함여
망자	靈轎		상여
왕족			가여, 덩

위의 표를 보면, <역어유해>와 한국어가 일치하는 관점은 2개이고, <몽어유해>와 한국어는 3개이다.

4. 구조에 따른 분절구조

(11) 大車 큰 술위.<1690역어유해下:22a> (車輛)

이 낱말은 {큰 수레}로 풀이되므로 <크기-대>라는 특성을 문제삼고 있다.

(12) 小車 져근 술위.<1690역어유해下:22a> (車輛)

이 낱말은 {작은 수레}로 풀이되므로 <크기-소>라는 특성을 문제삼고 있다.

(13) 室車 집 지은 술위.<1690역어유해下:22a> (車輛)

이 낱말은 {집 모양의 수레}로 풀이되므로 <모양-집>

(14) 車軎軸 ᄒᆞᆫ ᄡᅵ 술위.<1690역어유해下:22b> (車輛)
推車 ᄒᆞᆫ ᄡᅵ 술위.<1690역어유해下:22b> (車輛)

이 낱말들은 {바퀴가 하나인 수레}로 풀이되므로 <바퀴-하나>라는 특성을 문제삼고 있다.

(15) 海舡 큰 ᄇᆡ.<1690역어유해下:20b> (舟舡)

이 낱말은 {큰 배}로 풀이되므로 <크기-대>라는 특성을 문제삼고 있다.

(16) 槽舡 마샹이.<1690역어유해下:20b> (舟舡)
全木船 마샹이 <1790몽어유해14a> (舟車)

이 낱말들은 {통나무를 파서 만든 작은 배}로 풀이되므로 <재료-통나무>, <크기-소>라는 특성을 문제삼고 있다.

(17) 筏子 ᄠᅦ.<1690역어유해下:20b> (舟舡)
筏子 ㅅ데 <1790몽어유해14a> (舟車)

이 낱말은 {나무나 대나무 따위의 일정한 토막을 엮어 물에 띄워서 타고 다니는 것}으로 풀이되므로 <재료-나무>라는 특성을 문제삼고 있다.

지금까지 살펴 본 낱말들과 <용도>와 <주체>에서 다룬 낱말 중에서 <크기>와도 관계하는 擺渡舡와 <크기>와 <모양>에 관여하는 爬山筅를 포함하여 그 특징을 그림으로 그리면 (그림 3)과 같이 도식화될 수 있다.

(그림 3) <구조>에 따른 분절구조

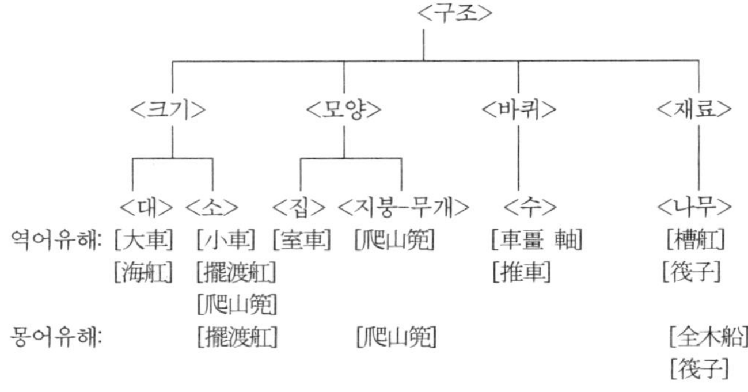

<구조>와 관련된 표현들은 <역어유해>에 9개의 낱말들이 나타나는데, <수레>가 4개, <배>가 4개, <가마>가 1개 나타난다. <몽어유해>에서는 4개의 낱말이 나타나는데, <수레>와 관련된 낱말은 나타나지 않고, <배>가 3개 <가마>가 1개 나타난다. <수레>, <가마>와 <배>는 서로 다른 분절구조이지만, <구조>의 분절 현황을 이해하기 쉽게 제시하기 위해 함께 다루었다. 한편 <주체>와 관련된 한국어의 명칭들을 살펴보면 <크기-대>에 해당하는 大車, <크기-소>에 해당하는 小轎 등이 있고, <모양>과 관련해서는 步轎과 무개차 등이 있다. <바퀴>와 관련된 낱말은 이륜마차, 사륜마차, 독륜차, 일륜거, 쌍륜, 사륜거 등 다양하며, <재료-나무>와 관련된 낱말로는 떼, 마상이 등이 있다. 이러한 <주체>와 관련된 분절의 특징을 요약하면, <역어유해>와 <몽어유해> 모두 <크기>, <모양>, <바퀴>, <재료>와 관련된 표현들이 다 나타나는데, <크기-대>의 경우 <역어유해>에 <수레>와 <배> 명칭이 나타나는 반면, <몽어유해>에는 나타나는 낱말이 없다. <크기-소>의 경우, <역어유해>는 <수레>, <가마>, <배> 명칭이 나타나는데 비하여 <몽어유해>에서는 <가마>와 <배> 명칭만이 나타나고 있다. <모양-집>의 경우에는 <역어유해>에만 <수레> 명칭이 나타나고, <모양-무개>의 경우에는 <역어유해>와 <몽어유해> 모두 <가마> 명칭만이 나타나고 있다. <바퀴>의 경우 <역어유해>에만 <수레> 명칭이 나타난다. <재료-나무>의 경우, <역어유해>와 <몽어유해> 모두 <배> 명칭이 나타나고 있다. 이러한 <주체>와 관련된 분절구조의 특징을 한국어와 비교하여 표로 제시하면 다음과 같다.

구분	<역어유해>	<몽어유해>	한국어
크기-대	大車, 海舡		大車
크기-소	小車, 擺渡舡, 爬山笵	擺渡舡, 爬山笵	小轎,
모양-집	室車		步轎
모양-무개	爬山笵	爬山笵	無蓋車
바퀴	車軖 軸推車		이륜마차, 사륜마차, 독륜차, 일륜거, 쌍륜, 사륜거
재료-나무	槽舡, 筏子	全木船, 筏子	떼, 마상이

위의 표를 보면, <역어유해>와 한국어가 일치하는 관점은 6개이고, <몽어유해>와 한국어가 일치하는 관점은 3개이다.

5. 결론

지금까지 살펴본 분절구조의 특징을 다음과 같이 요약하면서 결론을 대신하고자 한다.

(1) <용도>와 관련된 분절의 경우, <역어유해>에는 <유아용> <좌석용> <창고용>의 <수레> 명칭이 나타나는 반면 <몽어유해>에서는 <용도>와 관련된 <수레> 명칭이 나타나지 않는다. 또한 <용도>와 관련된 <배> 명칭은 <역어유해>에는 <나루수송용>만이 나타나는 반면 <몽어유해>에는 <나루수송용>과 <어업용>관련된 명칭이 나타난다. 또한 <역어유해>와 한국어가 일치하는 관점은 2개이고 <몽어유해>와 한국어 역시 2개이다.

(2) <주체>와 관련된 분절의 경우, <역어유해>에는 <벼슬아치>와 <망자>와 관련된 <가마> 명칭만이 나타나는 반면, <몽어유해>에는 <벼슬아치>와 <임금>과 관련된 <가마> 명칭과 <죄인>과 관련된 <수레> 명칭이 나타난다. 또한 <역어유해>와 한국어가 일치하는 관점은 2개이고, <몽어유해>와 한국어는 3개이다.

(3) <구조>와 관련된 분절은 <역어유해>와 <몽어유해> 모두 <크기>, <모양>, <바퀴>, <재료>와 관련된 표현들이 다 나타나는데, <크기-대>의 경우 <역어유해>에 <수레>와 <배> 명칭이 나타나는 반면, <몽어유해>에는 나타나는 낱말이 없다. <크기-소>의 경우, <역어유해>는 <수레>, <가마>, <배> 명칭이 나타나는데 비하여 <몽어유해>에서는 <가마>와 <배> 명칭만이 나타나고 있다. <모양-집>의 경우에는 <역어유해>에만 <수레> 명칭이 나타나고, <모양-무개>의 경우에는 <역

어유해>와 <몽어유해> 모두 <가마> 명칭만이 나타나고 있다. <바퀴>의 경우 <역어유해>에만 <수레> 명칭이 나타난다. <재료-나무>의 경우, <역어유해>와 <몽어유해> 모두 <배> 명칭이 나타나고 있다. <역어유해>와 한국어가 일치하는 관점은 6개이고, <몽어유해>와 한국어가 일치하는 관점은 3개이다.

<参考文獻>

배성우(2000), "<수레> 명칭에 대한 고찰." 「21세기 국어학의 과제」, 월인

배성우(2001), <탈것 명칭의 분절구조 연구> 고려대학교박사학위논문

배해수(1998), <한국어와 동적언어이론> 고려대학교출판부

沈在箕, 李基用, 李廷玫. 1984. 「意味論 序說」, 集文堂.

李基文(1974), <譯語類解>(影印) 亞細亞文化社

洪允杓(1995), <蒙語類解(上下補)>(影印) 弘文閣

梁伍鎭(1995), "박통사 제작년대 소고" <한국어학>(고려대) 제2집

정 광(1978), "類解類 譯書에 대하여." <국어학>(국어학회) 제7호

______(2000), "<노박집람>과 <노걸대>·<박통사>의 舊本," 『震檀學報』(진단학회), 제89집 pp.155~188

______(2001), "言語의 比較方法-韓國語와 다른 言語와의 比較方法을 摸索하며-", 太平武 편; 『세계 속의 조선어(한국어) 대비 연구』, 遼寧民族出版社, 瀋陽, pp. 218~226

______(2002a), "A Study on Nogeoldae by Analyzing some Dialogue Situations in its Original Copy," Gregory K. Iverson ed. *Explorations Linguistics*, Hankook Publishing Co., Seoul pp. 31~49

______(2002b), "The Formation and Change of <LaoQita>," Gregory K. Iverson ed. *Pathways into Korean Language and Culture*, Pagijong Press, Seoul pp.85~102

______(2002c), "훈민정음 중성자의 음운대립," 『문법과 텍스트』(서울대학교 출판부) pp.31~46

______(2002d), 『訳学書 研究』, J&C, 서울

______(2003a), "韓半島における漢字の受容と借字表記の變遷," "日韓漢字·漢文受容に關する國際學術會議" 主題講演, 2003년 7월 24-25일 日本 富山大學

人文學部, 日韓漢字·漢文受容硏究會 主催
______(2003b), "朝鮮漢字音の成立と變遷," 日本 中國語學會 제53회 全國大會 심포지움 "漢字音硏究の現在" 主題發表, 2003년 10月25日 日本 早稻田大學 大隈講堂
______(2003c), "<老乞大>의 성립과 그 변천," Sang-Oak Lee & Gregory K. Iversion, 『한국언어와 문화 탐색』, 도서출판 박이정, 서울 pp. 151~168
______(2003d), "韓半島에서 漢字의 受容과 借字表記의 變遷," 『口訣硏究』(口訣學會) 제11호, pp. 53~86
______(2004a), "남북한 학자의 국어 계통 연구의 제문제," 『인문언어, Lingua Humanitas』(국제언어인문학회, International Association for Humaniistic Studies in Language), 제6집, pp.169-184
______(2004b), "On Polivanov's Study of the Geneology of Korean--Focused on Polivanov's Life and His Scholarship--," ICKL 2004(July 13~14) at Ankara Univ., Antalia, Turkey
______(2004c), "朝鮮時代的漢語敎育与敎材 -以<老乞大>爲例-," 『國外漢語敎學動態』(北京外國語大學), 總第5期 pp. 2~9
______(2004d), 『역주 原本老乞大』, 김영사, 서울
______(2004e), 『四本對照 倭語類解』 상, 하, J&C, 서울
______(2005a), <Review> Christopher I. Beckwith, *Koguryo - The language of Japan's continental relatives* 의 서평, 『北方史論叢』(高句麗財團) 제5호 pp. 369~377
______(2005b), "漢吏文에 대하여," 한국어학회 제36차 전국학술대회 기조강연, 2005년 8월 18일, 부산외국어대학교 외국어학습관 중강당
______(2005b), "朝鮮漢字音의 成立과 変遷, 『인문언어(Lingua Humanitas』(국제언어인문학회) 제7집 pp. 31~56
______(2006a), "폴리봐노프의 생애와 학문 -한국어 계통연구를 중심으로- ," 『국어학논총』(이병근 선생 퇴임기념), pp. 1439 ~ 1463.
______(2006b), "東北아시아 諸語의 漢文 표기 -- 韓半島에서의 吏文과 元代의 漢吏文을 중심으로-- (On the Chinese Transcriptions of Northeastern Eurasian Languages - Focusing on I-mun(吏文) in Korean Peninsular and Hanliwen(漢吏文) in Yuan Dynasty-)"란 제목으로 16th Japanese/Korea Linguistics Conference, Kyoto University, October 7th, 2006, Keynote Speaker의 기조발표.
______(2006c), "吏文과 漢吏文," 『口訣硏究』(口訣學會) 제16호, pp. 27~69

______(2006d), "새로운 자료와 시각으로 본 훈민정음의 創製와 頒布," 『언어정보』(고려대학교 언어정보연구소), 제7호, pp. 5~38

______(2006e), 『훈민정음의 사람들』, J&C, 서울

______(2006f), 『역주 번역노걸대와 노걸대언해』, 100대 한글문화 유산 45, 신구문화사, 서울

______(2007), "고구려어의 문법 형태 재구," 『국제고려학회 서울지회 논문문집』, 제10호, pp.3~26

______(2008a), "訓民正音 字形의獨創性 -『몽고자운』의 파스파字와의 비교를 통하여 -," 한중연 주최 「훈민정음과 파스파 문자 국제학술워크숍」, 장소: 한국학중앙연구원 대강당 2층 세미나실, 일시: 2008년 11월 18~19일

______(2008b), "『蒙古字韻』의 八思巴 문자와 訓民正音," 「제2차 한국어학회 국제학술대회」 발표요지(2008 '한글' 국제학술대회) Session 1 '한글과 문자' pp. 10-26 일시: 2008년 8월 16-17일, 장소: 고려대학교 인촌기념관

______(2008c), "몽고자운 해제," 『몽고자운, [illegible] 영인본』, 한국학중앙연구원, 성남

정승혜(2000), "사역원 한학서의 기초적 연구." <한국정신문화연구원> 3집

□ 성명 : 배성우
주소 : 경기도 남양주시 오남읍 오남리 신우아이딜 106동 106호
전화 : 82)10-9097-5101
전자우편 : mikeab@korea.ac.kr

□ 이 논문은 2012년 12월 22일 투고되어
2013년 01월 14일부터 02월 10일까지 심사하고
2013년 02월 25일 편집회의에서 게재 결정되었음.

<국문초록>

<역어유해>의 어휘 분절구조 고찰
-<타는 기구> 명칭을 <몽어유해>와 대비하여-

이 논문은 <역어유해>에 나타난 어휘 가운데 <타는 기구>에 해당하는 어휘들을 <몽어유해>의 그것들과 대비하여 분절구조를 밝히는 데 목적이 있다. 어휘의 분절구조를 밝히는 것은 바이스게르버의 언어 연구 4단계 중 2단계인 내용중심의 고찰에 해당하는 것으로 언어 속에 내재한 세계관을 밝히는 고찰이다.

고찰의 결과를 요약하면 다음과 같다.

(1) <용도>와 관련된 분절의 경우, <역어유해>에는 <유아용> <좌석용> <창고용>의 <수레> 명칭이 나타나는 반면 <몽어유해>에서는 <용도>와 관련된 <수레> 명칭이 나타나지 않는다. 또한 <용도>와 관련된 <배> 명칭은 <역어유해>에는 <나루수송용>만이 나타나는 반면 <몽어유해>에는 <나루수송용>과 <어업용>관련된 명칭이 나타난다. 또한 <역어유해>와 한국어가 일치하는 관점은 2개이고 <몽어유해>와 한국어 역시 2개이다.

(2) <주체>와 관련된 분절의 경우, <역어유해>에는 <벼슬아치>와 <망자>와 관련된 <가마> 명칭만이 나타나는 반면, <몽어유해>에는 <벼슬아치>와 <임금>과 관련된 <가마> 명칭과 <죄인>과 관련된 <수레> 명칭이 나타난다. 또한 <역어유해>와 한국어가 일치하는 관점은 2개이고, <몽어유해>와 한국어는 3개이다.

(3) <구조>와 관련된 분절은 <역어유해>와 <몽어유해> 모두 <크기>, <모양>, <바퀴>, <재료>와 관련된 표현들이 다 나타나는데, <크기-대>의 경우 <역어유해>에 <수레>와 <배> 명칭이 나타나는 반면, <몽어유해>에는 나타나는 낱말이 없다. <크기-소>의 경우, <역어유해>는 <수레>, <가마>, <배> 명칭이 나타나는데 비하여 <몽어유해>에서는 <가마>와 <배> 명칭만이 나타나고 있다. <모양-집>의 경우에는 <역어유해>에만 <수레> 명칭이 나타나고, <모양-무개>의 경우에는 <역어유해>와 <몽어유해> 모두 <가마> 명칭만이 나타나고 있다. <바퀴>의 경우 <역어유해>에만 <수레> 명칭이 나타난다. <재료-나무>의 경우, <역어유해>와 <몽어유해> 모두 <배> 명칭이 나타나고 있다. <역어유해>와 한국어가 일치하는 관점은 6개이고, <몽어유해>와 한국어가 일치하는 관점은 3개이다.

『清文啓蒙・兼漢滿洲套話』の テキストとその受容

竹越 孝

（日本，神戸市外国語大学）

<Abstract>

1730年の序を持つ『滿漢字清文啓蒙』の巻二『兼漢滿洲套話』は、全51話からなる満洲語と中国語の対訳会話書である。この書物は、単に清代の中国において満洲語の教材として流通したのみならず、その満洲語部分がモンゴル語に翻訳されて朝鮮司訳院の蒙学書『捷解蒙語』に取り入れられたほか、その中国語部分は19世紀にフランスで刊行された中国語教科書『日常口頭話』の素材となるなど、東アジアのみならずヨーロッパにも多大な影響を与えている。本稿では、現存する諸本に基づいて『兼漢滿洲套話』の系統関係を整理し、本書のテキストが大きく二つの系統に分かれることを指摘するとともに、その後の多様な受容のあり方について概観し、本書が東アジアにおける言語の交流と翻訳を考える上で重要な書物であることを述べた。

Key Words：『滿漢字清文啓蒙』，『兼漢滿洲套話』，『捷解蒙語』，『日常口頭話』，『滿洲語會話讀本』，『滿洲語俗語讀本』

1. はじめに

清・舞格の手になる『滿漢字清文啓蒙』（清雍正8年[1730]序、以下『清文啓蒙』）は、清代を通じて最も盛行した満洲語の教科書の一つであるが、その巻二をなす『兼漢滿洲套話』は、序と全51話からなる満洲語・中国語対訳の会話文を収めている。この一篇は、単に満洲語の学習教材として流通したのみならず、その満洲語部分がモンゴル語に翻訳されて朝鮮司訳院の蒙学書『捷解蒙語』に取り入れられたほか、その中国語部分がフランスで刊行された中国語教科書『日常口頭話』の素材となるなど、東アジアのみならずヨーロッパにも多大な影響を与えた書物と言える。

本稿では、現存の諸本に基づいて『兼漢滿洲套話』の系統関係を整理するとともに、同書の多様な受容について概観したいと思う。

2.『清文啓蒙』

清代には、北京への遷都(1644)以後、急速に漢化し母語である満洲語を忘れていった満洲人のために、おびただしい数の中国語による満洲語学習書が出版されたが[1]、『清文啓蒙』は中でもとりわけ人気のある教科書であったらしく、そのことは同類の書物の中で現存する版本の数が最も多いことからも窺うことができる[2]。以下、最も代表的な版本である三槐堂刊本(後述の第Ⅰ類に属する)により『清文啓蒙』の概略を記す。

本書の内題は「manju nikan hergen (i) cing wen ki meng bithe[3] 滿漢字清文啓蒙」で、各巻の冒頭には以下のように記されている。

長白　舞　格　壽平　著述
錢塘　程明遠　佩和　校梓

これによれば、本書は長白の舞格(字は寿平)が著し、銭塘の程明遠(字は佩和)が校訂・刊行した書物ということになる[4]。巻頭には程明遠による雍正庚戌(1730)の序があり、満洲語と中国語の対訳で記されているが、その中国

1) 満洲人の言語能力と清朝の国語問題に関しては、宮崎(1946)及び同(1947)を参照。
2) 『清文啓蒙』の現存する版本については、遠藤・竹越主編(2011)の「満蒙漢資料」を参照。ただし、一次資料の著録に関してはなお遺漏が多いものと思われる。
3) 本稿における満洲文字のローマ字翻字はMöllendorff(1892)の方式による。
4) 池上(1962)、落合(1987)等によれば、舞格及び程明遠の事跡は不明であるという。

語部分を引くと以下の通りである。

清文啓蒙一書、乃吾友壽平先生著述、以課家塾者也。其所註釋漢語、雖甚淺近、然開蒙循序、由淺入深、行遠自邇之寓意焉。況牖廸之初、非此曉暢之文、亦難領會。誠幼學之初筏、入門之捷徑也。予嘗目睹先生以此課蒙、而稍能穎悟者、學不匝月、即能書誦、且音韻筆畫莫不明切端楷。一讀不致錯誤、大有正本清源之義、更見功效捷速之妙。久欲請稿刊刻、以爲初學津梁、而先生不許曰：此本庭訓小子、設法而作、所註皆係俚言鄙語、麤俗不文付之梨棗、不無詒誚乎。予力請再三、始獲校梓、其於初學之士、大有裨益云。雍正庚戌孟春之朔日、作忠堂主人程明遠題。

「以課家塾者也」の表現から、本書が本来は私塾における滿洲語教授用の教科書として編まれた書物であることがわかる。

本書は次のような諸篇から構成されている。

巻一(第一冊)：「滿洲十二字頭單字聯字指南」、「切韻清字」、「滿洲外單字」、「滿洲外聯字」、「清字切韻法」、「異施清字」、「清書運筆先後」
巻二(第二冊)：「兼漢滿洲套話」
巻三(第三冊)：「清文助語虛字」
巻四(第四冊)：「清字辨似」、「清語解似」

巻一は満洲文字とその発音方法についての解説、巻二は満洲語と中国語の対訳による会話篇、巻三は満洲語の機能語についての解説、巻四は字形の類似した語及び類義語についての解説である。全体として、満洲文字及び満洲語に習熟するための行き届いた構成を持つ書物と言えよう。

3.『兼漢滿洲套話』の諸本

3.1. 第Ⅰ類・第Ⅱ類の諸本

池上(1962)によれば、『清文啓蒙』の名を持つ書物は次の3系統に分けることができるという。

第Ⅰ類：四巻本。序をsioi i gisunと称する。巻一「滿洲十二字頭單字聯字指南」の滿洲文字に対する注音は反切による。巻頭書名の滿洲語は「manju nikan hergen i cing wen ki meng」である。
第Ⅱ類：四巻本。序をšutucinと称する。巻一「滿洲十二字頭單字聯字指南」の滿洲文字に対する注音は三合切音による。巻頭書名の滿洲語は「manju nikan hergen cing wen ki meng」でiを欠く。
第Ⅲ類：「兼漢滿洲套話」のみからなる。

上のうち、「序」に対応する滿洲語としては、sioi i gisun(序の言葉、滿洲語sioiは「序」の音写)の方が早く、固有語šutucinは後発の形式とされる。また「三合切音」は、滿洲語の一音節を最大三字の漢字の組み合わせによって表す方法で、乾隆期(1736-1795)に盛行した注音の方式である[5)]。ここから池上氏は、第Ⅰ類は雍正期に刊行されたものの系統、第Ⅱ類は乾隆期に刊行されたものの系統であろうと推定している。

池上氏による上の第Ⅰ類と第Ⅱ類の分類は、巻一を見れば判別できる特徴に基づいてなされたものであるが、筆者の調査によれば、同じく第Ⅰ類に属する版本であっても、巻二である『兼漢滿洲套話』については少なくとも二つの系統を想定しなければならないと思われる。本稿ではこれを仮に「原刊本系」と「重刊本系」と呼ぶことにしたい。

『nikan gisun kamciha manjurara fiyelen i gisun兼漢滿洲套話』は、序と全51話からなる滿洲語・中国語対訳の会話文を収めたものであり、原刊本系と

---

5)「三合切音」の仕組みとその中国語音韻史上における意義については、落合(1984)等を参照。

重刊本系は、共に毎半葉6行で、各行が左に満洲語、右に中国語を配するという点で同じであるが、以下の諸点においては異なっている。

a. 中国語の篇名を「兼漢滿洲套話」に作るか「兼漢滿套話」に作るか。
b. 全60葉であるか全56葉であるか。
c. 各話の始まりを他よりも高い位置から始める(抬頭する)か否か。
d. 篇末に跋を有するか否か。

原刊本の系統は、篇名を「兼漢滿洲套話」に作り、全60葉、各話の始まりを抬頭し、篇末に次のような跋を持つ。

> 以上話條。俱係口頭言語。可謂極淺近者矣。然古今書內。多用直解粗說引蒙者。蓋以直解粗說。為文之精義。雅俗共曉。學者易進。故此卷亦效其意。一爲初學熟口。一爲對讀次卷虛字。使知用法也。高明之士。勿因淺近哂之。須諒開蒙難透之苦耳。

一方、重刊本の系統は、篇名が「兼漢滿套話」で「洲」字を欠き、全56葉、各話の始まりを抬頭せず、篇末に跋を持たない。

また、字体の面では、原刊本の系統は巻一・三・四とほぼ同様の字体であるのに対し、重刊本の系統は明らかに他の巻と異なる。全体的には、原刊本の方が優れたテキストであるということができ[6]、原刊本の版木が何らかの事情で失われたために、再度版刻し直して流布させたものが重刊本の系統であろうと思われる。

筆者がこれまで調査し得た諸本につき、封面の出版書肆に関する記載と上に挙げた諸点の状況を示せば以下の通りである。

6) これは二系統のテキストを対校した結果から得られる見解である。その詳細については別稿にて報告したく思う。

表1『清文啓蒙・兼漢滿洲套話』第Ⅰ・Ⅱ類の諸版本

類	系統	封面の書肆	篇名	葉	抬頭	跋	所蔵(蔵書番号)
Ⅰ	原刊	三槐堂梓行	兼漢滿洲套話	60	有	有	東京大学文学部漢籍コーナー(MA004)、国会図書館(179-74)、大阪大学外国学図書館(石浜文庫A-10-3；Mn-380-72)
		永魁齋藏板	兼漢滿洲套話	60	有	有	国会図書館(829.69-B94m)
		二酉堂發兌	兼漢滿洲套話	60	有	有	内閣文庫(278-142)
	重刊	三槐堂梓行	兼漢滿套話	56	無	無	東京大学東洋文化研究所(大木文庫・経部小学類49)、東洋文庫(Ma2-5-4)、大阪大学外国学図書館(Mn-380-32)、天理図書館(829.44-81)、早稲田大学図書館(ホ5-964；ホ5-1771)
Ⅱ	重刊	永魁齋藏板 文盛堂藏板	兼漢滿套話	57	無	有	内閣文庫(経53-2)
		永魁齋藏板 宏文閣藏板	兼漢滿套話	57	無	有	早稲田大学図書館(ホ5-2852)

一般的に言って、滿洲語文献の出版書肆に関する情報は封面に頼るほかないので正確は期し難いものの、同じく第Ⅰ類に属し、同じく「三槐堂梓行」と称するものであっても『兼漢滿洲套話』が2類に分かれるということは注意されなければならない。なお、上に挙げた諸本の封面の記載を引いておくと以下の通り。

三槐堂本：左「cing wen ki meng bithe」、右「清文啓蒙」、中「三槐堂梓行」。
永魁斎本：左「cing wen ki meng bithe」、右「清文啓蒙」、中「yūng kui jai dzang ban[7]永魁齋藏板」。
二酉堂本：上(横書)「雍正壬子□□(新刻)」[8]、左「cing wen ki meng bithe」、右「清文啓蒙」、中「滿漢三國志　合璧四書西廂　滿漢四書　滿漢書經　滿漢菜根談　清漢考試題　清文啓蒙　清文鑑　清文典要　清文對待　以上書籍俱京都二酉堂書舗發兌　問琉璃打磨廠便知」。

7) この部分は「永魁齋藏板」の音写である。
8) 天理図書館所蔵の墨華堂刊本(巻一のみ存し、第Ⅰ類に属する)の封面には「雍正壬子新刻」とあり、それと同じ記載と思われる。なお雍正壬子は1732年。

永魁斎・文盛堂本：左「cing wen ki meng bithe」、右「清文啓蒙」、中「yūng kui jai dzang ban京都文盛堂藏板」。
永魁斎・宏文閣本：左「cing wen ki meng bithe」、右「清文啓蒙」、中「yūng kui jai dzang ban宏文閣藏板」。

第Ⅱ類に属する永魁斎・文盛堂本及び永魁斎・宏文閣本は、篇名を「兼漢滿套話」に作る点では重刊本系と同じであるが、全体が57葉で、かつ原刊本系と同じ内容の跋を有する点が異なる。ただし、全57葉となっているのは、本文が56葉で跋文のみを独立させて1葉としているためであり、他の特徴からすればこれが重刊本の系統に属することは疑いない。

3.2. 第Ⅲ類の諸本

池上(1962)がいう第Ⅲ類とは、第Ⅰ類及び第Ⅱ類では巻二にあたる『兼漢滿洲套話』のみからなる類である。池上氏はこの系統に属するテキストとして次の3種を挙げている。

(1) 圖明阿・吉勒占校、品經堂刊本『滿漢字清文啓蒙』不分巻一冊
(2) 乾隆26年(1761)刊本『兼滿漢語滿洲套話清文啓蒙』不分巻四冊
(3) 道光7年(1827)劉東山刊・王昌茂印本『清文啓蒙』四巻四冊

以下、それぞれのテキストについての概略を記す。

(1)の品経堂本はケンブリッジ大学図書館(未見)と大阪大学外国学図書館(石浜文庫、所蔵番号A-10-3)に所蔵が確認される。以下の記述は石浜文庫本による。

不分巻1冊、全62葉、冊大28.0×16.0cm。題箋及び封面なし、第1葉に「manju nikan hergen i cing wen ki meng bithe滿漢字清文啓蒙」、「圖明阿　祥林　吉勒占　得奎　校對」、「nikan gisun kamciha manjurara fiyelen i gisun兼漢滿洲套話」とある。四周双辺、半葉の匡郭18.7×12.4cm。版心は白口、上黒魚尾、魚尾上に「清文啓蒙」、魚尾下に「兼漢滿洲套話」及び葉数、第1葉のみ、その下に「品經堂承刻」とある。

第62葉には以下のような跋があり、その末尾に「張慧之印」「潁軒」が陰刻される。

予思清文啓蒙一書、實爲繙譯入門之捷徑、宜各學童蒙所必讀者也。因京本難購而草本多有遺漏舛錯、不能畫一。於是西樓承公商之(子才景聰軒孁)先生遵依原本删其舊語、更易新文、付諸門人楷書校對、授梓重刻、俾學者所遵循、不致紕繆之一助云。潁軒張慧謹識。

本文は毎半葉6行、各行は左に満洲語、右に中国語を配する。各話の始まりを抬頭する。

(2)の『兼滿漢語滿洲套話清文啓蒙』[9]は、財団法人東洋文庫(所蔵番号Ma2-5-5)と、大阪大学外国学図書館(渡部薫太郎氏旧蔵本、所蔵番号Mn-380-27)、中国・中央民族大学図書館などに所蔵が確認される。以下の記述は東洋文庫本による。

不分巻4冊、全80葉、冊大27.8×15.5cm。巻頭の題は「manju nikan gisun kamciha manjurara fiyelen cing wen ki meng bithe兼滿漢語滿洲套話清文啓蒙」であるが、題箋では「manju nikan hergen kamciha manjurara fiyelen gisun cing wen ki meng bithe兼滿漢字滿洲套話清文啓蒙」とする。四周双辺、半葉の匡郭22.0×12.1cm。版心は白口、上黒魚尾、魚尾の下に葉数。葉数は4冊通しで刻され、第1冊が第1葉から第19葉まで、第2冊が第20葉から第40葉まで、第3冊が第41葉から第62葉まで、第4冊が第63葉から第80葉までにあたる。第80葉にabkai wehiyehe i šahūn meihe aniya niyengniyeri ujui biyade(乾隆の辛巳年春最初の月に)とあることから、刊行年は乾隆26年(1761)と推定される。

本文は毎半葉5行、各行は満洲語、満洲文字による漢字注音、中国語という3列よりなる。各話の始まりを抬頭する。本書は現存諸本の中で唯一、すべての漢字に満洲文字による音注が付されているのが特徴であり、以下これを「音注本」と呼ぶことにする。

(3)の劉東山刊・王昌茂印本は東京大学文学部漢籍コーナー(所蔵番号

9) 本書についての改題は、落合(1989)及び拙著(2012)を参照のこと。

MA018)と財団法人東洋文庫(所蔵番号Ma2-5-6、巻一・二のみ)に所蔵が確認される。以下の記述は東京大学本による。

4巻4冊、冊大26.6×15.0cm。各冊の題箋は「ajige juse be neileme tacibure manju bithe清文啓蒙巻之一~四」、封面は上に横書で「doro eldengge i nadaci aniya jakūn biya道光七年八月」、左に「wargi hoton i lio dung šan folohongge西城劉東山刊鐫」、中に「ajige juse be neileme tacibure manju bithe清文啓蒙」、右に「gulu lamun i wang cang meo šuwaselehengge正藍王昌茂印刷」とある。内題なし。四周単辺、半葉の匡郭20.2×12.2cm。版心は白口、上黒魚尾、魚尾上に「啓蒙巻一~四」、魚尾下に葉数。

本文は毎半葉5行、各行は左に満洲語、右に中国語を配する。各話の始まりは抬頭しないが、話者の転換点と思われる箇所に「○」の記号が使用される[10]。なお、東京大学本は1帙5冊からなり、『清文啓蒙』以外に『jiha efire be targabure juwan hacin戒賭十則』という1冊15葉の書を収める[11]。

4.『兼漢滿洲套話』諸本の系統

以上に見てきた『兼漢滿洲套話』諸本の本文は、それぞれに細かな異同が存在するものの、大きく見れば二つの系統に分かれると考えられる。ここでは原刊本・重刊本・品経堂本の系統を甲類、音注本・劉東山本の系統を乙類と呼ぶことにする。なお、以下において用例を引く際には満洲語の翻字と対訳の中国語を掲げ、(　)内に巻・葉・表裏・行の順で出処を示す。また、話数は筆者が拙著(2012)において定めたものによる。

まず、文章の脱落がある箇所を挙げる。以下は第44話の例である。

10) 拙著(2012)は音注本を対象とする翻字と翻訳であるが、これを利用して話者の区別を試みている。

11) 封面は中の行が「jiha efire be targabura juwan hacin戒賭十則」となっている以外は、『清文啓蒙』とほぼ同じ体裁となっている。

【原】 age si wesihun te. ubade sain. tubai nahan niome šahūrun de teci ojorakū.
阿哥你上坐 這裡好 那裡的炕氷骨頭凉坐不得(二51a2-3)
【重】 age si wesihun te. ubade sain. tubai nahan niome šahūrun. teci ojorakū.
阿哥你上坐 這裡好 那裡的炕氷骨頭凉坐不得(二48a3-4)
【品】 age si wesihun te. ubade sain. tubai nahan niome šahūrun de teci ojorakū.
阿哥你上坐 這裡好 那裡的炕氷骨頭凉坐不得(51b6-52a1)
【音】 age si wesihun te. tubai nagan niome šahūrun de teci ojorakū.
阿哥你上坐 那里的炕氷骨凉坐不得(66b5-67a1)
【劉】 age si wesihun te. tubai nagan niome šahūrun de teci ojorakū.
阿哥你上坐 那里炕氷凉坐不得(四4b3-4)

上では、甲類に存在する満洲語ubade sain(ここで良い)、中国語「這裡好」にあたる部分が、乙類では存在しない。

満洲語が同じであっても、対訳の中国語訳が甚だしく異なっている箇所もある。以下は第42話の例である。

【原】 baita de dosici. inu goidabumbi sere ba akū.
上差事去 也没有遲悞的去處(二41a4-5)
【重】 baita de dosici. inu goidabumbi sere ba akū.
上差事去 也没有遲悞的去處(二39a2-3)
【品】 baita de dosici. inu goidabumbi sere ba akū.
上差事去 也没有遲悞的去處(41a5-6)
【音】 baita de dosici. inu goidabumbi sere ba akū.
上差事去 也不筭遲(53a5-53b1)
【劉】 baita de dosici. inu goidabumbi sere ba akū.
上差事去 也不算遲(三13b4-5)

上のように、満洲語inu goidabumbi sere ba akū(また遅らせるという所がない)に対応する中国語において、甲類の「也没有遲悞的去處」と乙類の「也不筭遲」という対立が見られる。

次に、本書の中に登場するフェンシェンゲ(fengšengge, 第41話)、ギングジ(gingguji, 第41話)、バヤントゥ(bayantu, 第41話), ジョーリのアマ(jooli i ama,

第41、42話), ケシトゥ(kesitu, 第43話)といった滿洲人の名前の漢字表記について見てみると、以下の通りである。

表2『兼漢滿洲套話』諸本における滿洲人名の漢字表記

	原刊本	重刊本	品経堂本	音注本	劉東山本
fengšengge	豊生哦	豊生哦	豊生額	豊盛額	豊盛額
gingguji	京屋機	京屋機	京屋機	京屋吉	京屋吉
bayantu	巴烟圖	巴烟圖	巴烟圖	巴烟兎	巴烟兎
jooli i ama	拙哩阿媽	拙哩阿媽	拙哩阿媽	卓哩阿媽	卓哩阿媽
kesitu	磕詩兎	磕詩兎	磕詩兎	克十兎	克什兎

上によると、"豊生哦"と"豊盛額"(ただし品経堂本は"豊生額"で中間的な形)、"京屋機"と"京屋吉"、"巴烟圖"と"巴烟兎"、"拙哩阿媽"と"卓哩阿媽"、"磕詩兎"と"克十兎"(劉東山本は"克什兎")といった形で甲類と乙類が対立している。

中国語史の立場から見て興味深いものとして、使役を表す動詞の表記を挙げることができる。以下は第3話の例である。

【原】mimbe aibe ala sembi. akūci mimbe balai banjibufi ala sembio.
教我告訴什広　莫不是教我胡編派了告訴広(二3b4-5)
【重】mimbe aibe ala sembi. akūci mimbe balai banjibufi ala sembio.
教我告訴什広　莫不是教我胡編派了告訴広(二3b5-6)
【品】mimbe aibe ala sembi. akūci mimbe balai banjibufi ala sembio.
教我告訴什広　莫不是教我胡編派了告訴広(3b4-5)
【音】mimbe aibe ala sembi. akū oci mimbe balai banjibufi ala sembio.
叫我告訴什広　不是叫我胡編派了告訴広(4a1-2)
【劉】mimbe aibe ala sembi. akūci mimbe balai banjibufi ala sembio.
叫我告訴什麼　莫不是叫我胡編派了告訴麼(一4a5-4b1)

上では、甲類が"教"を用いるのに対して、乙類は"叫"を用いている。この傾向は一貫しており、使役の"jiao"の表記を調べてみると以下の通りである。

表3『兼漢滿洲套話』諸本における使役のjiaoの表記

	原刊本	重刊本	品経堂本	音注本	劉東山本
“教”	28	24	28	1	0
“叫”	0	3	0	27	27
計	28	27	28	28	27

上によれば、甲類が“教”、乙類が“叫”という対立が鮮明である。なお、重刊本において“叫”を用いる3例は第7話に集中しており、またjiaoが被動を表しているのは全体を通じて1例のみであるが、音注本ではその例のみ“教”を用いている。

以上の検討により、『兼漢滿洲套話』の本文が、原刊本・重刊本・品経堂本の系統と、音注本・劉東山本の系統に大きく分かれることが首肯されよう。

5. その受容

5.1. モンゴル語教科書として

さて、『兼漢滿洲套話』は中国領内にあって満洲語の教材として用いられただけでなく、国外にあって異なる言語の教科書としても用いられている。ここでは、本書が18世紀の韓半島においてモンゴル語の教科書となった例、19世紀のヨーロッパにおいて中国語の教科書となった例、20世紀の日本において満洲語の教科書となった例を取り上げてみたい。

『捷解蒙語』は『蒙語老乞大』、『蒙語類解』と並ぶ、いわゆる「蒙学三書」の一つである。英祖13年(1737)李世烋により刊行されたのち、正祖14年(1790)に方孝彦の修正を経たことが知られており、現存するのはその1790年のバージョンである。

松岡(2005)によれば、現存する『捷解蒙語』4巻全29話のうち、約四分の三にあたる17話分が、清・沈啓亮の手になる『manju bithei jy nan清書指南』(康熙21年[1682]序)の巻二『manju i hacin hacin i gisun滿洲雜話』と『清文啓蒙』の

『兼漢滿洲套話』に素材を求めており、それぞれの滿洲語部分をモンゴル語に訳すことで成り立っているという12)。

いま、松岡(2005)に基づき、『捷解蒙語』とその来源となった二書の該当箇所を対照させてみると以下の通りである。なお、『兼漢滿洲套話』の該当箇所は原刊本に基づき、『滿洲雜話』の該当箇所は天理図書館所蔵李伯龍書坊刊本に基づく。

表4『捷解蒙語』の来源

『捷解蒙語』		『清文啓蒙・兼漢滿洲套話』		『清書指南・滿洲雜話』	
話	該当箇所	話	該当箇所	話	該当箇所
9	一18a2-20b3	40	二33a4-34a2		
10	二1a2-5a3	32	二27a2-28b1		
11	二5a4-7b1	33	二28b2-29a6		
12	二7b2-9a1	38	二32a2-32b2		
13	二9a2-10b2	39	二32b3-33a3		
14	二10b3-13b3	45	二54b4-55b5		
15	二13b4-15b1	47	二56b4-57a5		
16	二15b2-20a3			2	二4a1-4b8
17	三1a2-7a5	41	二34a3-37a3	1*	二1a1-1a3
18	三7a6-10a2		二37a3-38a2		
19	三10a3-13b3	44*	二51a4-52b5		
20	三13b4-16a2	9	二8b4-9b2		
21	三16a3-17b4	5*	二5a5-5b6		
22	四1a2-5a5	43*	二43a1-44b1		
27	四12a5-13b1			4	二5b4-5b7
28	四13b2-15a6	29	二24b4-25a6		
29	四15b1-17a5	31	二26a3-27a1		

(* は部分的に取り入れられたものであることを表す)

以上のように、『捷解蒙語』が滿洲語の会話書を利用した17話分のうち15話が『兼漢滿洲套話』に取材したものとなっており、いわば『捷解蒙語』の内容の

12) 松岡(2009)では、『捷解蒙語』のモンゴル語と『兼漢滿洲套話』及び『滿洲雜話』の滿洲語が対照テキストの形で示されており、極めて参照価値が高い。なお、同論における『兼漢滿洲套話』の記述には韓国国立中央図書館蔵永魁齋刊本、天理図書館蔵刊本、大阪大学外国学図書館蔵品経堂刊本が使用され、『滿洲雜話』の記述にはサンクトペテルブルク東洋学研究所蔵刊本が使用されている。

半分は『兼漢滿洲套話』で占められていることになる。

なお、満洲語の教科書である『兼漢滿洲套話』がなぜ清学書ではなく蒙学書の素材となったのかという疑問が湧くが、清学書の材料が女真学書から継承された『小兒論』『八歲兒』を始めとして豊富に存在していたことを思えば、それだけ蒙学書の材料が不足していたと言えるであろう。

5.2. 中国語教科書として

『清文啓蒙』は1855年にイギリスのアレクサンダー・ワイリー(Alexander Wylie, 1815-1887)によって英訳されており(*Translation of the Ts'ing Wan K'e Mung, A Chinese Grammar of the Manchu Tartar Language*)、同書がヨーロッパの満洲学にも影響を及ぼしていたことを知り得るが、ここではフランスで中国語の教科書となった例を取り上げる。

程明遠の序に「其所註釋漢語、雖甚淺近、然開蒙循序、由淺入深」と言い、原刊本の跋に「俱係口頭言語、可謂極淺近者矣」と言うごとく[13]、『兼漢滿洲套話』の中国語が口語性に富むものであることは編纂当時から知られていたようであるが、これを中国語の教材として扱ったのが、コレージュ・ド・フランス(Collège de France)の中国学講座においてアベル・レミュザ(Abel Rémusat, 1788-1832)の後を継いで第2代教授となったスタニスラス・ジュリアン(Stanislas Julien, 1797-1873)である。高田(2007)によれば、彼の手になる中国語教科書『日常口頭話』(*Ji-tch'ang-k'eou-t'eou-hoa: Dialogues chinois*)は、『兼漢滿洲套話』の中国語部分をそのまま引き写したものであるという。ジュリアンはパリの東洋語学校(Langues'O)の中国語教授だったルイ・バザン(Louis Bazin, 1799-1863)の死去に伴い、1863年から1871年まで同校で中国語を教えているので、本書はそこでの中国語教材として使われたものと考えられる[14]。

---

13) ただし、後者の例は満洲語についての言及である可能性もある。なお、現代では今西龍(1931)がこれを「普通の支那語の智識では解釋の出來ない俗語中の俗語である。この點に於ては支那語の研究要書にもなる」と評している。

14) 本稿の記述はSOAS, University of London所蔵本(所蔵番号EB86.896/9133)に基づく。

本書は全80頁、表紙には“1re Partie: Texte chinois”とあるので、本来はその訳あるいは注釈とセットになっていたと思われるが、第2部に相当するものが現存するのか否かは不明である。『兼漢滿洲套話』のうち、序と第51話を欠く50話分の中国語部分が材料に取られているが、各話の区分はされず、中国語の各句が一定の間隔をもって配置されるのみである。筆者の行った大まかな対校によると、本文の系統としては甲類(原刊本・重刊本・品経堂本)に属するものと思われる。

なお、ヨーロッパの中国語教科書が清代の満洲語・中国語対訳会話書に材料を求めた例としては、トマス・ウェード(Thomas Wade, 1818-1895)の『語言自邇集』(1867年初版)と『清文指要』(乾隆54年[1789]刊)の関係が想起されるが[15]、高田氏によると、両者はそれぞれ独自に編纂されたものではないかという。

5.3. 滿洲語教科書として

『兼漢滿洲套話』が日本語との対訳で満洲語の教科書となったケースもある。大阪外国語学校講師であった渡部薫太郎(1861-1936)による『滿洲語會話讀本』(1929)及び『滿洲語俗語讀本』(1930)である。

昭和4年(1929)に刊行された『滿洲語會話讀本』[16]は、表紙に満洲文字で「Manjurara fiyelen i gisun ujui debtelin」、日本語で「滿洲語會話讀本第一巻」とあり、本来は第2巻以降も逐次刊行される予定であったことが窺われる。巻頭の序文には次のように記されている。

> 本書收ムル所ノ紀事ハ、彼ノ有名ナル清文啓蒙中ノ會話教程ヨリ、之ヲ採リ、且初學者ノ爲メ、之ニ和譯ヲ附セリ。其滿文タルヤ、筆法輕妙ヲ極メ、滿文練習上無二ノ規範ニシテ、尚且其ノ口語法ノ如何ヲ伺ヒ知ルヲ得。此ヲ以テ西洋ノ滿語學者ハ、夙ニ之ヲ自國語ニ譯シ、之ヲ學ブ者ノ便ニ供セリ。然レド

コピーの借覧を許された塩山正純氏(愛知大学)に深く謝意を表したい。

15) 『語言自邇集』の編纂過程とそれが基づいた満洲語あるいはモンゴル語の教材については、高田(2001)及び拙稿(2011b)を参照。

16) 筆者未見、本書に関する記述は上原(1966-67)に基づく。

モ彼此語法相異リ、之ニ加フルニ漢字習得ノ難アリテ、其苦心察スルニ餘リアリト云フ可シ。余ハ幸ニ滿洲語トハ大同小異ノ語族ニ生マレ、且ツ漢字トハ親シミノアレバ逐字的ニ、忠實ニ、滿文ヲ譯シ卷末ニ附セリ。蓋シ自修者ノ爲メニ、余師ナランコトヲ期スルニ外ナラザルナリ。昭和四年八月廿日

本書では、『兼漢滿洲套話』の序及び第1話から第12話までがテキストとなっており、それぞれの話における一節を題名とし、満洲語を記した後に日本語の訳がまとめて記されている。

その翌年の昭和5年(1930)に刊行された『滿洲語俗語讀本』は、表紙に満洲語名「nihon gisun kamciha manjurara fiyelen bithe」と英語名「An idiomatic Manchu reader with full Japanese version」があり、「一名滿洲語俗語讀本」と付されている。目次の前に「自序」及び「緒言」があるが、ここには『清文啓蒙』に材料を求めていることは記されていない。

本書は174頁、全51課からなる本文があり、付録として常用語彙の解説「用語釋解」、満洲文字についての解説「滿洲文字」、及び「滿洲語動詞の變化」からなる。本文は『兼漢滿洲套話』と同一の内容であり[17]、各文は左に満洲文字のローマ字転写、中に満洲語、右に日本語の逐語訳が配される。これが刊行されることになったために、『滿洲語會話讀本』の第2巻以降は必要なくなったのであろう。

6. おわりに

以上、本稿では『清文啓蒙』の巻二をなす『兼漢滿洲套話』をめぐって、現存する諸版本を紹介するとともに、テキストの系統関係を整理し、合わせてこの書が中国以外の土地においても教科書として用いられていたことを紹介してきた。『兼漢滿洲套話』がある時には満洲語の教科書として、ある時にはモンゴル語の教科書として、ある時には中国語の教科書として、東アジアはも

17) ただし、序にあたる部分を欠いており、また第46話と第51話の順序が入れ替わっている。

ちろん、ヨーロッパ世界においても一定の影響力を持っていたことは極めて稀有なことであり、東アジアにおける言語交流及び訳学というものを考える上で貴重な示唆を与えてくれる。

<参考文献>

池上二良(1944), 「満漢字清文啓蒙における満洲語音韻の考察」東京帝国大学卒業論文；(1986-97)『札幌大学女子短期大学部紀要』8-10；(1999)『満洲語研究』61-195. 東京：汲古書院.

池上二良(1962), 「ヨーロッパにある満洲語文献について」『東洋学報』45/3：105-121；(1999)『満洲語研究』359-385. 東京：汲古書院.

今西龍(1931), 『滿洲語のはなし』(青邱説叢第2巻)京城.

上原久(1966-67), 「渡部薫太郎の満州語学(1-2)」『埼玉大学紀要・人文科学篇』14：1-17, 15：1-60.

遠藤光曉・竹越孝主編, 『清代民國漢語文獻目録』ソウル：學古房.

落合守和(1984), 「≪西域同文志≫三合切音の性格」『静岡大学教養部研究報告(人文・社会う科学編)』19/2：85-110.

落合守和(1987), 「≪滿漢字清文啓蒙≫に反映された18世紀北京方言の音節体系」『静岡大学教養部研究報告(人文・社会科学編)』22/2：111-151.

落合守和(1989), 「翻字翻刻≪兼滿漢語滿洲套話清文啓蒙≫(乾隆26年, 東洋文庫所蔵)」『言語文化接触に関する研究』1：67-103. 東京：東京外国語大学アジア・アフリカ言語文化研究所.

落合守和(1992), 「≪清文啓蒙≫18世紀北方漢語の口語語彙」『人文学報』234：189-215.

宋康鎬(2009), 「<清文啓蒙>의 滿洲式漢語에 대한 考察」『古書研究』27：42-71.

高田時雄(2001), 「トマス・ウェイドと北京語の勝利」狭間直樹編『西洋近代文明と中華世界』127-142. 京都：京都大学学術出版会.

高田時雄(2007), 「搖籃時代的歐洲漢語課本」第2回世界漢語教育史研究学会『16-19世紀西方人的漢語研究』大阪：関西大学.

竹越孝(2007), 『清代満洲語文法書三種』(KOTONOHA単刊1)愛知：古代文字資料館.

竹越孝(2011a), 「滿漢資料概観」遠藤光暁・朴在淵・竹越美奈子編『清代民國漢語研究』23-29. ソウル：學古房.

竹越孝(2011b), 「『一百条』系の漢語鈔本について」『汲古』59：70-77.

竹越孝(2012),『兼滿漢語滿洲套話清文啓蒙―翻字・翻訳・索引―』(神戸市外国語大学研究叢書49)神戸：神戸市外国語大学研究所.
宮崎市定(1946),『科挙』秋田屋；(1987)『科挙史』東京：平凡社(東洋文庫470).
宮崎市定(1947),「清朝における国語問題の一面」『東方史論叢』1；(1957)『アジア史研究』3：333-393. 京都：同朋舍(東洋史研究叢刊4-3).
松岡雄太(2005),「『捷解蒙語』와 滿洲語資料의 關係」『알타이學報』15：56-70.
松岡雄太(2006),「蒙学三書の編纂過程―“語套”の観点から見た“蒙文鑑”―」『日本モンゴル学会紀要』36：35-47.
松岡雄太(2009),「『捷解蒙語』の対訳テキスト」『福岡大学人文論叢』41/2：835-861.
渡部薫太郎(1929),『滿洲語會話讀本』(第1巻)大阪：大阪東洋学会.
渡部薫太郎(1930),『滿洲語俗語讀本』大阪：大阪東洋学会.
王若江(2005),「法国十九世紀初中期漢語教材分析」≪国際漢語教学動態与研究≫4：66-70.
Möllendorff, P. G. von(1892), *A Manchu Grammar, with Analyzed Text*. Shanghai: American Presbyterian Mission Press.
Jurien, Stanislas(1863), 日常口頭話*Ji-Tch'ang-K'eou-T'eou-Hoa: Dialogues chinois à l'usage de l'école spéciale des langues orientales vivantes*. Paris: Libraire orientale de Benjamin Duprat.
Wade, Thomas Francis(1867), 語言自邇集 *A progressive course designed to assist the student of colloquial Chinese, as spoken in the capital and the metropolitan department, in eight parts, with key, syllabary, and writing exercises*. London: Trübner.
Wylie, Alexander(1855), *Translation of the Ts'ing Wan K'e Mung, A Chinese Grammar of the Manchu Tartar Language; with Introductory Notes on Manchu Literature*. Shanghai: London Mission Press.

□ 성명 : 竹越 孝 (Takashi TAKEKOSHI)
주소 : 日本 651-2187 神戸市西区学園東町 9-1 神戸市外国語大学中国学科
전화 : 81)78-794-8111
전자우편 : takekosi@inst.kobe-cufs.ac.jp

□ 이 논문은 2012년 12월 17일 투고되어
2013년 01월 14일부터 02월 10일까지 심사하고
2013년 02월 25일 편집회의에서 게재 결정되었음.

<국문초록>

『清文啓蒙・兼漢滿洲套話』의 텍스트와 그 수용

1730년의 序가 붙어 있는 『滿漢字淸文啓蒙』의 권 2 『兼漢滿洲套話』는, 총51화로 구성된 만주어와 중국어의 대역 회화서이다. 『兼漢滿洲套話』는 淸代에 만주어의 교재로서 유통되었을 뿐만 아니라, 그 만주어 부분이 몽고어로 번역되어서 朝鮮司譯院의 蒙學書 『捷解蒙語』에 받아들여진 것 외에도, 그 중국어 부분이 19세기에 프랑스에서 간행된 중국어 교과서 『日常口頭話』의 소재가 되는 등, 동아시아뿐만 아니라 유럽에도 엄청난 영향을 끼친 바 있다. 본고에서는, 현존하는 여러 本을 근거로 하여 『兼漢滿洲套話』의 계통관계를 정리하고, 본서의 텍스트가 크게 두 가지 계통으로 나뉘는 것을 지적함과 동시에, 그 후의 다양한 수용 양상에 대해서 개관함으로써, 본서가 동아시아 언어 교류와 번역을 생각함에 있어 중요한 서적임을 논하였다.

日本国立国会図書館所蔵「朝鮮筆記」のかな書き朝鮮語について*

許秀美
(日本、大谷大学)

<Abstract>

An attention was paid to the kana transcription of Korean recorded on a manuscript of "Chosen-Hikki" stored in the National Diet Library. The kana transcription found in the manuscript was compared to other kana transcription of Korean edited around similar time and restoration and phonological study of Korean transcription was attempted. Further, bibliographical research on ten different documents, in which "Chosen-Hikki" is bound together, such as "Kamusasukakoku Fusetsu Ko" was conducted and the source book of each document were clarified.

Key Words :『朝鮮筆記』、『全一道人』、『朝鮮語訳』、『かな書き朝鮮語』、『朝鮮語学書』

1. 序

日本の国立国会図書館に「朝鮮筆記」という写本が蔵されているが、この資料にはかな書き朝鮮語語彙が収められている点が注目される。すなわち、その末尾の「朝鮮語右訳下訓」の条には、全270項目の漢字の標題語を掲げ、その右あるいは下にカタカナで朝鮮語語彙の発音が表記されている。本論文は、この「朝鮮筆記」の文献学的検討をおこなうとともに、本資料に収録され

* 本論文は、平成24年科学研究費補助金(研究活動スタート支援・課題番号:23820065)による研究成果の一部である。

ているかな書き朝鮮語語彙について、ハングル表記の復元および音韻論的検討を試みるものである1)。

1. 日本国立国会図書館所蔵「朝鮮筆記」が合綴された「加模西葛杜加国風説考」について

「朝鮮筆記」は、写本「加模西葛杜加国風説考」の後ろに合綴されているが、この「加模西葛杜加国風説考」には、「朝鮮筆記」のほかに、「文化元子年九月廿九日魯斯亜船渡来国王ヨリ我邦エ呈スルノ書」、「別勒空律安設戦記」、「或問海防漫記」、「琉球談抄書」、「無人島漂着者始末書」、「依崔天淙見殺之事従三使贈対州公之書」、「三使口上」、「傾蓋唱和録」、「鐵凾心史抄書」なども合綴されている。「加模西葛杜加国風説考」およびそれに合綴された各書の詳細については、許秀美(2012)を参照されたいが、以下にその要点を略記する。

「加模西葛杜加国風説考」およびそれに合綴された各書の書誌事項は以下のとおりである。日本国立国会図書館所蔵、図書請求番号[854-77]、マイクロフィルム請求記号[YD-古-6586]、一冊、写本、縦24㎝、全89丁2)。その題箋には「加模西葛杜加国風説考」とあり、題箋の右側に「本名赤蝦夷(やや小さめの文字) 加模西葛杜加国風説考 抜粋」、「附録 魯西亜文字之事」、「魯西亜国ヨリ呈スル書翰写」、「別勒空律安設戦記」、「或問海防漫記」と目次のごとき記載がある。しかし、実際には、「朝鮮筆記」を含め、全部で11種の書が合綴されており、本書おもて表紙の如上の記載とはくいちがっている。(表Ⅰ参照)

1) 本資料に関しては、許秀美・他(2009)の報告書において、簡略な書誌事項を紹介すると共に、かな書き朝鮮語語彙のデータベースを構築した。さらに、許秀美(2012)において、「加模西葛杜加国風説考」およびそれに合綴された各書の書誌について詳しい考察を行った。その他、本資料に着目した研究には、箕輪吉次(2011)がある。

2) 61丁と62丁の間にアルファベットが混じったメモ書き風の紙片が一枚挿入されているが、これは丁数に含めていない。

[表1]「加模西葛杜加国風説考」に合綴されている諸書の一覧3)

丁数	書名等	筆写年等	筆写者
1a~16b (12b白紙)	加模西葛杜加国風説考 (1a~ 1b　加模西葛杜加国風説考序 2a~12a　赤狄風説之事 13a~16b　附録　蝦夷地ニ東西之差別有事)	歳次甲寅嘉永七 仲春　旬八日	望嶽
17a~19b	文化元子年九月廿九日魯斯亜船渡来国王ヨリ我邦エ呈スルノ書	嘉永七寅二月 廿七日写之記 高井氏所蔵	無
20a~32a (32b白紙)	別勒乞律安設戦記	無	無
33a~45b	或問海防漫記	于時嘉永七甲寅 三月旬一写於獨 醒館南窓下	望嶽
46a~56b	琉球談抄書	無	無
57a~66b	無人島漂着者始末書	無	無
67a~68b	依崔天淙見殺之事従三使贈対州公之書	無	無
69a~69b	三使口上	無	無
70a~79a (79b白)	傾蓋唱和録	無	無
80a~81b	鐵函心史抄書	無	無
82a~89b	朝鮮筆記	歳在甲寅嘉永七 三月　念一写焉	源崇広

本書の筆写者については、「望嶽」と「源崇広」の二つの名が見られるが、筆跡を見たかぎり、両者の差異は感じられず、同一人物ではないかと推察される。しかし、「望嶽」、「源崇広」が何者なのか未だ確認ができていない。

本書、日本国立国会図書館本(以下、国会図書館本)「加模西葛杜加国風説考」およびそれに合綴された各書の成立については、その80bや81aなどの上段に、最上徳内の言に拠ったと思われる「徳内曰~」という注記があらわれること、幕末の八王子千人同心松本斗機蔵が書き残した最上徳内「蔵書目録4)」に、「朝鮮筆記」をはじめ、本書に合綴された諸書の名が散見されることか

3) 許秀美(2012)より抜粋。

4) 八王子市教育委員会(1992)を参照。この蔵書目録は、天保10年(1839)に紀州侯に書籍の分散を避けるために献上した際に作成されたものであるが、その目録に記された書籍は、残念ながら、現在所在不明である。

ら、最上徳内との関連が濃厚であると思われる。しかし、松本斗機蔵が書き残した最上徳内「蔵書目録」に記載された書籍は現在その所在が不明なものが多く、本書との具体的な照合調査は、今後の課題である。

本書国会図書館本「加模西葛杜加国風説考」に合綴されている各書は以下の通りである。

2.1. 「加模西葛杜加国風説考」

「加模西葛杜加国風説考[5]」の写本としては、本書国会図書館本のほかに、松平定信旧蔵本である天理大学附属天理図書館所蔵本などが知られている。本書国会図書館本と天理図書館本を対照してみれば、前者は後者の一部分のみを抜粋[6]し、さらに筆写者が随意改変[7]を加えたものであることがわかる。

2.2 「文化元子年九月廿九日魯斯亜船渡来国王ヨリ我邦エ呈スルノ書」

これは、文化元甲子年(1804)九月に長崎へ渡来した魯西亜船が持参した魯西亜国王の書簡の内のひとつを筆写したものと思われる。文化元甲子年九月の魯西亜船渡来の一件は、日本国立国会図書館が所蔵している「文化元甲子年九月長崎表エ魯西亜船渡来之次第」に詳しい[8]。

---

5) 「加模西葛杜加国風説考」に関しては、岩﨑奈緒子(2006a,b)に詳しい。

6) 天理図書館本は、全部で10章の構成になっているが、国会図書館本は、そのうちの最初の3章分と最後の1章、計4章分のみを筆写している。

7) 「赤狄風説之事」という章を筆写した際、天理図書館本は、四つの項目に分けられているものを、国会図書館本は、三つ目の項目を二つ目の項目のあとに続けて書くことで、項目を三つに減らしている。

8) 日本国立国会図書館が所蔵している「文化元甲子年九月長崎表エ魯西亜船渡来之次第」が、「加模西葛杜加国風　説考」に合綴されている「文化元子年九月廿九日魯斯亜船渡来国王ヨリ我邦エ呈スルノ書」の底本ではないが、内容を対照してみた結果、「加模西葛杜加国風説考」に合綴された書簡は、文化元年に魯西亜船渡来によってもたらされた複数の書簡のうちの一つであると思われる。

2.3. 「別勒乭律安設戦記」

「別勒乭律安設戦記」の写本には、「青地盈訳」本と「吉雄宜、青地盈同訳、高橋景保校正」本の二種[9]が存在することが知られているが、国会図書館本は、青地盈訳本に当たる。しかし、筑波大学附属図書館、早稲田大学図書館、国際日本文化研究センター図書館に所蔵される青地盈訳本と対照してみた結果、これら諸本には、「千八百十四年　文化十一年甲戌第五月三十日同盟の諸国の軍概ニ~(中略)~ローデウェーキ第十八世王ヲ再其国王ニ定メ~(後略)」とあるところを、国会図書館本は「千八百十四年　文政十一年甲戌第五月三十日同盟の諸国の軍概ニ~(中略)~ローデウェーキ第十世王ヲ再其国王ニ定メ~(後略)」とするなど、筆写の際の底本が誤っていたのか、事実と異なる記載が数か所見られる。

2.4. 「或問海防漫記」

江戸の儒学者古賀侗庵が文化十三年(1816)に編纂した『俄羅斯紀聞』の第四集に「或問防海漫記」が収められている。早稲田大学図書館所蔵『俄羅斯紀聞』所収の「或問防海漫記」と本書国会図書館本の「或問海防漫記」とを対照してみたところ、両者書名には違いが見られるものの(「或問防海漫記」と「或問海防漫記」)、内容は同一であることが確認された[10]。

2.5. 「琉球談抄書」

この「琉球談抄書」は、万象亭森島中良の著書、『琉球談』を部分的に抜粋、筆写したものである。すなわち、通計30条の項目がある『琉球談』の中から、「琉球国の略説」、「日本江往来之始」、船や官民帽などの挿絵、「貢物」、「官位

---

9) 筑波大学附属図書館は、「青地盈訳」本を、早稲田大学図書館は、「青地盈訳」本と「吉雄宜、青地盈同訳、高橋景保校正」本の二種を、国際日本文化研究センター図書館は、青地盈訳本と、校正本の2冊が1冊に合綴された本を所蔵している。

10) 国書総目録には、「或問海防漫記」のみが標題に挙がっており、「或問防海漫記」は、国書総目録第八巻、叢書目録の「俄羅斯紀聞」の条に、第四集の内容として紹介されているのみである。

幷冠服図説」、「琉球語」、「讀谷山王子ノ和歌」の部分を筆写したものである。

2.6. 「無人島漂着者始末書」

この「無人島漂着者始末書」は、天明五年(1785)、土佐国岸本の長平なる人物が赤岡浦から田野浦と奈半利浦へ米を船で運んだ帰りに西風にあい無人島に漂着した記録である。この漂流事件は、日本国立国会図書館所蔵「土佐國群書類従漂流80」の「岸本長平無人島江漂流之覚書」にも詳しく記録されている。両者を対照してみると、話の内容はほぼ一致するも、語句・表現は両者一致しないところが散見される。

2.7. 「依崔天淙見殺之事従三使贈対州公之書」

これは、明和元年(1764)四月七日に対馬の通詞鈴木伝蔵が朝鮮使節の一員都訓導崔天宗を殺害した事件についてやりとりした書簡の一つであるが、本書の底本と思われる書簡が、長崎県対馬歴史民俗資料館が所蔵している対馬藩宗家史料中の『鈴木伝蔵一件ニ付上々官より之真文幷和ケ・三使より之書翰幷和文・伝蔵同役中江遣候書付』に収録されている。

2.8. 「三使口上」

この「三使口上」の末尾に「三使」についての記載はないが、内容から推測するに、上記の「依崔天淙見殺之事従三使贈対州公之書」を書いた三使[11)]であると思われる。崔天淙殺人事件についてやりとりした書簡のひとつだと思われる。

2.9. 「傾蓋唱和録」

本唱和録は、宝暦十四年(1764)仲秋廿九日、於東本願寺館舎の記載があること、筆談者に南玉、成大中らの名が見られることから、上述の「依崔天淙見殺之事従三使贈対州公之書」、「三使口上」と同様、第十一次朝鮮通信使来

---

11) 「依崔天淙見殺之事従三使贈対州公之書」の末尾に「金相翊」、「李仁培」、「趙曮」の記載がある。三使とは、この三人を指すものと思われる。

聘時の記録であると思われる。

ところで、この時の朝鮮通信使の正使趙曮のあらわした『海槎日記』の「酬唱録編」には、同一内容の唱和集は見当たらない。その他、朝鮮通信使関係唱和集の各種の目録においても、「傾蓋唱和録」は、本書国会図書館本のみが紹介されており、本書が唯一本であると思われる。よって、その底本についても不明とせざるをえない。

2.10 「鐵函心史抄書」

「鐵函心史」は、宋が元に滅ぼされたのを憤慨して作った詩文集で、著者は宋末の遺民鄭所南(名は、思肖)である。「鐵函心史」は、久しく世にあらわれなかったが、明の崇禎十一年(1638)に至って、江南呉郡の承天寺の井戸から発見され、その鉄函に密封されていたことから、「鉄函心史」と呼ばれている[12)]。本書国会図書館本「鐵函心史抄書」は、「鐵函心史」の中興集乙の条[13)]におさめられている漢詩の一部を抜粋して筆写したものである。

3. 「朝鮮筆記」について

「朝鮮筆記」は、松本斗機蔵が書き残した最上徳内の「蔵書目録」にその名を確認できるものの、国会図書館本「加模西葛杜加国風説考」に合綴された本写本が現伝の唯一本である。「朝鮮筆記」は、国会図書館本「加模西葛杜加国風説考」およびそれに合綴された各書全89丁のうち、末尾部分の8丁分(82a~89b)を占める。内容のほとんどは、慶尚道の草梁倭館に関すること、

---

12) 近藤春雄(1978)に拠る。

13) 『鐵函心史』は、刊本として流布したようだが、その刊本の一つが世界書局が出版している増訂中国学術名著第一輯、増補中国文学名著第十二集合編　第八冊に影印されている。しかし、国会図書館本「鐵函心史抄書」と世界書局出版の刊本『鐵函心史』を対照してみたところ、内容は同一であるが、用いられた漢字が異なっていたり追加した単語などが見られるなど、異なる底本を用いたか、筆写者が随意変更を加えた可能性がある。

対馬と朝鮮との交易に関することである。しかし、その順序・体裁については、朝鮮より日本へ送る品々の記述のあと、「白頭山ト云山咸鏡道之内ニ有」と、朝鮮の地理についての記述があらわれるも、すぐその後には、また倭館に関する記述に戻るなど、相当混乱した様相を呈している。なんらかの底本を筆写者が随意に抜粋し、部分的に筆写したためではないかと推される。その底本については、松本斗機蔵が書き残した最上徳内の「蔵書目録」にある「朝鮮筆記」であるのか、最上徳内の「蔵書目録」記載本以外の別本であるのか、目下不明とせざるを得ない。

本書国会図書館本「朝鮮筆記」の内容は次の通りである。

① 対馬の家老や通詞の人数や俸禄
② 日本から朝鮮へ、朝鮮から日本へ送る品々の品目
③ 朝鮮の地理
④ 慶尚道草梁倭館の様子と風俗
⑤ 対馬より朝鮮へ渡る船の構成
⑥ 倭館での勤務形態
⑦ 虎退治の記事
⑧ 朝鮮語右訳下訓

まず、①対馬の家老や通詞の人数や俸禄については、対馬家老の名前と、俸禄について記述されているが、杉村直樹や古川図書らの名前が見られる。

次に、②日本から朝鮮へ、朝鮮から日本へ送る品々の品目については、日本からは、白砂糖、画本、傘や胡椒など20品目、朝鮮からは、人参、五味子、虎皮や豹皮など35品目の記述がある。

次に、③朝鮮の地理については、「白頭山ト云山咸鏡道之内ニ有」という一文が見られるのみである。

次に、④慶尚道草梁倭館の様子と風俗については、正月の風景、服装、宗教、住居の形式などの記述が見られる[14]。

---

14) 倭館でおこなわれる儀礼について、「初対面」に「ソヲムタイメン」、「封進宴」に「チンシヤクエン(「進上宴」に対応するものと見られる)」など、かなで朝鮮語の読みを付してい

次に、⑤対馬より朝鮮へ渡る船の構成については、「第一船送使二艘正月八十五日留ル」など、使者の名目と船の艘数、滞在日数などについての記述が見られる。

次に、⑥倭館での勤務形態については、「和館主取立家老之内ヨリ三年壱度交代」など、それぞれの役職の交代年数などの記述が見られる。

次に、⑦虎退治の記事は、明和八年(1771)三月に倭館内で虎を退治した内容の記述である15)。

最後に、⑧朝鮮語右訳下訓は、全270項目の漢字の標題語を掲げ、その右あるいは下にカタカナで朝鮮語語彙の発音が表記されている16)。

4. 『朝鮮筆記』のかな書き朝鮮語について

「朝鮮筆記」のかな書き朝鮮語語彙は、「朝鮮筆記」の末尾の「朝鮮語右訳下訓」の条に収められている。延べ270個の語彙が収録されているが、「油」と「墨」が重複しているので、異なり語彙数は268個である。一丁に縦9個、横9~10個の標題語を書き、標題漢字の右あるいは下にカタカナで朝鮮語語彙の発音を表記している。「右訳下訓」としているものの、必ずしもその通りではない17)。本資料のかな書き朝鮮語の特徴については、朝鮮語東南方言の特徴が

るところなどもあり、興味深い。

15) 倭館内で虎を退治した話は、「獲虎実録」、「対人猟虎紀事」、「半日閑話」など複数の異本が伝わっているが、筆者が確認したところ、これらは、みな倭館館守日記、明和八年(1771)三月二十三日の条に記録される虎退治の事件を内容とするものであった。また、「朝鮮筆記」に収録された「虎退治の記事」は、日付を「明和七寅三月廿一日」としているが、その横に「獲虎録ニ明和八年辛卯年トス」という筆写者の注記が書き加えられている。

16) ①~⑥までの内容は、さまざまな記録を集めているためか、そのひとつひとつが大変短い記述になっている。しかし、⑦虎退治の記事(2丁分)と⑧「朝鮮語右訳下訓」のかな書き朝鮮語語彙(2丁分)については、比較的まとまった分量が割かれている。

17) 例えば、「天㊨ハヌル㊦チエン」は、右が訳で下が訓であるが、「鳥㊨チョウ㊦サイ」のように、その逆も見られる。

観察されるほか、「・」の非音韻化など、おおむね「全一道人」や「朝鮮語訳」など対馬において成立した朝鮮語学書類と同様の傾向をみせている。

本資料にあらわれるかな書き朝鮮語の特徴につき、以下、具体的に述べることとする。

4.1. 母音について

4.1.1. 単母音

4.1.1.1. 「ㅏ」

「ㅏ」の場合、おおむねア段のかなで表しているが、オ段のかなで表した例もみられる。

ア段

1) 天	ハヌル<하ᄂᆞᆯ>	2) 地	タア<짜>	19) 朝	アツソム<아ᄎᆞᆷ>
30) 山	サン<산>	39) 父	アサビ<아자비>	43) 男	アトル<아ᄃᆞᆯ>
58) 足	タリ<다리>	70) 犬	カイ<가히>	85) 烟艸	タンバア<담바>
88) 米	サル<쌀>	91) 栗	バム<밤>	108) 薪	ナム<나모>
112) 茶	ザア<차>	136) 五	タツ<다ᄉᆞᆺ>	140) 九	アホブ<아홉>
203) 人	サラミ<사ᄅᆞᆷ이>	213) 三月	サムヲル<삼월>	233) 飯	パブ<밥>
40) 母	ヲマン<오만>	125) 有	イツタ<잇다>	132) 一	ハナ<ᄒᆞ나>
115) 東西南北	トグセツナンブグ<동서남븍>	144) 万	イルマン<일만>		

オ段

94) 濁酒	トクチュウ<탁쥬>

4.1.1.2. 「ㅓ」

「ㅓ」は、オ段のかなで表している。

102) 墨	ボク<먹>	126)無	オブタ<업다>	171) 去年	キョクニヱン<거년>
255) 語	ヲン<언>	256) 言	ヲンヲ<언어>		

4.1.1.3. 「ㅗ」

「ㅗ」は、オ段のかなで表している。

28) 木	モク<목>	36) 老人	ノイン<노인>	40) 母	ヲマン<오만>
48) 日本	イルボル<일본>	56) 鼻	コイ<코>	57) 手	ソン<손>
62) 身	モムイ<몸이>	63) 男根	ソシイ<좃이>	77) 鴨	オル<올>
82) 魚	コキ<고기>	87) 花	コツ<곶>	96) 塩	ソコム<소곰>
109) 樽	トグ<통>	114) 東西南北	トグセグナンブグ<동셔남븍>	118) 冬	トグ<동>

4.1.1.4. 「ㅜ」

「ㅜ」は、おおむねウ段のかなで表しているが、「ㅜ」と「ㅗ」の交替があり得る語については、オ段のかなで表している例もある。

10) 雲	クルン<구룸>	45) 夫	フウ<부>	219) 九月	クヲル<구월>
239) 門	ムン<문>	243) 扇	フツソイ<부체>	264) 我	ウリ<우리>

「ㅜ」と「ㅗ」の交替とおもわれる例

198) 硯	ベロ<벼루>

4.1.1.5. 「ㅡ」

「ㅡ」は、おおむねウ段のかなで表しているが、「드」はオ段のかなで表している。「드」をオ段のかなで表した例は、「朝鮮語訳」においても確認できる。

9) 金	クウン<금>	14) 水	ムル<믈>	15) 火	フル<블>
100) 銀	ウン<은>	111) 椀	クルス<그릇>	161) 不与	ブヨ<블여>
173) 不食	ブシク<블식>	177) 今年	クンニヱン<금년>		

「ㅡ」をオ段のかなで表した例

130)得	トク<득>

「朝鮮語訳」

1:34a)	トリヨ　<들여>	1:39b)	トロシル<들으실>

4.1.1.6.「ㅣ」

「ㅣ」は、イ段のかなで表している。

2) 地	チイ<디>	7) 雨	ヒイ<비>	36) 老人	ノイン<노인>
38) 道	チリ<질이<길이>	39) 父	アサビ<아자비>	48) 日本	イルボル<일본>
51) 善人	チヱニン<션인>	58) 足	タリ<다리>	82) 魚	コキ<고기>
88) 米	ミ<미>	98) 履	シン<신>	121) 新	シン<신>
125) 有	イツタ<잇다>	138) 七	シリコブ<닐곱>	142) 百	イルバク<일ᄇᆡᆨ>
143) 千	イルテン<일쳔>	144) 万	イルマン<일만>	172) 食	シク<식>
173) 不食	ブシク<블식>	209) 真	シン<진>	212) 二月	イヲル<일월>
220) 十月	シヲル<시월>	229) 心	シン<심>	234) 油	チリミ<지름이<기름이>
240) 橋	タアリ<다리>				

4.1.1.7.「・」

語頭音節の「・」は、ア段とオ段のかなで表している。

ア段

4) 月	タアル<ᄃᆞᆯ>	23) 海	ハイ<ᄒᆡ>	27) 姪	スタリ<ᄯᆞᆯ>
59) 背	バイ<ᄇᆡ>	60) 腹	ハイ<ᄇᆡ>	88) 米	サル<ᄡᆞᆯ>
103) 白	バク<ᄇᆡᆨ>	104) 般	パイ<ᄇᆡ>	132) 一	ハナ<ᄒᆞ나>
164) 買	マイ<ᄆᆡ>	165) 生	シヤグ<ᄉᆡᆼ>	180) 来年	ライニヱン<ᄅᆡ년>
218) 八月	バルオル<ᄇᆞᆯ월>	240) 橋	タアリ<ᄃᆞ리>		

オ段

68) 馬	モ゚リ<ᄆᆞᆯ>	41) 子	ゾ゚ン <ᄌᆞ>	241) 四月	ソ゚ヲル<ᄉᆞ월>

宋敏(1986)は、「全一道人」のかな表記を分析し、「・」の非音韻化について、先行する子音の音声資質によって次のように段階的に拡散したと推定[18]した。

a. [-鼻音性、-舌端性、-粗擦性] 子音部類 (ㅎ, ㄱ, ㅂ)
b. [-鼻音性、+舌端性、-粗擦性] 子音部類 (ㄷ, ㄹ)
c. [-鼻音性、+舌端性、+粗擦性] 子音部類 (ㅅ, ㅈ)
d. [+鼻音性、-舌端性、-粗擦性] 子音 (ㅁ)
e. [+鼻音性、+舌端性、-粗擦性] 子音 (ㄴ)

「全一道人」のかな表記において、a,bの環境では、ア段のかなで表し、cの環境では、ア段とオ段が混在、d,eの環境においては、オ段のかなで表していることを指摘している。

本資料「朝鮮筆記」のかな表記も、「全一道人」と同じ分布の傾向を示している。

「全一道人」

ㅎ	19) パンガル<ᄒᆞᆫᄀᆞᆯ>	41) パナヒイ<ᄒᆞ나히>
ㄱ	30) カ゚リヲチ<ᄀᆞ리오지>	41) カ゚ザグ<ᄀᆞ장>
ㅂ	32) ス#19)バ゚*20)ヤアツタニ<ᄉᆡ엿더니>	80) バ゚*ラ<ᄑᆞ라>
ㄷ	21) タ゚ラミラ<ᄯᆞ롬이라>	42) タ゚ラトラ<ᄃᆞ라드러>
ㅅ	107) サ゚ルチニ<ᄉᆞᆯ지니>	
ㅈ	18) サ゚*<ᄎᆞ>	47) サ゚*コ<ᄎᆞ(고)>
ㅁ	47) モ゚ヲル<ᄆᆞᄎᆞᆷ>	90) モ゚ツツン<ᄆᆞᄎᆞᆫ>
ㄴ	42) ノ゚リチ<ᄂᆞ리지>	59) ノ゚ルリヤ<ᄂᆞᆯ려>

18) 宋敏(1986)pp.138-140.を参照。

「朝鮮語訳」では、a,bの環境においても、オ段のかなで表した例もみられるが、「朝鮮筆記」においては、そのような例はみられない。

「朝鮮語訳」

	ア段	オ段
ㅎ	1:39b) ハナヒ<ᄒᆞ나히>	
ㄱ	1:37b) カザグ<ᄀᆞ장>	1:26a) コヲル<ᄀᆞ올>
ㅂ	1:26a) バ*ラミ<ᄇᆞᄅᆞᆷ이>	1:54a) ボ*ル(セ)<ᄇᆞᆯ셔>
ㄷ	1:54b) タル<ᄃᆞᆯ>	1:29a) トルメヨ<ᄃᆞᆯ며>
ㅅ	1:48a) サラツスブタニマノン <ᄉᆞᆯ왓ᄉᆞᆸ더니마ᄂᆞᆫ>	1:62a) ソルソヲトイ <ᄉᆞᆲᄉᆞ오ᄃᆡ>
ㅈ		1:35a) ゾ*セ<ᄌᆞ셰>
ㅁ		1:08a) モヲム<ᄆᆞᄋᆞᆷ>
ㄴ		1:08a) ノム<ᄂᆞᆷ>

非語頭音節においては、ア段、オ段のかなで表している。

非語頭

19) 朝	アツソム<아ᄎᆞᆷ>	43) 男	アトル<아ᄃᆞᆯ>	84) 人参	インソム<인ᄉᆞᆷ>
178) 今日	オノル<오ᄂᆞᆯ>	203) 人	サラミ <사ᄅᆞᆷ>	221) 十一月	ソツタル <섯ᄃᆞᆯ>
222) 十二月	ドジタツ <동지ㅅᄃᆞᆯ>				

ウ段のかなで表した例もあるが、これは「ㅡ」「・」の交替が可能な語であるためと思われる。

1) 天	ハヌル<하ᄂᆞᆯ>

19) 小さい「ス」は、「ス」のあとに「#」を付す。
20) 3点の濁点は、濁点表記のあとに「*」を付す。

4.1.2 二重母音

4.1.2.1. 上向二重母音「ㅑ」

「ㅑ」は、「ヤ」で表している。

167) 薬	ヤア<약>

4.1.2.2. 上向二重母音「ㅕ」

「ㅕ」は、エ段のかな、あるいは、イ段のかな＋「エ」で表されている。これは、順行同化の結果「ㅓ」が前舌化し、[ə]が[e]に変化したことを示すものと見られる。

1) 天	チエン<텬>	24) 川	テン<쳔>	34) 石	セグ<셕>
44) 女	ケチブ<겨집>	49) 朝鮮	チヨセン<됴션>	50) 大清	タイセグ<대쳥>
51) 善人	チヱニン<션인>	101) 青	セク<쳥>	104) 船	セン<션>
141) 十	ヱル<열>	143) 千	イルテン<일쳔>	156) 低	テイ<뎌>
177) 今年	クンニヱン<금년>	198) 硯	ベロ<벼루>	211) 正月	テクヲル<졍월>
269) 千両	デンリヤウ<쳔량>				

4.1.2.3. 上向二重母音「ㅛ」

「ㅛ」は、イ段のかな＋「ヨ」で表している。

49) 朝鮮	チヨセン<됴션>	69) 牛	シヨ<쇼>	73) 鳥	チヨウ<됴>
120) 小	シヨグ<쇼>	199) 紙	チヨ クホイ<죠희>		

4.1.2.4. 「ㅠ」

「ㅠ」は、イ段のかな＋「ユ」で表している。

117) 秋	チユク<츄>	147) 出	チユル<츌>	216) 六月	ニユルオル<뉴월>
230) 僧	チユク<즁>				

4.1.2.5. 上向二重母音「ㅝ」

「ㅝ」は、オ段のかなで表している。

4) 月	オル<월>

4.1.2.6. 下向二重母音「ㅐ」

「ㅐ」は、ア段のかな＋「イ」で表している。これは、まだ単母音化が起っていなかったことを示すものと見られる。

50) 大清	タイセグ<대쳥>	73) 鳥	サイ<새>	119) 大	タイ<대>

4.1.2.7. 下向二重母音「ㅔ」

「ㅔ」は、オ段のかな＋「イ」で表している。これは、まだ単母音化が起っていなかったことを示すものと見られる。

134) 三	ソイ<세>	135) 四	トイ<네>	178) 昨日	オゾイ<어제>

4.1.2.8. 下向二重母音「ㅟ」

「ㅟ」は、ウ段のかな＋「イ」で表している。これは、単母音化が起っていなかったことを示すものと見られる。

146) 帰	クイ<귀>	210) 偽	ウイ<위>

4.1.2.9. 下向二重母音「ㅢ」

「ㅢ」は、「ウ」で表した一例のみが確認できるが、これは「イ」が脱落した例と思われる。

232) 衣服	ウホク<의복>

「全一道人」や「朝鮮語訳」では、ウ段のかな＋「イ」で表した例がみられる。

「全一道人」

31)	ヲクイ<어긔>

「朝鮮語訳」

1:29a)	スイン<싄>

4.1.2.10.　下向二重母音「·ㅣ」

「·ㅣ」は、おおむねア段のかな＋「イ」で表されるが、オ段のかな＋「イ」で表される例もみられる。

23) 海	ハイ<ᄒᆡ>	59) 背	バイ<ᄇᆡ>	60) 腹	ハイ<ᄇᆡ>
104) 船	パイ<ᄇᆡ>	164) 買	マイ<ᄆᆡ>	180) 来年	ライニヱン<ᄅᆡ년>
194) 烟管	タンバタイ <담ᄇᆡᄯᆡ>	199) 紙	チヨクホイ <죠ᄒᆡ>	246) 灯台	チクタイ <등ᄐᆡ>
249) 歌	ノライ<노ᄅᆡ>				

これらの特徴もまた、「全一道人」などと同様であり、下向二重母音においては、前舌単母音化がまだ起こっていなかったことを示している。

ところが、下向二重母音の「·ㅣ」について、「ㄱ」、「ㅇ」が後続した場合、「ㅣ」が脱落する例が確認できる。

03) 白	バク　<ᄇᆡᆨ>	142) 百	イルバク<일ᄇᆡᆨ>	165) 生	シヤグ<ᄉᆡᆼ>

このような現象は、「全一道人」や「朝鮮語訳」においても確認でき、興味深い。

「全一道人」

72)	バ＊グメニナ<빅민이나>	103)	ザ＊クハトニ<칙ᄒᆞ더니>
118)	ザ＊クル<칙을>		

「朝鮮語訳」

1:04a)	施行{シハグ} チ　<시힝티>	1:06a)	白髪バ＊ク[バ*ル？]　<빅발>
1:15b)	白骨難忘バ＊クコルナンマグ <빅골난망>		

なお、興味深いことに、本資料には、i-逆行同化による/y/挿入の二重母音化[21]と判断される例が観察される。

05) 星	ペイリ<벨이<별이>

これは、この語が、beyri < byəyri < byəriと変化したことを示すものと判断される。第2音節のiの影響により、第1音節の後ろに/y/が付いたことが、「ペイリ」の「イ」によってわかる点が注目される。かつて「벨이(<별이)」のような表記の出現は二重母音の単母音化「beri<byəri」を示す証拠であると考えられたことがあるが、この例はそのような推論に対する反証となるものである。

4.2. 子音について

子音についてもおおむね「全一道人」や「朝鮮語訳」などと同様の傾向をみせている。

4.2.1. 初声について

まず、朝鮮語東南方言の特徴とみられる、「ㅈ<ㄱ」の口蓋化の例が観察さ

21）崔銓承(1978)参照。

れる。

38) 道	チリ<길, 질＝慶>	93) 油	チリミ<기름, 지름-이＝慶>

また、「ㄷ」や「ㅌ」については、

8) 土	トツイ<토디(土地)>

のように、まだ口蓋音化していないと見られる例もあるが、大半は、当時の中央語の資料に同じく、口蓋音化した例が観察される。

1) 天	チエン<텬>	49) 朝鮮	チョセン<됴션>	188) 竹	チク<듁>
2) 地	チイ　<디>	73) 鳥	チヨウ　<됴>		
19) 朝	チョ　<됴>	123) 長	チヤグ　<댱>		

つぎに、語頭複子音については、おおむね、喪失したあとの形を示している。

88) 米	サル<ᄡᆞᆯ>	194) 烟管	タンバタイ<담비ᄯᅴ>

しかし、つぎの例においては、なお、複子音としての音価に対応するかな表記が当てられている。

27) 姪女	スタリ<ᄯᆞᆯ>	97) 帯	セツヅイ<ᄯᅴ>	189) 餅	ステキ<ᄯᅥᆨ>

この例は語頭複子音「ㅼ」を持つものであるが、この例のように破裂音と摩擦音の組み合わせのものについては、複子音としての音価を保持する場合が

あったと見られる。同様のかな表記の例が、以下のごとく、「全一道人」や「朝鮮語訳」にも観察される。

「全一道人」

26)	ス#タグ<ᄡᅡᆼ>	65)	ス#タル<ᄡᆞᆯ>

「朝鮮語訳」

1:13b)	ス#ト<ᄯᅩ>	1:26b)	ストナン<ᄶᅥ난>

次に、日本の朝鮮語かな書き資料に広く見られる現象として、「ㄴ」の出渡り音「nd」に対応したかな表記があるが、本資料においても、以下の例が確認できる。

135) 四	トイ<네>	138) 七	シリコブ<닐곱>

4.2.2 終声について

終声の音注については、おおむね「全一道人」や「朝鮮語訳」と同様の傾向をみせているが、注目すべきものとして、以下の例がある。

111) 椀	クルス<그릇>

「그릇」は、中期語では「그릇」のように「ㅅ」終声であったが、近世語では「ㄷ」終声に統一された22)。近世期の本資料になおも「ㅅ」終声の音価を示す「クルス」というかな表記があらわれることが注目され、単語によっては部分的にㅅ終声が残っていたことを示唆するものと解釈でき、興味深い23)。

22) 志部昭平(1988)によれば、「ㅅ」終声と「ㄷ」終声の合流は16世紀中葉にはすでに進んでいたという。

5. 結

本論文では、「朝鮮筆記」の文献学的検討をおこなうとともに、本資料に収録されているかな書き朝鮮語語彙について、ハングル表記の復元および音韻論的検討を試みた。本資料のかな書き朝鮮語は、朝鮮語東南方言の特徴(ㅈ<ㄱの口蓋化など)や、「・」の非音韻化や語頭複子音の喪失の過渡期的様相を示している。これらは、おおむね「全一道人」や「朝鮮語訳」など対馬において成立した他の朝鮮語学書類と同様の傾向を示すものと位置づけられる。しかし、本資料には、いまだ解読できていない語彙も多数あり、今後、これら未解読語彙についてのさらなる探求が必要である。

<参考文献>

『俄羅斯紀聞　別編』四「或問防海漫記」　早稲田大学図書館所蔵(請求記号：ル08 02994 0034)(早稲田大学図書館古典籍データベースにて公開中).

『俄羅斯紀聞　続編』七「別勒乞律安設戦記」早稲田大学図書館所蔵(請求記号：ル08 02994 0037)(早稲田大学図書館古典籍データベースにて公開中).

『獲虎実録』長崎県立対馬歴史民俗資料館所蔵(請求記号：記録類Ⅲ-朝鮮関係-B朝鮮・倭館-19).

『加模西葛杜加国風説考』国立国会図書館所蔵(請求記号：YD－古－6586(マイクロフィルム))

『加模西葛杜加国風土考 圖付録』　津市図書館所蔵　.

『加模西葛杜加国風説考』天理大学附属天理図書館所蔵(請求記号：081-イ53-8(3)).

『鈴木伝蔵一件ニ付上々官より之真文并和ケ・三使より之書翰并和文・伝蔵同役中江遣候書付』長崎県立対馬歴史民俗資料館所蔵(請求記号：記録類Ⅱ-朝鮮方-D-信使-3).

『叢書料本』18 国立国会図書館所蔵(請求記号：YD－古－651(マイクロフィルム)).

23) 「ㅅ」終声がなおも本来の音価を保っていたことを示すものと見られるかな表記の例は、「朝鮮筆記」の他に、「高麗詞之事」の「人物：クルス<그릇>」、「御座：シケ　トス<돗>シケラ」、「平包：ヲス<옷> ボ」や、「朝鮮聞見録」の「椀　クルス<그릇>」などがある。

『対人猟虎紀事』西尾市岩瀬文庫所蔵(分類番号：121-41).
『鐵函心史：7巻・延平二王遺集』中国学術名著 第一輯. 増補中国文学名著十二集合編 第八冊. 中国：世界書局(1965年4月再販).
『朝鮮聞見録』上巻第4条「方諺考」、福岡県立図書館所蔵(櫛田家文書の複写本).
『土佐国群書類従』漂流80 国立国会図書館所蔵(請求記号：YD－古－234 マイクロフィルム)).
「半日閑話」『日本随筆大成』8, 日本随筆大成編輯部(1961), 東京：吉川弘文館.
『文化元甲子年九月長崎表エ魯西亜船渡来之次第』国立国会図書館所蔵(請求記号：YD－古－4623 マイクロフィルム)).
『丙戌異聞』「別埒阿利安設戦記」 早稲田大学図書館所蔵(請求記号：:リ09 04800)(早稲田大学図書館古典籍データベースにて公開中).
『別勒阿利安施戦記』国際日本文化研究センター図書館所蔵(資料ID： 002696714マイクロフィルム).
『別勒乞律安設戦記』筑波大学附属図書館所蔵(請求番号：ヤ 640-4).
『松本斗機蔵 蔵書目録』西尾市岩瀬文庫所蔵(分類番号：87-6).
『琉球談』西尾市岩瀬文庫所蔵(分類番号：29-47).
『倭館館守日記・裁判記録』田代和生監修(2004-2006)マイクロフィルム. 東京：ゆまに書房.
李元植(1997)『朝鮮通信使の研究』京都：思聞閣.
石上敏校訂(1994)『森島中良集』叢書江戸文庫32 東京：国書刊行会.
(1995)『万象亭森島中良の文事』東京：翰林書房.
岩﨑奈緒子(2006a)「史料紹介 天理大学附属天理図書館所蔵 加模西葛杜加国風説考」『北海道・東北史研究』3, 127-115.
__________(2006b)「研究ノート「赤蝦夷風説考」再考」『北海道・東北史研究』3, 80-85.
岩波書店国書研究室編(1990)『補訂版国書総目録』 東京：岩波書店.
大野延胤(2000)「松本斗機蔵とその著述・序説」『学習院女子大学紀要』第2号, 51-67.
岸田文隆(1999)「漂流民の伝えた朝鮮語－島根県高見家文書『朝鮮人見聞書』について－」『富山大学人文学部紀要』30, 113-143.
_________(2000)「표류민이 전한 한국어」『21世紀国語学의 課題』, 545-592. 서울: 図書出版月印
_________(2008)「早稲田大学服部文庫所蔵の『朝鮮語訳』の朝鮮語かな表記について(その1：子音について)*Dynamics in Eurasian Languages*(Contribution to the Studies of Eurasian Languages series vol.14) 神戸市看護大学.
_________(2010)「朝鮮語訳」の朝鮮語かな表記について(その2：母音について)『訳学

書研究의 現況과課題』. 第2回訳学書学会国際学術会議発表予稿集.
許秀美・他(2009)「江戸期・明治初期朝鮮語学習データベースの構築」『言語社会専攻研究プロジェクト研究成果報告書』大阪大学大学院言語文化研究科言語社会専攻.
許秀美(2012)「国立国会図書館所蔵「朝鮮筆記」について－合綴された諸資料に関する考察」『大谷学報』第91巻第2号, 30-57.
近藤春雄(1978『中国学芸大事典』東京：大修館書店.
近藤瓶城編(1984)『改定史籍集覧』第十六冊 京都：臨川書店. 2.
志部昭平(1988)「陰徳記 高麗詞之事について－文禄慶長の役における仮名書き朝鮮語資料－」『朝鮮学報』128 天理：朝鮮学会
辛基秀他(1994)『大系朝鮮通信使： 善隣と友好の記録』第7巻 東京：明石書店.
高橋昌彦(2007)「朝鮮通信使唱和集目録稿(一)」『福岡大学研究部論集』A 人文科学編六(八), 17-35.
________(2009)「朝鮮通信使唱和集目録稿(二)」『福岡大学研究部論集』A九(一), 21-40.
東京帝国大学文学部史料編纂掛(1928)『史料綜覧』巻五.
陳南澤(2003)『朝鮮資料による日本語と韓国語の音韻史研究』東京大学大学院博士論文.
西日本文化協会(1978)『影印本 津島日記(草場珮川日記別巻)』福岡：西日本文化協会.
八王子市教育委員会(1992)『八王子千人同心史 通史編』.
八王子市郷土資料館編(1994)『八王子千人同心の群像』八王子市教育委員会.
芳賀登・他編(2000)『日本人物情報大系』第54巻 学芸編14 東京：皓星社.
益田宗・他(1995)『国書人名事典』, 東京：岩波書店.
箕輪吉次(2011)「江戸時代通俗書における朝鮮仮名書き」『日語日文学研究』第76輯, 39-65 韓国日語日文学学会.
村上直編(1993)『江戸幕府八王子千人同心(増補改訂版)』東京:雄山閣出版.
安田章(1964)『全一道人の研究』京都：京都大学国文学会。
渡部忠胤(1979)「松本斗機蔵と最上徳内—斗機蔵の蔵書目録を中心として—」『多摩のあゆみ』14, 38-46.

金周弼(2008)「司譯院倭學書에 나타난 音韻變化의 過程과 特性-口蓋音化와 円唇母音化의 拡散을 중심으로-」『語文研究』Vol.36 No.4, 한국어문교육연구회.
박진완(2010)「『朝鮮語譯』의 모음 표기 고찰」『한국어학48』한국어학회.
宋敏(1986)『前期近代国語音韻論研究』国語学叢書8. 서울 :탑출판사.
____(2006)「近代国語 音韻史와 '가나' 表記資料」임용기・홍윤표편『국어사 연구 어디

까지 와있는가』 서울 :태학사.
崔銓承 (1978) 「國語 i-Umlaut現象의 通時的考察」『국어문학』 전북대 19.

□ 성명 : 허수미(許秀美)
주소 : Otani University, Koyama-Kamifusacho, Kita-ku, Kyoto 603-8143, Japan
전화 : 81)75-411-8161
전자우편 : sumikyo@res.otani.ac.jp

□ 이 논문은 2012년 12월 03일 투고되어
2013년 01월 14일부터 02월 10일까지 심사하고
2013년 02월 25일 편집회의에서 게재 결정되었음.

【附録】

｢朝鮮語右訳下訓｣の条翻字データベース

<　>＝ハングル復元

慶　＝慶尚道方言形

---

1) 天　㊨ハヌル<하ᄂᆞᆯ>
　　　㊦チエン<텬>
2) 地　㊨タア<ᄯᅡ> ㊦チイ<디>
3) 日　㊨ル<일> ㊦イル<일>
　　　㊦ハイ<ᄒᆡ>
4) 月　㊨タアル<ᄃᆞᆯ>
　　　㊦オル<월>
5) 星　㊨ペイリ<벨이<별이>
　　　㊦シヤム<셩>
6) 風　㊨ハウシ<?>
　　　㊦プグ<풍>
7) 雨　㊨ヒイ<비> ㊦ウヽ<우>
8) 土　㊨トツイ<토디(土地)>
9) 金　㊨クウン<금>
10) 雲　㊨クルン<구룸>
　　　㊦ムン<운>
11) 露　㊨アタアイ<?>
　　　㊦シヨウグ<?>
12) 氷　㊨ケグ<음>
13) 雪　㊨ハクチヤ<?>
14) 水　㊨ムル<믈>
　　　㊦チユウル<?>
15) 火　㊨フル<블> ㊦フウ<블>
16) 氷　㊨ヒグ<빙> ㊦ニク<?>
17) 兄　㊨ケグ<형> ㊦イン<?>
18) 弟　㊨シイ<뎨> ㊦ネク<?>
19) 朝　㊨アツソム<아ᄎᆞᆷ>
　　　㊦チョ<됴>
20) 夜　㊨ヨムイ<?>
　　　㊦ヤア<야>
21) 晝　㊨セムル<?>
22) 晩　㊨ハヨイ<?>
23) 海　㊦ハイ<ᄒᆡ>
24) 川　㊨セン<쳔?>
　　　㊦テン<쳔>
25) 島　㊦トヽラ<도-?>
26) 婦　㊨ヨウ<?>
27) 姪女　㊨スタリ<ᄯᆞᆯ>
28) 木　㊨モク<목>
29) 波　㊨バツシ<파-?>
30) 山　㊨サン<산>
31) 陸　㊨ヒルチリ<?>
32) 谷　㊨クトル<?>
33) 瀧　㊨タハグ<?>

34) 石　㊨セグ<셕>
35) 岩　㊨カンツイ<?>
36) 老　㊨ノイン<노인>
㊦トク<?>
37) 小児　㊨シヨタイ<?>
38) 道　㊨チリ<길, 질이＝慶>
39) 父　㊨アサビ<아자비(おじ)?>㊦ブウ <부>
40) 母　㊨ヲマン<오만＝慶>
㊦モ<모>
41) 子　㊨ゾン<ᄌᆞ?>
42) 姉　㊨カバミ<?>
43) 男　㊨アトル<아ᄃᆞᆯ>
㊦ナム<남>
44) 女　㊨ケチブ<겨집>
㊦ニヨ<녀>
45) 夫　㊨フウ<부>
46) 君　㊨クウシ<군?>
47) 臣　㊨シイ<신?>
㊦シイン<신?>
48) 日本　㊨イルボル<일본>
49) 朝鮮　㊨チョセン<됴션>
50) 大清　㊨タイセグ<대쳥>
51) 善人　㊨チヱニン<션인>
52) 悪人　㊨ヒヨクイン<흉인?>
53) 頭　㊨トクヅ<ᄃᆡ골?>
54) 耳　㊨クイ<귀>
55) 目　㊨メン<?[日本語か？]>
56) 鼻　㊨コイ<코>
57) 手　㊨ソン<손>
58) 足　㊨タリ<다리>
59) 背　㊨バイ<ᄇᆡ>
60) 腹　㊨ハイ<ᄇᆡ>
61) 舌　㊨テル<셜?>
62) 身　㊨モムイ<몸이>
63) 男根　㊨ソシイ<ᄌᆞᆺ이>
64) 女 陰　㊨シビ<씹이>
65) 後　㊦ビスタリ<?>
66) 虎　㊦シムン<?>
67) 猫　㊨オカ<?>
68) 馬　㊦モリ<ᄆᆞᆯ이>
69) 牛　㊦シヨ<쇼>
70) 犬　㊨カイ<가히>
71) 狸　㊨マイ<?>
72) 鼠　㊨フイ<쥐？>
73) 鳥　㊨チヨウ<됴>㊦サイ<새>
74) 鷹　㊨スフル<?>
75) 雁　㊨カルヽ<기럭이?>
76) 鶴　㊦クワタイ<학？>
77) 鴨　㊨オル<올>
78) 虱　㊦バ<?>㊦ハウミ<?>
79) 蚊　㊦ソクイ<?>
80) 虫　㊨バカイ<？>
81) 松魚　㊨シヲカラ<숑어?>
82) 魚　㊦コキ<고기>
83) 艸　㊦ゾウルゾ<?>
84) 人参　㊨インソム<인ᄉᆞᆷ>

85) 烟艸 ㊨タンバア<담바>
86) 松 ㊨シヨグ<숑>
87) 花 ㊨コツ<곶>
㊦フノロ(ア)ウ(ヒ)<?>
88) 米 ㊨サル<쌀<발>
㊦ミ<미>
89) 籾 ㊦シロ<?>㊦ツ<겨?>
90) 俵 ㊦セムシン<셤-?>
91) 栗 ㊨バム<밤>
92) 酒 ㊨スル<술>
㊦チユウ<쥬>
93) 油 ㊨チリミ<기름, 지름이=慶> ㊦リヤク< 약?>234)同
94) 濁酒 ㊨トクチユウ<탁쥬>
95) 醴 ㊨タタチユ<?>
96) 塩 ㊨ソコム<소곰>
97) 帯 ㊦平人ハヒモ也貴人ハ右帯也是ヲセツヅイト云<띄>
98) 履 ㊦シン<신>
99) 木履 ㊦フンコミ<?>
㊦クツヲ用ル也
100) 銀 ㊨ウン<은>
101) 青 ㊦セク<청>
102) 墨 ㊨墨□黒 ㊦ボク<먹>
103) 白 ㊦バク<빅>
104) 船 ㊨パイ<비>
㊦セン<션>
105) 弓 ㊨ソワル<활?>
106) 矢 ㊨サキイ<화살?>
107) 刀 ㊨ハントウ<환도>
㊦長刀ナシ
108) 薪 ㊦ナム<나모>
109) 樽 ㊨トグ<통>
110) 鎌 ㊨クウン<?>
111) 椀 ㊦クルス<그릇>
112) 茶 ㊨ザア<차>
113) 茶椀 ㊨チグハリ<사발?>
114) 東西南北 ㊨トグセグナンブグ<동셔남븍>
115) 春 ㊨シュン<츈？>
116) 夏 ㊨カ<하？>
117) 秋 ㊨レニル<?>
㊦チユク<츄>
118) 冬 ㊨トグ<동>
㊦トヲ<더워?>
119) 大 ㊨タイ<대>
120) 小 ㊦シヨグ<쇼>
㊦チヨム<조곰>
121) 新 ㊨シン<신>
122) 旧 ㊨トグ<구?>
123) 長 ㊨チヤグ<댱>
㊦チョ<?>
124) 短 ㊨テカ<단?>
125) 有 ㊨ウ<유>
㊦イツタ<잇다>
126) 無 ㊨オブタ<업다>

127) 取　㊨チツチ<취>

128) 奪　㊨ソナイ<?> ㊦クン<?>

129) 損　㊨ソン<손>　㊦ミチ<?>

130) 得　㊨トク<득>

131) 寝？㊨ツボ<?>

132) 一　㊦ハナ<ᄒᆞ나>

133) 二　㊦トル<둘>

134) 三　㊨ソイ<세>

135) 四　㊨トイ<네>

136) 五　㊦タツ<다ᄉᆞᆺ>

137) 六　㊦ヨツ<여슷>

138) 七　㊦シリコブ<닐곱>

139) 八　㊦ヨタロフ<여듧>

140) 九　㊦アホブ<아홉>

141) 十　㊦エル<열>

142) 百　㊦イルバク<일빅>

143) 千　㊦イルテン<일쳔>

144) 万　㊦イルマン<일만>

145) 行　㊦カル<갈?>

146) 帰　㊨クイ<귀>㊦トウ<?>

147) 出　㊦チユル<츌>

148) 悦　㊨ソヒ<?>タハク<?>

149) 哀　㊨ツクイ<?>

150) 愁　㊦チユク<?>

151) 恐? ㊦スイ<?>

152) 軽　㊨ケイ<경?>

153) 重　㊨チヨク<즁>

154) 廣　㊨ニヨ<넙다?>

155) 高　㊨コグ<고>

156) 低　㊨テイ<뎌>

157) 飽　㊦タイ<?>

158) 飢　㊦ツヒ<?>

159) 渇　㊦タツ<?>㊦チ<?>

160) 求　㊦ヒルモ<?>

161) 不与　㊨ブヨ<블여>

162) 甘　㊦ワクヒ<?>

163) 苦　㊦ケイヒ<?>

164) 買　㊨マイ<미>

165) 生　㊨シヤグ<싱>

166) 死　㊦ツウコ<죽고?>

167) 薬　㊦ヤクル<약, 약을?>

168) 毒　㊨ヒチヤク<?>
　　　　㊦トニビ<독?>

169) 寒　㊨チブ<칩다=慶>

170) 暑　㊨シヨキ<셔>
　　　　㊦トフ<덥다[더본?]>

171) 公年　㊨キヨクニエン<거년>

172) 食　㊨シク<식>

173) 不食　㊨ブシク<블식>

174) 酔　㊨イユイ<취？>

175) 醒　㊦メクツイ<?>

176) 呑　㊦モクチヤ<먹자?>

177) 今年　㊨クンニエン<금년>

178) 今日　㊨オノル<오늘>

179) 昨日　㊦オゾイ<어제>

180) 来年　㊨ライニエン<릭년>

181) 明日　㊨ケイル<릭실>

182) 一昨日　㊨イヲゾイ<이어제?>

183) 智　㊦イツタ<?>
184) 病　㊦アリバ<알프>
㊦ベクハ<병?>
185) 愈　㊦ニエン<?>
186) 汁　㊦クキ<국이?>
187) 菊　㊦カクサ<국화?>
㊦イ<?>
188) 竹　㊦チク<듁>
189) 餅　㊨ステキ<떡>
190) 味噌　㊦チカキ<쟝>
191) 豆腐　㊦クツブ<두부？>
192) 鶏　㊦キ<계>
193) 産子　㊨ザンシ<산ᄌᆞ>
194) 烟管　㊨サイクアン<?>
㊦タンバタイ
<담비씌>
195) 陽×[湯○]　㊨トヲンムル<더온
믈 >
196) 筆　㊦ズツ<붇>
197) 墨　㊨モク<믁>
㊦ブツ<붇?>
198) 硯　㊦ベロ<벼루>
199) 紙　㊦チヨクホイ<죠희>
200) 几[机か？]　㊦カルロ<?>
201) 書　㊦シヤイ<셔>
202) 帖　㊦テイト<텹>
203) 人　㊨イン<인>
㊦サラミ<사ᄅᆞᆷ이>
204) 井　㊦サア<?>㊦ツクン<?>

205) 遠　㊦ヲンシ<원?>
206) 曲　㊨キユレ<곡?>
207) 方　㊨バク<방>
208) 圓　㊨エエン<원>
209) 真　㊨シン<진>
210) 偽　㊨ウイ<위>
211) 正月　㊨テクヲル<정월>
212) 二月　㊨イヲル<이월>
213) 三月　㊨サムヲル<삼월>
214) 四月　㊨ソヲル<ᄉᆞ월>
215) 五月　㊨ヲヽル<오월>
216) 六月　㊨ニユルオル<뉴월>
217) 七月　㊨チルヲル<칠월>
218) 八月　㊨バルヲル<ᄇᆞᆯ월>
219) 九月　㊨クヲル<구월>
220) 十月　㊨シヲル<십월>
221) 十一月　㊨ソツタル<섯돌>
222) 十二月　㊨ドジタル<동지ㅅ돌>
223) 姑　㊦シフユ<？>
224) 主人　㊨チユン<쥬인>
225) 賓客　㊨ソンニムクワ<손님과?>
226) 面　㊦ヲリタリ<얼굴？>
227) 歯　㊦イ<니>
228) 腰　㊦チツ<?>
㊦トイ<허리>
229) 心　㊦シン<심>
230) 僧　㊦チユク<즁>
231) 友　㊨ユウコ<?>
232) 衣服　㊨ウホク<의복>

233) 飯 ㊨パブ<밥>
234) 油 ㊨チリミ<기름, 지름이=慶>
㊦リヤク< 약?> 94)同
235) 桃 ㊦ピイ<도>
236) 梅 ㊦スイ<?>
237) 柳 ㊦ヤム<楊[양] ?>
238) 麦 ㊨ホリ<보리>
239) 門 ㊦ムン<문>
240) 橋 ㊦タアリ<ᄃᆞ리>
241) 車 ㊨コソチヨ<?>
242) 鏡 ㊦クウ<?> ㊦イヱ<?>
243) 扇 ㊦フツソイ<부체>
244) 尺 ㊦チユ<?>㊦チヤク<척>
245) 鍋 ㊦ソツ<솥>
246) 灯台 ㊨チクタイ<등ᄐᆡ>
247) 留 ㊨ナハル<?>
248) 琴 ㊨クン<금>㊦キヱ<?>
249) 歌 ㊨ノライ<노릐>
250) 基 ㊦チユブ<?>
251) 玉 ㊦ヲク<옥>
㊦キヨク<?[日本語？]>
252) 銭 ㊨トン<돈>
㊦ツデン<젼>
253) 紫 ㊨シセイ<?>
254) 点灯 ㊨グイノ<?>
255) 語 ㊨ヲン<언>
256) 言 ㊨ヲンヲ<언어>
257) 答 ㊨クイハル<?>
258) 問 ㊨ムウシ<무엇이?>
259) 聞 ㊨ソク<?>
260) 見 ㊦ホケン<?>
261) 写 ㊦ユクイ<?>
262) 借 ㊦バヱ<?>
263) 換 ㊦サシリョ<?>
264) 我 ㊦ウリ<우리>
265) 汝 ㊦シヨカ<네가?>
266) 親 ㊦シイ<?>㊦チイ<?>
267) 記 ㊦ウウ<?>㊦ヱ<?>
268) 一匁 ㊨イルモ<일문?>
269) 千両 ㊨デンリヤウ<쳔량>
270) 一分 ㊨イルブ<일분>

<국문초록>

일본국립도서관 소장 「朝鮮筆記」의 가나로 쓰여진 조선어에 대하여

본논문은 일본국립국회도서관에 소장되어 있는 필사본 「朝鮮筆記」의 문헌학적 검토와 본자료에 수록되어 있는 가나로 쓰여진 조선어 어휘에 대하여 한글 표기의 복원과 음운론적 검토를 시도한 것이다.

「朝鮮筆記」는, 松本斗機蔵(마쓰모토 토기조)가 남긴 最上徳内(모가미 토쿠나이)의 「소장서 목록」에서 그 이름을 찾을 수 있으나, 저본에 대해서는 일본국회도서관에 소장되어 있는 필사본이 현전하는 유일한 책이기 때문에 구체적인 언급은 피할 수 밖에 없다. 「朝鮮筆記」는 거의 대부분의 내용이 경상도 초량 왜관에 관한 것과 대마도와 조선의 교역(交易)에 대한 것이다. 하지만 기술이 혼란스럽고 질서가 없는 것으로 보아 어떤 저본을 필사자가 적당히 부분적으로 발취(抜粋)하여 필사한 것으로 보인다.

「朝鮮筆記」 마지막 부분인 「朝鮮語右訳下訓」에 수록되어 있는 전270항목의 가나로 쓰여진 조선어는 같은 시기에 쓰여진 어학서 「全一道人」, 「朝鮮語訳」과 비교 검토를 하였다. 「朝鮮筆記」에 수록되어 있는 가나로 쓰여진 조선어의 특징으로서는 상향이중모음의 단모음화 (ㅕ>e)、전설단모음화 되어 있지 않은 하향이중모음, 또 제2음절의 「i」의 영향으로 제1음절 뒤에 /y/가 삽입된 예 등을 들 수 있다.

그 외에도 「・」의 비음운화 과정, 어두복자음(語頭複子音)의 상실 과정이나, 동남방언의 특징(ㅈ<ㄱ의 구개음화 등)도 엿볼 수가 있다. 이들은 거의 대부분이 「全一道人」이나 「朝鮮語訳」와 같은 대마도에서 성립된 조선어 어학서류가 보이는 특징과 일치한다. 하지만 본자료에는 아직 해독하지 못 한 어휘도 다수 있고 앞으로 이들 미해독 어휘에 대해서 더욱 탐구해야 할 필요가 있다.

『孝經直解』와 『原本老乞大』의 言語 研究

조서형
(中國, 社會科學院)

<Abstract>

The diachronic study of the Korean language is based on the Korean and translation of Chinese classics. Also these Korean translated materials derive its grammatical structures from those Chinese materials. Especially Korean Imun sharing the same grammatical characteristics of Chinese writing through the historical transition, meaning that studying the diachronic transition of the Chinese language can help with understanding the concept behind Korean's diachronic transition. The Imun is the combination of a more traditional Chinese as well as incorporating the Yuan Dynasty's Mongol influences through the spoken language of Haneryanyu, hence creating a written language that varies from the more classical Chinese's written language. This new form "Imun" then transferred to the Korean peninsula to be used as official documents as well as foreign transaction documents at Goryo and Joseon Dynasties. As well as translation exam texts of the imperial examination system, Guageo, or in other words the Yeokhakseo were studied as such, then through the transactions between the Chinese Imun as well as the Korean made the unique language that is Imun today. This article will talk about the essences between the 14thcentury Yuan dynasty's literature with JoSeon translating firm's texts "XiaoJingZhiJie" and "Original NoGeolDae", this article will talk about the grammatical structures of Imun and Korean Imun. The key characteristics come down to 1) Usage of case marker, 2) Altaic OV word order incorporates with classical Chinese VO word order, 3) Usage of converb, 4) Usage of adposition and topic marker, 5) Usage of special repetitive counter-question sentences. All these 5 characteristics are those from the long in depth contact with the Mongolian or other Altaic languages of the northern Chinese dialect. While differentiating from the more classical Chinese and those southern Chinese dialect that hasn't came in contact with the northern cultures.

Key Words : XiaoJingZhiJie, Original NoGeolDae, Yuan Chinese, Imun, Korean Imun. Language Contact, Northern Chinese

I. 緖論

韓國語의 歷史的 硏究는 經書 諺解와 같은 漢文 資料의 飜譯文 資料가 주종을 이룬다. 이러한 諺解文은 漢文 資料의 文法 構造에 상당한 영향을 받게 마련이다. 예를 들어 '被害'를 "被害를 입다"로 諺解한 것은 漢文에 이끌린 것이다. 뿐만 아니라 語彙에 있어서도 漢文의 영향을 받는다. 예를 들면 "아이들 작란"의 '作亂'은 漢字 語彙에 이끌린 것이다. 따라서 漢文의 變遷은 우리말에도 많은 영향을 끼쳤다. 특히 朝鮮 吏文과 같은 독특한 漢字 표기는 중국에서의 漢字 사용의 變遷에 영향을 받은 것이다(cf. 鄭光 2006: 56). 그러므로 이러한 中國語의 漢文 變遷을 연구하는 것은 韓國語의 變遷을 理解하는 데 중요한 단서가 된다.

吏文[1]은 중국의 정통 漢語에 元代에 유입된 몽골어가 혼합된 文語 체계로서 당시의 口語인 "漢兒言語"[2]를 기반으로 한 文語이며, 文言이라고 하는 전통 漢文과 다른 독특한 문체를 가지고 있다. 이 吏文이 한반도에 유입되어 조선 시대에 중국과의 외교 문서에 공식 文語로 사용되었고, 科擧의 譯科 取才書, 즉 譯學書로 학습되었다. 이후 이 중국의 漢吏文을 토대로 한국 고유의 표현들이 결합한 朝鮮 吏文이 형성된다(cf. 鄭光 2006: 56).

본고에서는 14世紀에 편찬된 元代의 文獻이자 조선 시대 司譯院의 譯學書인『孝經直解』(1308)와[3]『原本 老乞大』의[4] 言語 資料를 바탕으로 吏文과 朝鮮 吏文의 기원이 되었던 元代 漢語의 몇몇 문법적 특징을 고찰해 보고자 한다.

---

1) 여기서는 "漢吏文"을 말함.

2)『原本 老乞大』, 第2話에 記載된 元代의 公用語를 이르는 말.『老乞大 新釋』(1763)에서부터 公用語에 대한 名稱이 "漢兒言語"에서 "官話"로 바뀐다.

3)『孝經直解』의 名稱에 대해서는 旣存의『直解孝經』,『成齊孝經』등이 있으나 본고에서는 原本의 名稱대로『孝經直解』로 統一하기로 한다.

4)『原本 老乞大』의 名稱에 대해서는 旣存의『舊本 老乞大』,『原刊 老乞大』등이 있으나 본고에서는『原本 老乞大』로 統一하기로 한다.

II. 『孝經直解』와 『原本 老乞大』의 言語的 성격

중국어는 아주 이른 시기부터 文語와 口語가 각기 다른 體系를 가지고 발전하여 온 것으로 이해된다.[5] 文語는 정통 漢語의 특성을 보존하고 있는 言語 체계로서 그 起源으로부터 19세기에 이르기까지 현저한 변화를 보이지 않으나, 중국어의 口語 체계는 역사적으로 당대의 言語를 반영하여 매 시기마다 차이를 보이며 변천하였다. 太田辰夫(1954)에 의하면 南北朝(420~589) 시대에 이미 북방 민족이 건립한 왕조에서 口語의 비약적인 변화가 시작되었다. 예를 들면, 현대 중국어의 普通話에서 常用되는 2인칭 대명사인 "你"가 최초로 출현한 문헌은 당(618~907) 시기에 편찬된 北齊(550~577) 중심의 역사서 『北齊書』이다. 『北齊書』에는 北齊의 鮮卑族이 사용하던 口語가 소량 기록되어 있는데, 太田辰夫는 이와 같이 북방 민족의 言語와 漢語가 혼재된 南北朝 시기의 言語를 漢兒言語의 초기 모습으로 보았다.

이후 遼(907~1125), 金(1115~1234), 元(1271~1368) 등 500년에 육박하는 알타이어 계통 이민족의 統治期를 거치면서 漢語는 文法 및 語彙에 있어 본연의 모습과 상당한 차이를 보이게 된다. 특히 몽골족이 광대한 地域을 統治했던 元代 漢語는 몽골의 政治的, 經濟的 優勢에 의해 더욱 특수한 면모를 보인다. 이러한 특수한 형식의 元代 漢語를 『高麗史』, 『老乞大』 등에서 "漢兒言語"로 기록하였다. 鄭光(2006: 33)은 '몽문 직역체'라고도 하는 이 漢兒言語를, 中國 北方에서 漢人과 異民族이 서로 交流할 수 있는 通用語라고 정의하면서, 이러한 元代 漢語의 蒙文 直譯體가 당시의 口語를 기초로 한 文語로써 "베이징 方言"의[6] 바탕이 되었고, 이후 韓半島에 輸入되었다고 하였다.[7]

---

5) 周知하는 바와 같이 一般的으로 중국어는 紀元前 3千年 以前에 發生한 것으로 보고 그 言語를 기록하는 문자인 한자는 紀元前 14世紀頃에 이용된 甲骨文에 그 기원을 둔다.

6) 中國 北方 方言을 基礎로 한 만다린(Mandarin), 北京 官話라고 부르는 現代 漢語 普通話의 基準이 되는 言語.

7) 이어서 鄭光(2006)은 이 文語 體系가 "吏文"이며, 元 이후 明·淸 등의 中國 王朝는 高麗 및 朝鮮과의 外交 文書에 吏文을 사용하였고 그에 따라 고려와 조선에서는 通文館과 司譯院을 두어 吏文을 교육하면서 譯官 등의 관리를 선발하는 科擧에서 시험 과목으로 채택하였으며, 이후 별도로 우리말에 맞는 朝鮮 吏文을 개발하여 사용하였다고 하였다.

『孝經直解』와 『原本 老乞大』의 言語는 漢語 본연의 역사적인 변천과 궤를 같이 하는 동시에 알타이어 계통인 몽골어 등의 영향을 받은 복합적인 성격을 가진 言語이다. 그리고 文語 체계가 口語의 직접적인 반영이라는 측면에서 文語와 口語가 분리되어 변천한 정통 漢語와 또 다른 양상을 보이는 言語이기도 하다.[8] 본고에서는 기존의 연구를 바탕으로 『孝經直解』와 『原本 老乞大』의 言語를 몽골어의 영향을 받아 독특한 면모를 보이는 元代 漢語의 言語 현상을 문법 구조적 측면에서 분석하여 元代 당시의 言語 면모를 좀 더 심층적으로 고찰하는 것을 기본 목적으로 한다.

Ⅲ. 『孝經直解』와 『原本 老乞大』에 나타난 元代 漢語의 文法的 特徵

韓半島에서는 統一 新羅(676~936) 時代부터 漢語로 된 儒學 시험이 있었으며, 科擧制가 도입된 이후, 高麗(918~1392)에서는 儒學과 함께 譯官을 養成할 목적으로 言語 과목인 漢語 시험을 치렀다(鄭光 1990: 32~55). 이러한 漢語 시험은 중국 대륙의 漢語가 변천함에 따라 시험 내용이 변화해온바, 중국에서 元 帝國이 건립된 이후, 변화된 중국어에 따르기 위해 高麗에서는 漢語都監을 두어 이 새로운 형태의 言語를 학습하게 하였고 朝鮮 초기까지 역학 시험에서 정통 漢語를 시험하는 漢訓 외에 몽골어를 시험하는 蒙訓과 元代의 文語인 吏文을 시험하는 漢吏科가 있었다. 그리하여 『世宗實錄』에는 漢吏科의 出題書

---

8) 『孝經直解』와 『原本 老乞大』의 言語의 성격에 대해 劉堅 등(1992)과 蔣紹愚(2005)는 元代의 중국과 조선의 교과서로서 정확하고 모범적인 近代 漢語를 반영하는 자료로 소개하였고, 鄭光 등(2000, 2002)은 『孝經直解』와 『原本 老乞大』의 言語가 元代의 口語인 漢兒言語를 반영하며 기존의 정통 漢語와 차이가 있음을 강조하고 당시의 文語 역시 口語인 漢兒言語를 바탕으로 형성되었음을 증명하였다. 李崇興(2001)과 李崇興 등(2011)에서는 元代의 규범적인 口語와 그를 바탕으로 한 文語를 반영하는 자료로써 규정하였으며, 梁伍鎭(2001, 2010)에서는 元代 漢語와 함께 近代 漢語의 言語 특징을 함께 가지고 있는 자료로 『孝經直解』와 『原本 老乞大』에 나타난 어휘적, 문법적 특징을 연구하였다.

를 '書, 詩, 四書, 魯齊大學, 直解小學, 成齊孝經[9], 少微通鑒, 前後漢, 吏學指南, 忠義直言, 童子習, 大元通制, 至正條格, 御制大誥, 朴通事, 老乞大, 事大文書謄錄, 制述奏本・啓本・咨本' 등으로 기재하였다.[10]

漢吏科의 取才書인 『孝經直解』와 『原本 老乞大』는 口語體 문헌으로 볼 수 있는바, 元代의 몽골인들이 漢語 固有의 文語인 文言을 해독하는 것에 어려움을 느껴 文言으로 쓰인 경전들을 당시의 口語로 飜譯講解한 直譯直講體의 言語로 기록된 문헌이기 때문이다. 『孝經直解』는 元 武宗 至大 元年(1308), 위구르인 漢學者인 貫雲石이 中國 古代의 儒教 思想을 著述한 『孝經』을 元代의 口語로 번역한 것이며, 『原本 老乞大』는 14세기 중엽, 高麗의 商人이 大都(現 北京)를 방문하고 돌아오는 旅程을 대화체로 저술한 내용의 저서로, 저자와 저술 時期가 미상인 高麗와 朝鮮 시대의 '北京 標準語 學習 會話 教材'이다. 『老乞大』는 『朴通事』와 더불어 장기간 高麗와 朝鮮의 漢語 회화 학습서의 역할을 했다. 그 중에서도 14세기에 편찬된 『原本 老乞大』는 『老乞大』 諸板本 중 가장 오래된 판본으로서 元代 漢語의 특징을 잘 反映하는 저서이다.

『孝經直解』와 『原本 老乞大』에 보이는 言語의 가장 두드러진 특징은 기존 漢語에 몽골어의 特質이 첨가된 혼합어의 성격을 가진다는 것이다. 언어유형론적으로 몽골어는 알타이어계에 속하는 膠着語이며, 漢語는 漢藏語에 속하는 孤立語로서 접미사의 사용, 동사와 목적어 간의 어순, 副動詞의 사용 등에서 차이를 보이는데 『孝經直解』와 『原本 老乞大』 등의 口語體 元代 漢語에서는 이러한 문법 범주의 차이를 나타내는 주요한 수단으로, 정통 漢語에 없는, 몽골어의 문법 요소를 漢語로써 차용하여 표시하였으며 어순에 있어서도 몽골어의 어순과 漢語의 어순이 혼재된 모습을 보인다. 본 절에서는 『孝經直解』와

9) 『孝經直解』를 말함.

10) 詳定所啓諸學取才經書諸藝數目: 儒學: 五經四書, 『通鑑』, 『宋鑑』. (중략) 漢吏學, 『書』, 『詩』, 四書, 『魯齋大學』, 『直解小學』, 『成齋孝經』, 『少微通鑑』, 前後漢『吏學指南』, 『忠義直言』, 『童子習』, 『大元通制』, 『至正條格』, 『御製大誥』, 『朴通事』, 『老乞大』, 『事大文書』, 『謄錄』. (중략) 譯學・漢訓, 『書』, 『詩』, 四書, 『直解大學』, 『直解小學』, 『孝經』, 『少微通鑑』, 前後漢『古今通略』, 『忠義直言』, 『童子習』, 『老乞大』, 『朴通事』, 漢語. 蒙訓, 『待漏院記』, 『貞觀政要』, 『老乞大』, 『孔夫子』 (하략) : (世宗 47卷, 12年(1430) 庚戌 / 명 선덕(宣德) 5年) 3月 18日(戊午) 2번째 기사)

『原本 老乞大』에 나타난 몽한 혼합어의 특징을 고찰해 보고자 한다.

1. 格 標識의 使用

膠着語인 알타이 諸語는 하나의 어간 뒤에 개별의 기능을 가지는 여러 문법 형태소들이 동시에 결합하는 특징을 가진다. 이러한 문법 형태소로는 체언에 후치하는 格 標識 등의 조사와 용언에 후치하는 활용 어미 등이 포함된다. 漢語는 접미사 등의 後置詞가 존재하지 않았었으나 近代 漢語 시기에 몇 가지 알타이 제어의 영향을 받은 後置詞가 발생하여 現代 漢語에까지 계승되었다. 예를 들면 現代 漢語에서 常用되는 명사와 인칭 대명사의 복수형을 나타내는 접미사 "每, 們, 懣" 등이 近代 漢語 시기에 발생한 後置詞이다. 몽골어에서 後置詞가 사용된 예를 보면, 『元朝秘史』(13세기)의 구절 중,

(1) 원문: 帖那 答忽宜 帖木眞 哈撤兒 別勒古臺 忽兒班 阿卜抽斡惕抽.
백화대역문: 那 襖子行 人名 人名 人名 三 將 着 去 着.(余志鴻(1987:16)에서 재인용)
현대역: 테무진 등 3인이 그 옷을 가지고 갔다.

에서 몽골어 原文의 "宜(-yi)"와 그에 해당하는 白話 對譯文의 "行"은 목적어에 후치하여 목적격을 표시하는 格 標識로 사용되었다. 정통 漢語에는 따로 格 標識가 없이 어순으로 격을 표시하며 기본적으로 前置詞 구조와 前, 後置詞가 혼합된 介詞 구조를 가진다.

元代 漢語에 나타나는 위와 같은 성분에 대하여 기존의 연구는 대부분 後置詞의 일종으로 보는 견해가 많았다. 余志鴻(1992, 1999), 江藍生(1998), 鄭光(2000, 2002, 2010)은 "呵, 上/上頭, 行, 根前/根底, 裏, 處"를 後置詞로 보고 그 의미에 대해 연구하였으며, 梁伍鎭(2000, 2008)과 祖生利(2000)는 後置詞의 格 標識로서의 역할에 대해 언급하였다. 『孝經直解』와 『原本 老乞大』에 나타난 格 標識로 사용된 後置詞는 크게 네 가지로 이러한 格 標識의 사용은 정통 漢語에서는 볼 수 없는 言語 현상이다.

1.1 裏

"裏"는 정통 漢語에서 안(內) 쪽의 방향을 나타내는 後置詞로서 元代 漢語에서도 방향을 나타내는 方位詞(Localizer)로서 자주 사용되었다. 格 標識로 사용된 "裏"에 대해 祖生利(2000)에서는 몽골 白話 碑文에서 "裏"가 위격(位格, locative), 구격(具格, instrumental), 소유격(所有格, genetive) 등으로 쓰인 예가 있다고 하였으며, 余志鴻(1992)은 "裏"를 동사의 대상을 표시하는 목적격의 의미에 가까운 後置詞로 보았다. "裏"는 漢語에서 안(內)을 나타내는 단어로 『孝經直解』와 『原本 老乞大』에서 안(內)쪽의 방향을 나타내는 기본적인 의미 이외에 구격으로 사용된 예를 볼 수 있다. 17세기에 편찬된 『老乞大 諺解』에서는 "-(으)로" 등으로 언해되었으며, 이는 몽골어의 구격을 나타내는 後置詞 "-ar/-gar, -bar/-ber, -iyar/-iyer"를 직역한 것이다(祖生利 2000: 39) 몽골어와 漢語 白話 對譯文으로 황제의 詔書 혹은 勅令 등을 석비에 새긴 白話碑文(1223~1366)의 구절을 보면 구격으로 사용된 "裏"의 예를 볼 수 있다.

(2) 몽골어 비문: sagimuni-yin mör-iyer dé ŋ ri -yi jalbari-ju,
직역문: 釋迦牟尼佛 的 道子 裏 天 根底 禱 告
백화대역문: 依着釋迦牟尼佛道子裏告天 (祖生利(2000: 40)에서 재인용)
현대역: 석가모니의 불도로써 하늘에 고하니

『孝經直解』와 『原本 老乞大』에 나타난 "裏"의 구격 용법의 예는 다음과 같다.

(3) ㄱ. 원문: 天下百姓都托着洪福裏行有. (『孝』)
현대역: 천하의 백성이 홍복으로 행하게 된다.
ㄴ. 원문: 你這般學漢兒文書呵, 是你自意裏學來那, 你的爺孃教你學來? (『老』)
언해: 漢ㅅ 글을 비홀 쟉시면, 이 네 ᄆᆞ음으로 비호ᄂᆞ다 네 어버이 널로 ᄒᆞ야 비호라 ᄒᆞᄂᆞ냐[11]

11) 본문에서 『原本 老乞大』의 현대역은 鄭光(2006)에서 '老乞大 언해' 부분을 따른 것이다. 이하 같음.

1.2 根底

“根底”는 정통 漢語 문헌에는 나타나지 않는바, 몽골어의 영향을 받은 後置詞이다. 이에 대해 余志鴻(1992)과 鄭光(2006)은 “根前/根底”를 장소를 표시하는 後置詞라고 하였다. 한편 梁伍鎭(2000)과 祖生利(2000)는 몽골 白話 碑文의 “根底/根的”의 용법으로 “-i/-yi”에 해당하는 목적격(目的格, accusative), 여격(與格, dative), “-aca/-ece, -ca/-ce, -daca/-dece”에 해당하는 탈격(奪格, ablative), “-u/-ü, -un/-ün, -yin”에 해당하는 소유격 등을 들었다.

山川英彦(1981)에 따르면『孝經直解』에 목적격의 格 標識 용법으로 쓰인 “根底”가 7군데 나타난다. 그 중에는 다음과 같이 한 문장에서 “根底”가 목적격(-을)과 여격(-께)의 두 가지 용법으로 사용된 것도 있다.

(4) 원문: 母親根底愛的心, 官里根底敬的心, 這兩件兒父親根底都有着[12] (『孝』)
현대역: 어머니를 사랑하는 마음과 임금을 존경하는 마음, 아버지께 이 두 가지를 모두 갖추고 있어야 한다.

『孝經直解』와『原本　老乞大』에서는 또한 “根底”가 여격으로 쓰인 예를 볼 수 있다. 이는 몽골어의 여격과 위격을 나타내는 후치 성분인 “-da/-de, -a/-e, -dur”의 직역체이다(祖生利 2000: 40).『老乞大 언해』에서는 “-씌”, “-의게” 등으로 언해되었다.

(5) ㄱ. 원문: 將這兩件兒先父母根底行呵.(『孝』)
현대역: 이 두 가지를 먼저 부모에게 행하면,
ㄴ. 원문: 明日病痾了時, 大醫根底重重的酬謝也.(『老』)
언해: 닉일 병이 다 됴커든, 太醫씌 만히 은혜 갑파 샤례호리라.

1.3 行

余志鴻(1992)은 “行”이 장소를 표시한다고 하였으며,『元朝秘史』의 구절을 보면 다음과 같다.

12) 山川英彦(1981),「孝經直解 語法 札記」, <神戶外大 論叢>, 32券, 3號 (余志鴻(1992),「元代漢語的後置詞系統」, <民族語文>, 第3期.에서 재인용.)

(6) 원문: eme köün min-u qan ecige-tür büy.
직역문: 妻 子 我 的 皇帝 不 行 有
백화대역문: 我的妻子見在皇帝父親處有.
현대역: 나의 처가 지금 황제의 부친이 있는 곳에 있다.

장소를 표현하는 "行"의 용법 외에, 李崇興 등(2011)은 직역체 문헌에 나타난 "行"이 여격과 위격을 표시한다고 하였다. 元代의 법령을 기록한 문서인『元典章』의 예를 보면,

(7) 원문: 俺行與將文書來有.[13] (『元典章・刑部』)
현대역: 나에게 문서를 가지고 오라.

"行"은 몽골어의 後置詞 "-dür/-tür, -da/-de, -a/-e" 등의 직역체인데(cf. 祖生利 2000: 43) 『孝經直解』에서는 後置詞로서의 예를 볼 수 없고, 『原本老乞大』에서 여격과 탈격으로 사용된 예를 볼 수 있다. 『老乞大 언해』에서는 "-씌", "-욃픠셔" 등으로 언해되었다.

(8) ㄱ. 원문: 師傅行受了生文書.(『老』)
언해: 스승님씌 글 빅호고
ㄴ. 원문: 每日學長將那頑學生師傅行呈著,(『老』)
언해: 每日 學長이 뎌 ᄀ래ᄂᆞᆫ 學生을다가 스승씌 ᄉᆞᆲ고 그리 티되

1.4 上/上頭

元代 漢語의 문헌에서 "上"은 "(因此)......上"과 같이 인과 관계를 나타내는 용법으로 많이 연구되었다(余志鴻, 1992, 鄭光, 2000, 2002, 2006, 2010, 梁伍鎭, 2008, 2010 등). 江藍生(1998)은 近代 漢語에 나타난 介詞 節(PP)과 동사와의 어순을 정통 漢語와 몽골어의 영향을 받은 구문으로 나누어 설명하면서 元代 漢語에 나타난 後置詞 "行"과 "上"을 同源語(paronym)로 보았고 余志鴻(1992)과 祖生利(2000)는 元代 漢語에서 "行"과 "上"이 格 標識로 쓰일 때 용법이

13) 李崇興 외 2人(2011), 『元典章・刑部 語法研究』, 上海教育出版社 p.263 참조.

같다고 보았는데, 『原本 老乞大』에서는 기존 연구에서 보였던 "行"과 다른 특수한 용법으로 탈격과 유사하나 소유격 표지로 사용된 "上"의 예를 볼 수 있다. 『老乞大 언해』에서는 탈격을 직역한 "-의게 난", "-에" 등으로 언해되었다.

(9) 원문: 你是姑舅兄弟, 誰是舅舅上孩兒, 誰是姑姑上孩兒?(『老』)
언해: 네 이 姑舅의게 난 弟兄이어니, 누구ᄂᆞᆫ 어믜 오라븨게 난(-의) ᄌᆞ식이며,
누구ᄂᆞᆫ 아븨 누의게 난(-의) ᄌᆞ식고

2. 有字 句文의 特性

중세 몽골어에서 자주 사용되는 조동사는 "a-/bü-(-이 있다, -이다), bol-(-이 되다, -이다), ög-(주다), ab-(원하다), bayi-(서다, 있다)" 등인데(祖生利 2000: 79), 이 중 漢語의 "有"에 해당하는 몽골어의 조동사는 "a-/bü-(-이 있다, -이다)"로서 『孝經直解』와 『原本 老乞大』에서 광범위하게 사용되었다. 元代 漢語의 有字 句文에 대해 入矢義高(1973)은 "문미에 첨가되어 확정적 의미를 나타낸다."고 하였고(鄭光 2006에서 재인용), 太田辰夫(1953, 1991)는 "실제적인 의미가 없는 문장의 완결을 나타내는 어기 조사"라고 하였다. 李崇興(2001)은 有字 句文을 판단문과 시제를 표현하는 구문의 두 가지로 나누었으며, 梁伍鎭(2008)에서는 有字 句文의 어순에 대해 연구하였고, 鄭光(2006, 2010)은 문장 종결 어미로서의 有字와 有字 句文이 과거에서부터 현재까지 지속되는 시제를 표현한다는 余志鴻(1998)의 연구를 소개하였다. 李崇興 등(2009, 2011)에서는 문미의 有字가 평서문을 나타내며 또한 현재와 미래의 시제를 표시한다고 하였다.

崔世珍의 『老朴集覽』(1517), "漢兒人有"의 설명에서 "元時語必於言終用有字 如語助而實非語助 今俗不用. (元代語에서는 반드시 말이 끝나는 곳에 '有'자를 사용하는데 어조사인 듯하나 실은 어조사가 아니다. 지금은 세간에서 사용하지 않고 있다)"고 하였는데(鄭光 2006), 이는 元代 漢語의 문미에 위치하는 有字의 용법에 대해 포괄적으로 잘 설명해 주고 있다. 『孝經直解』와 『原本 老乞大』에 나타난 有字 句文은 소유와 존재의 의미를 나타내는 有字와 판단문에서 "-이다"의 의미를 나타내는 有字, 문장 종결 어미로서 판단, 강조, 청유

의 의미를 나타내는 有字로 나뉜다. 有字가 현재, 미래, 과거의 시제를 나타낸다는 기존의 연구는 有字가 모두 다른 시제를 표시하는 문장 성분과 결합했을 때에 한하며 실제로 시제를 표시하는 것은 有字와 결합된 다른 성분이며 有字는 시제를 표현하는 것과 상관없이 화용 적으로 판단, 강조, 청유 등의 의미를 표현하는 것으로 보인다. 『孝經直解』와 『原本 老乞大』에 나타난 有字 句文의 특성은 다음과 같다.

2.1 有字 句文의 어순적 특징

몽골어 등의 알타이 제어는 술어가 목적어 뒤에 후치하는 VO 어순을 가지며 문장의 기본 구성은 주어, 목적어, 술어의 순인 반면 漢語는 전통적으로 VO 어순을 가진다. 『孝經直解』와 『原本 老乞大』에는 有字와 목적어의 어순에서 VO 어순으로 漢語의 특징을 반영하는 예(10)와 OV 어순으로 몽골어의 특징을 반영하는 예(11), 그리고 漢語와 몽골어의 특징이 혼합된 예(12)가 보인다.

2.1.1 동사가 목적어에 전치하는 漢語의 특성을 가진 有字 句文

(10) ㄱ. 원문: 聖人有大德行呵,(『孝』)
현대역: 성인은 큰 덕행을 가지고 있으니,
ㄴ. 원문: 有什麽難處?(『老』)
언해: 므슴 어려온 고디 이시리오

2.1.2 목적어가 동사에 전치하는 몽골어의 특성을 가진 有字 句文

(11) ㄱ. 원문: 侍養呵, 歡喜的心有著.(『孝』)
현대역: 부모를 봉양할 때는 기뻐하는 마음이 있어야 한다.
ㄴ. 원문: 爲什麽這般的歹人有?(『老』)
언해: 엇디ᄒᆞ야 이런 사오나온 사ᄅᆞᆷ이 잇ᄂᆞᆫ고

2.1.3 漢語와 몽골어의 어순이 혼합된 有字 句文

(12) ㄱ. 원문: 在下的作亂呵, 有罪過有.(『孝』)
현대역: 아랫 사람으로서 잘 못 하게 되면 죄가 있게 된다.
ㄴ. 원문: 俺一等不慣的人根底, 多有過瞞有.(『老』)
언해: 우리 흔 가지 닉디 못흔 사롬의게 만히 소기느니(속이는 것이 있으니)

2.2 是와 더불어 판단 문을 이루는 有字 句文

정통 漢語에서 판단 문을 표시하는 繫辭(copula) "是"와 함께 문미에 有字를 첨가하여 "-이다"라는 의미의 판단 문을 구성하며 漢語와 몽골어의 혼합형 구조를 보이는 구문이다.

(13) ㄱ. 원문: 阿的是天子行孝的勾當有.(『孝』)
현대역: 이것이 천자가 효를 행하는 것이다.
ㄴ. 원문: 是漢兒人有.(『老』)
언해: 이 漢ㅅ 사롬이라

2.3 문장 종결 어미로 판단과 강조를 나타내는 有字 句文

有字가 문미에 위치하여 계사 없이 단독으로 판단 문을 구성하거나 특별한 의미 없이 문장의 의미를 강조하는 구문이다.

(14) ㄱ. 원문: 順治天下百姓有.(『孝』)
현대역: 천하의 백성을 다스리는 것이다.
ㄴ. 원문: 恁是高麗人, 却怎麽漢兒言語説的好有?(『老』)
언해: 너는 高麗ㅅ 사롬이어니 또 엇디 漢語 니롬을 잘 흐느뇨

2.4 문장 종결 어미로 청유를 나타내는 有字 句文

『孝經直解』에 자주 보이는 특수한 용법으로 有字가 문미에 첨가되어 청유형 어미로 사용되는 예이다.

(15) ㄱ. 원문: 把祖上祭奠呵不枉了有.(『孝』)

현대역: 조상의 제사를 거스르지 말아야 한다.
ㄴ. 원문: 也不肯將別人來小看有.(『孝』)
현대역: 다른 사람을 업신여기지 않아야 한다.

3. 者/著/着字 句文의 特性

"者", "著", "着"은 漢語에서 類音語로서 古代로부터 혼용되는 경향을 보였다. 조사로서의 "者", "著", "着"에 대한 연구로 太田辰夫(1953)은 "著"와 "着"이 동사 뒤에 결합하여 "V+著/着" 형태의 복합 동사의 단계를 거쳐 조사로 문법화 되었다고 하였으며, 吳福祥(1997)은 정통 漢語에서 "附着"의 의미를 가진 동사 "著"와 "着"이 당 시기에 동작의 지속, 진행, 완료를 표시하는 조사로 문법화 되었다고 하였다. 吳福祥(1997)의 예문을 보면, 唐 전기의 문헌인 『遊仙窟』에서는 "把"와 결합하여 복합동사로 쓰인 "着"(16-ㄱ)이 당 후기의 문헌 『敦煌變文集』에서 동작 혹은 상태의 지속을 나타내는 조사(16-ㄴ)로 쓰인 예를 볼 수 있다(吳福祥 외 1인 1997: 574).

(16) ㄱ. 원문: 余時把着手子, 忍心不得.(『遊仙窟』)
현대역: 그 때 손을 잡은 채 마음을 가누지 못하였더니.
ㄴ. 원문: 見他宅舍鮮淨, 便卽兀自占着.(『敦煌變文集』)
현대역: 그 집이 정갈한 것을 보고 그대로 머물렀다.

또한 唐詩인 白居易(772~846)의 「題遺愛寺前溪松」에서 동작의 진행을 나타내는 복합 동사(17-ㄱ)가 『敦煌變文集』에서 동작의 진행을 나타내는 조사(17-ㄴ)로 문법화 된 예를 볼 수 있다.

(17) ㄱ. 원문: 棟梁君莫采, 留着伴幽栖(白居易「題遺愛寺前溪松」)
현대역: 동량은 베지 마시오, 그대로 두어 그 그늘에서 쉴 수 있으리니.
ㄴ. 원문: 皇帝忽然賜匹馬, 交臣騎着滿京夸,(『敦煌變文集』)
현대역: 황제가 돌연 한 필의 말을 하사하여 신으로 하여금 장안을 돌며 자랑하게 하시니.

마지막으로 唐詩인 岑參(715~770)의 「醉戲竇子美人」에서는 동작의 완성을 나타내는 복합 동사(18-ㄱ)가 『敦煌變文集』에서 동작의 완성을 나타내는 조사(18-ㄴ)로 문법화 된 예를 볼 수 있다.

(18) ㄱ. 원문: 細看只似陽台女, 醉着莫許歸巫山.(岑參 「醉戲竇子美人」)
현대역: 자세히 보니 미인이 巫山 神女를 몹시 닮았기에, 취하여 그 녀를 巫山으로 돌아가지 못하게 하였더라.
ㄴ. 원문: 莫爲此女損著府君姓命, 累及天曹!(『敦煌變文集』)
현대역: 부디 이 여인으로 인하여 님의 생명과 하늘의 뜻을 거스르지 말 것이라.

唐 이후 "着"의 위의 세 가지 조사 용법 중, 진행과 완료를 표시하는 용법은 점차 사라지고 동작과 상태의 지속을 나타내는 용법은 증가하여 現代 漢語의 조사로 자리 잡게 되었다.

어미로서의 "者", "著", "着"에 대한 연구로는 孫錫信(1991)의 연구에서 "者"가 先秦 兩漢 시대부터 인칭 대명사에서, 가설, 추측, 의문을 나타내는 어미로 문법하였고 "者"와 "著"는 唐 五代 시기에 가설 休止, 명령, 청유를 나타내었으며 "者"와 "着"이 宋元 시기에 명령을 나타내는 어미로 常用되었다고 하였다. 孫錫信(1991)의 예문을 보면 14세기 초엽의 元 雜劇에서,

(19) 원문: 左右, 接了馬者!(『元刊・藿光鬼諫』)
현대역: 모두 나와 말을 맞으라!

와 같이 명령 혹은 청유를 나타내었다. 梁伍鎭(2008, 2010)에서는 "着"의 동사적 용법을 "-로 하여금 하도록 하다", "두다", "적중하다", "옷을 입다" 등으로 소개하였으며 사역의 의미로 "教", "讓", "使"와 같은 의미로 사용되었다고 하였고 동작 혹은 상태 지속을 표시한다고 하였다. 또한 권유, 명령을 나타내는 종결 어미로 쓰일 때 『老乞大』의 諸板本에서 "者"에서 "着"으로 변화하는 것을 지적하였다. 李崇興 등(2009, 2011)에서는 "者"를 청유형 어미로 "着"을

동작의 지속과 구격을 나타내는 조사로 설명하였다. 李崇興 등(2009)에 의하면 중세 몽골어는 동사에 후치하는 副動詞(converb)가 발달한 言語로 元代 漢語는 그 영향을 받아 "方式"을 나타내는 "着"의 용법이 출현하였다고 하였다. 다음의 몽골어 白話 碑文에는 副動詞인 "着"의 용법(-거나, -하지)과 청유형 어미인 "者"(-라)가 한 문장 안에 나타나 있다(李崇興 외 2人 2009: 197).

(20) 원문: k′ed k′ed ber bol-ǰu buli-ǰu t′at′a-ǰu bu ′ab-t′uGayi.
직역문: 任誰　也　做 着 奪 着 扯拽 着 不 要　者
백화 대역문: 不揀阿誰休扯拽奪要者.
현대역: 누구를 막론하고 (남을) 붙잡거나 약탈하지 말라.

이와 같이 알타이 제어인 몽골어와 漢語의 또 하나의 큰 차이는 몽골어 등은 동사가 연접할 때 副動詞의 형태로 연접되는 반면 漢語는 여러 개의 동사가 형태의 변화 없이 그대로 연접된다. 알타이 제어의 副動詞는 동사 간의 단순 접속부터 보문화, 부정법, 시제, 상 등을 표현하는 문법적 수단인데 漢語에는 동사의 문법 범주에 시제, 수량 등의 변형이나 활용이 없었다. 몽골어는 원문과 직역 문에 나타난 것처럼 몽골어에서 하나 이상의 正動詞가 연접될 때, 副動詞인 "着"으로 연결이 되어야 한다. 그러나 漢語인 白話 碑文에서는 정통 漢語의 특성에 따라 동사가 다른 연접 수단 없이 직접 연접되므로 직역체 문헌에서 "者", "著", "着"이 대량 사용되었으며, 『孝經直解』와 『原本 老乞大』에 나타난 "者", "著", "着"의 용법은 다음 네 가지로 나눌 수 있다.

3.1 동작 혹은 상태의 지속을 표시하는 "者"와 "著"

동작 혹은 상태의 지속을 표시하는 "者"와 "著"은 몽골어에서 동사의 병렬 연접을 나타내는 '-ju/-ǰu'와 '-cu/-ču'의 직역체 용법을 표현하기 위해 정통 漢語에서 동작과 상태의 지속을 표시하는 조사인 "者"와 "著"를 차용하여 표현한 것으로 몽골어와 漢語의 혼합형 문법 구조라고 할 수 있다.

(21) ㄱ. 원문: 存著自家愛父母的心呵,(『孝』)

현대역: 자신의 부모를 사랑하는 마음을 가지고 있으면,
ㄴ. 원문: 俺秤放著印子裏, 誰敢使私秤?(『老』)
언해: 내하는 구윗 저울이라 인 텻ᄂᆞ니 뉘 감히 아름 저울 쓰리오

3.2 副動詞 "者"와 "著"

副動詞는 몽골어 등 알타이 제어에 나타나는 동사 등 용언의 종속적 연결어미와 부사형 전성 어미가 포함된 용언의 활용어미이다. 副動詞 용법으로 쓰인 "者"와 "著"은 동작과 상태의 지속의 용법으로부터 문법화한 용법으로서 두 正動詞를 연결하여 전치하는 正動詞가 후치하는 正動詞에 대한 '-하고', '-하며' 등의 방식(manner), '-하므로 등의 '원인(cause), '-하면' 등의 조건(condition) 등의 문법 의미를 가진다. 『孝經直解』에서는 이와 같은 副動詞로서의 용법을 볼 수 없으나 『原本 老乞大』에는 副動詞 용법의 "者"와 "著"의 예를 볼 수 있다. (22)는 "著"가 동작의 방식을 나타내는 副動詞의 용법으로 쓰인 예이다.

(22) 원문: 休那般說, 偏俺出外呵, 頂著房子行那?(『老』)
언해: 그리 니ᄅᆞ디 말라 독별이 내라 외방의 나가면 집을 이고 ᄃᆞ니랴

3.3 청유형 어미 "者"와 "着"

청유형 어미 "者"와 "着"은 『孝經直解』와 『原本 老乞大』에서 광범위하게 사용된 용법으로 1인칭 주어에 대한 염원을 나타내는 몽골어의 어미 "-suqai/-sükei", "-su/-sü", "-ya/-ye", 2인칭 주어에 대한 명령, 청유를 나타내는 "-dqun/-dkün", 3인칭 주어에 대한 희망을 나타내는 "-tuqai/-tükei"의 직역체이다.

(23) ㄱ. 원문: 身體, 頭髮, 皮膚從父母生的, 好生愛惜者.(『孝』)
현대역: 신체, 두발, 피부는 부모에게서 받은 것이니 소중히 여겨야 한다.
ㄴ. 원문: 罷罷, 咱側依牙人的言語成了者.(『老』)
언해: 두워 두워 우리 그저 즐음의 말대로 ᄆᆞᆺ초미 ᄆᆞ던ᄒᆞ다

3.4 유사 피동 표지 "著"와 "着"

『孝經直解』와 『原本 老乞大』에는 "著"와 "着"이 명사 앞에서 피동, 사역 등을 나타내는 표지로 쓰이는 경우를 볼 수 있다. 그러나 이는 정통 漢語의 피동문을 나타내는 被字 구문과 의미에서 조금 상이하며 主體의 주관성과 적극성이 결여된 허락의 의미를 나타낸다. 元代 漢語에서 정통 漢語와 같이 被字句 피동문을 사용한 『元典章』(1321)의 예문을 보면,

(24) 원문: 被夫就屋內捉獲.(『元典章・刑部』)
현대역: 집안에서 남편에게 잡혔다.

으로 被字句 피동문에서는 주체인 "남편"의 적극적인 의사가 반영된 피동문을 이룬다. 다음은 『孝經直解』와 『原本 老乞大』에 나타난 "著"와 "着"이 유사 피동 표지로 쓰인 예로 주체인 "후세"와 "즐음"의 적극적인 주관성이 개입되지 않은 구문이다.

(25) ㄱ. 원문: 留得好名廳, 著後人知道呵,(『孝』)
현대역: 명성을 남겨 후세에게 알려지면,
ㄴ. 원문: 著牙人先檢了.(『老』)
언해: 즐음으로 몬져 뵈라

4. 조사와 주제 표지의 "呵"

元代 白話 碑文에 나타난 "呵"의 용법을 보면,

(26) 원문: yosu 'ügėun 'üėles 'üėledu-esu, 'üluu 'ayuGun mud.
직역문: 道理 無的 事 做 呵 不 怕 他門
백화 대역문: 無體禮勾當做呵, 不怕那甚麽?(李崇興 외 2人(2011: 332)에서 재인용)
현대역: 도리에 맞지 않은 일을 하면, 두렵지 않겠느냐?

에서처럼 "-하면"의 가정의 의미를 나타내는데, 이는 몽골어인 "-asu/-esü",

"-basu/-besü"에 대응하는 것이다.

정통 漢語에서 가정을 나타내는 구문은 전치 접속사와 後置詞가 결합된 형태로 나타난다. 기원전 6세기 경 쓰인 『國語』에 나타난 예를 보면 접속사인 "若(만약-)"과 後置詞인 "者(-하면)"가 호응하여 가정 혹은 가설을 나타내는 문장을 이룬다.

(27) 원문: 若必治國家者, 則非臣之所能也.(『國語』)
현대역: 만약 필히 나라를 다스려야 한다면 그것은 신이 할 수 있는 바가 아니옵니다.

이후 漢語史에서 전치 접속사인 "若, 使, 而, 如" 등만으로 가정을 나타내거나 後置詞인 "者, 也" 등만으로 가정을 나타내기도 하였다. 後置詞 "者, 也"는 후에 "時"로 대체되는데, 서기 952년에 편찬된 『祖堂集』과 978년에 편찬된 『太平廣記』에 가정을 나타내는 後置詞 "者"와 "時"의 예문을 볼 수 있다.

(28) ㄱ. 원문: 不然者, 何亡之速也?(『太平廣記』, 「濁川士傳」)
현대역: 그렇지 아니하면 어찌 그리 일찍 돌아갔겠느냐?
ㄴ. 원문: 有佛則供養, 未有佛時供養什摩人?(『祖堂集』)
현대역: 부처가 계실 때는 부처를 공양하지만 부처가 계시지 않으면 누구를 공양해야 합니까?

또 11세기에 쓰여진 歐陽脩(1007~1072)의 詞를 보면,

(29) 원문: 更問假如事還成後, 亂了云鬢, 被孃猜破.(歐陽脩「醉蓬萊」 詞)
현대역: 다시 묻기를, 만약 일을 치르고 나면, 머리칼이 흩어질 것이니 어머니께 발각될 것이다.

에서와 같이 "後"가 가정의 표지로 쓰인 것을 볼 수 있는데, 江藍生(2002)에 의하면 시간을 나타내는 "時"와 "後"가 비슷한 경로로 문법화하여 시간의 의미를 잃고 가정을 나타내는 조사로, 다시 가정의 의미가 없는 주제 표지로 사

용되었다고 하였다. 이 중 "後"가 宋元 시기에 발음이 비슷한 "呵[xo/xə]"에 의해 대체되었다고 하였는데 "呵"의 용법에 대해 太田辰夫(1958)는 "呵"가 송대에 출현하여 청유, 명령, 의문, 추측, 감탄, 休止 등을 나타내는 조사로 쓰였다고 하였다. 江藍生(2002)은 가정을 나타내는 "呵"가 元代에 출현하여 "後", "時"와 병용되었다고 하였다. 이러한 가정문 혹은 주제 표지 "呵"는 宋元 시기에 常用되다가 점차 "時"로 대체된다. 시기적으로 『孝經直解』와 『原本 老乞大』와 멀지 않은 명초기에 편찬된 정통 漢語 口語體 公訴 기록인 『逆臣錄』(1393)을 보면 "呵"를 대신하여 "時"가 대량 사용된 것을 볼 수 있다.

(30) ㄱ. 원문: 你每肯從我時便好, 若不肯時, 久後壞了你.(『逆臣錄』)
현대역: 너희가 나를 따르는 것이 좋을 것이다. 만약 따르지 않는다면 죽임을 당할 것이다.
ㄴ. 원문: 如今要謀件大事, 若成時擡擧你做大官人.(『逆臣錄』)w
현대역: 요사이 큰 일을 도모하고 있으니 만약 성공한다면 너에게 큰 관직을 내릴 것이다.

『孝經直解』와 『原本 老乞大』에서는 "呵"가 전형적인 주제 표지의 용법으로 쓰여, "呵"의 주제 표지로서의 용법이 확립되어 있는 것으로 보인다. 예를 들어 『原本 老乞大』 중에서,

(31) 원문: 吃飯呵, 揀口兒吃. 淸早起來, 梳頭洗面了, 先吃些個醒酒湯, 或是些点心, 然後打餠熬羊肉, 或白煮著羊腰節胸子.(『老』)
언해: 밥 먹글 제는 입에 먹검즉흔 거슬 골히여 먹더라 일른 아추믜 니러나 머리 빗고 ᄂᆞᆾ 싯고 몬져 술ᄭᆡ오는 탕을 먹고 혹 효근 상화 먹고 후에 썩 밍글며 羊肉 고으며 혹 민믈에 양의 존등과 가슴을 술마 먹고

에서 "呵"가 주제인 "吃飯"에 후치하며 뒤따르는 "吃飯"에 대한 설명인 평언을 이끄는 용법으로 쓰였다.

Haiman(1978)에 의하면 명사절(NPs)를 이끄는 가정의 표지(conditional marker)는 많은 言語에서 의문을 나타내는 표지, 주제 표지와 同形으로 사용

되거나 호환이 가능하다고 하였다. 이러한 표지는 가정, 조건, 의문, 주제를 나타내며, 의미적으로 가정, 조건 등을 나타내기 위해 문두에 위치한다. 또한 주제 표지가 이끄는 명사절은 기지 정보를 포함하고 있고 그 다음에 오는 담화 맥락에 대한 틀(frame)을 제공한다. 『孝經直解』와 『原本 老乞大』에 나타난 "呵"의 용법을 보면 명사절을 이끄는 "呵"는 주제 표지로, 비명사절을 이끄는 "呵"는 접속 기능을 나타내는 조사로 쓰인 것으로 보인다. 그 외에 문장의 종결을 나타내는 어미로 쓰인 예가 소량 존재한다. 다음은 각각의 예를 살펴보기로 한다.

4.1 접속 기능을 나타내는 조사로 사용된 "呵"

『孝經直解』와 『原本 老乞大』에서는 "呵"가 대량 사용되었는데, 그 중 명사절 이외에 후치하여 접속 기능을 나타내는 조사적 용법 또한 광범위하게 사용된 것을 볼 수 있다. 여기에는 동사절(VPs)과 개사절(PPs)이 포함된다. 접속 기능을 나타내는 조사는 의미에 따라 조건, 가정, 순접, 양보, 인과 등의 관계로 분류할 수 있다.

4.1.1 가정과 조건을 표시하는 조사 "呵"

조사 "呵"의 가장 기본이 되는 용법으로 전치 절이 후치절의 가정과 조건의 의미를 표시한다. "呵"가 단독으로 가정 혹은 조건을 나타내거나 다른 접속 조사 "若" 등과 호응하여 가정의 의미를 나타낸다. 조사가 이끄는 전치 절은 동사 절이 대다수이며 (32-ㄱ)과 같은 개사절의 예를 소량 볼 수 있다.

(32) ㄱ. 원문: 在衆人中呵, 不敢爭鬭.(『孝』)
현대역: 많은 사람 들과 있을 때, 다투지 아니하며.
ㄴ. 원문: 若過去了呵, 那壁有二十里地, 無人家.(『老』)
언해: ᄒᆞ다가 디나가면 뎌 편 二十里 짜히 人家ㅣ 업스니라

4.1.2 순접을 나타내는 조사 "呵"

『孝經直解』와 『原本 老乞大』에서는 조사 "呵"가 특별한 의미 없이 두 절을

연결하는 순접의 기능을 가진 예로 사용된 것을 볼 수 있다.

(33) ㄱ. 원문: 自家的身起謹愼少使用了呵, 孝養父母着.(『孝』)
현대역: 자신의 행동을 삼가고 아껴 쓰며, 부모를 봉양하는 것이......
ㄴ. 원문: 那賊將那人的纏帶解下來看呵, 却是紙, 就那裏撇下走了.(『老』)
언해: 그 도적이 그 사름의 젼대 가져다가 글러 보니 또 죠히매 즉제 게셔 ㅂ리고 ㄷ라나니

4.1.3 讓步를 나타내는 조사 "呵"

조사 "呵"는 단독으로, 혹은 양보를 나타내는 "雖", "雖然" 등과 호응하여 양보 절을 나타내기도 한다.

(34) ㄱ. 원문: 雖恁地呵, 也是不孝順的一般.(『孝』)
현대역: 비록 그것을 따르더라도 불효한 것과 마찬가지가 된다.
ㄴ. 원문: 使呵使了我的錢, 壞呵壞了我的家私, 干恁甚麽事?(『老』)
언해: 뻐도 내 쳔을 쓰고 히여ㅂ려도 내 짓 거슬 히여ㅂ리ㄴ니 네게 므슴 일이 브트뇨

4.1.4 原因을 나타내는 조사 "呵"

원인을 나타내는 "呵"는 그 예가 적으며, 원인을 나타내는 "因" 등과 호응하여 쓰인다.

(35) 원문: 因這般呵, 聖人行的教道政事不須嚴肅呵自家成有.(『孝』)
현대역: 이러하므로 성인의 가르침은 엄격하지 않고도 이루어지며,

4.2 주제 표지로 쓰인 "呵"

『孝經直解』와 『原本 老乞大』에서 주제 표지로 쓰인 "呵"는 명사절(NPs)에 후치하여 명사절이 주제임을 표시하는 동시에 절 사이의 休止의 역할을 하면서 후치하는 평언과 주제를 연결한다. 『老乞大 언해』에서는 현대 국어의 주제 표지와 같이 "-은" 등으로 언해되었다.

4.2.1 목적어 引上 주제 표지 "呵"

담화에서 주제를 표시할 때 가장 보편적으로 사용되는 용법으로 구문의 목적어를 문두로 이동하여 주제를 표시하는 방법이 있다. 이는 다른 많은 言語들에서도 이용되는 주제 표시 전략이다. (36-ㄱ)에서는 동사 "枉(소홀히 하다)"의 목적어인 "祖先祭祀(조상에 대한 제사)"가 문두의 주어 위치로 引上 이동되었고 특히 고대 한어에서 "잡다"의 뜻을 가진 동사였다가 근대 한어 시기에 목적어를 引上하는 용법을 가진 개사로 문법화한 "把"가 주제 표지 "呵"와 호응하여 목적어 引上의 주제를 표시하였다.

(36) ㄱ. 원문: 把祖先祭祀呵, 也不枉了.(『孝』)
현대역: 조상의 제사도 소홀히 하지 말며,
ㄴ. 원문: 官分呵沒, 宜做賣買, 出入通達.(『老』)
언해: 官星이 업스니 오직 買賣ᄒᆞ기 맛당ᄒᆞ고 츄입이 통달ᄒᆞ다

4.2.2 목적어가 이동되지 않은 原型의 주제 표지 "呵"

중국어는 언어유형론적으로 "주제 현저형(Topic-prominent)" 언어로 분류되며, 이는 중국어와 국어의 공통점이기도 하다.(Sohn, 1981) 주제 현저형 언어는 목적어 외에 다른 대부분의 문장 성분이 품사와 관계없이 주제가 될 수 있으며, 또한 문장 성분 외에 평언의 어느 위치에도 속하지 않는 독립 발생적인 原型의 주제를 가지는 것을 특징으로 한다. 그 외에 주제 현저형 언어는 주어 현저형(Subject-prominent) 언어에서는 볼 수 없는 동일성 주제와 분열식 주제를 가진다. 동일성 주제는 평언의 한 성분이 주제와 공유되는 일종의 複製式 주제 전략이며, 분열식 주제는 주제의 일부가 평언의 한 성분으로 분열되는 특징을 가지는데,(徐烈炯 외 1인, 1998, 2007) 이러한 주제 현저형 언어의 예를 『原本 老乞大』에서 적지 않게 볼 수 있다. 다음은 『孝經直解』와 『原本 老乞大』에 나타난 목적어가 이동되지 않은 原型 주제 표지 "呵"의 예(37-ㄱ, 37-ㄴ)이다. (37-ㄷ)에서는 주제인 "鈔(돈)"이 평언의 한 성분인 직접 목적어와 공유된 주제문이다.

(37) ㄱ. 원문: 這兩件兒勾當的呵, 富貴常常的有.(『孝』)
현대역: 이 두 가지이면, 존귀함과 재부를 항상 지킬 수 있을 것이다.
ㄴ. 원문: 茶飯呵, 俺店裏小主人家, 新近出去了, 委實無人打火.(『老』)
언해: 음식은 우리 뎜에 집사룸이 요ᄉᆞ이 나가시니 진실로 달홀 사룸이 업ᄉᆞ니
ㄷ. 원문: 鈔呵, 與你好鈔, 買行貨的那里將便與鈔里.(『老』)
언해: 은은 너를 됴흔 이를 주려니와 황호 사는 이 어듸 왐픠셔 즉제 은을 주리오

4.3 종결 어미로 쓰인 "呵"

이상의 조사와 주제 표지의 "呵" 외에 문장의 종결을 나타내는 예가 있다. (38-ㄱ)은 "呵"가 문장 종결 어미로 쓰였으며, (38-ㄴ)의 "呵"는 계사 "是"와 함께 의문 표지로 기능하고 있다.

(38) ㄱ. 원문: 好的君子人, 教人有禮呵.(『孝』)
현대역: 군자는 백성들에게 예의를 갖추게 한다.
ㄴ. 원문: 不爭你這般胡索價錢, 怎生的還呵是?(『老』)
언해: 네 이리 간대로 갑슬 바드려 말라 엇디 너를 주어야 올ᄒᆞ료

5. 疑問文

중국어의 의문문은 古代로부터 의문 대명사와 의문 조사를 첨가하여 이루어졌다. 기원전 5세기~1세기경에 편찬된 『論語』, 『孟子』, 『戰國策』에 나타난 의문문의 예를 보면 다음과 같다.

(39) ㄱ. 원문: 仁以爲己任, 不亦重乎?(『論語』)
현대역: 인치를 행하는 것을 스스로의 책임으로 여긴다면, 이러한 책임은 어찌 무겁지 않겠습니까?
ㄴ. 원문: 天下惡乎定?(『孟子·梁惠王 上篇』)
현대역: 어찌 천하가 안정될 수 있습니까?
ㄷ. 원문: 吾孰與徐公美?(『戰國策·齊策』)
현대역: 나와 서공 중에 누가 더 아름답습니까?

이와 같이 古代 漢語의 의문 대명사로는 "누구"라는 뜻의 "誰", "孰", "무엇"의 "何", "乎", "曷", "어디"의 "安", "惡", "焉" 등이, 의문 조사로는 "乎", "耶", "諸" 등이 사용되었는데, 近代 漢語 시기에 새로운 의문 대명사와 의문 조사가 출현하였다. 近代 漢語 시기에 출현한 의문 대명사로는 "那(哪)", "甚麽", "怎麽" 등이 있으며 의문 조사로는 "嗎", "嘛", "呢" 등이 있다. 이러한 近代 漢語의 의문사의 용법은 現代 漢語와 같으며 現代 漢語의 의문사가 사용된 의문문은 近代 漢語 시기에 대부분 그 형태가 정립되었다고 할 수 있다. 『孝經直解』와 『原本 老乞大』에서 의문 대명사와 의문 조사를 사용한 의문문은 다음과 같다.

5.1 **疑問詞**를 사용한 **疑問文**

5.1.1 **疑問 代名詞**를 사용한 **疑問文**

『孝經直解』와 『原本 老乞大』에 사용된 疑問 代名詞로는 "무엇"을 뜻하는 "甚", "甚麽", "어떻게"의 뜻의 "怎", "怎生", "怎麽", "어디"의 뜻인 "那里(哪里)" 등이 있다. 다음은 『孝經直解』와 『原本 老乞大』에 나타난 예이다.

(40) ㄱ. 원문: 本合孝順父母, 咱自別了呵, 百姓著甚麽體例行有.(『孝』)
현대역: 부모께 효을 행하는 것이 마땅하나 만약 우리가 그렇게 하지 않으면 백성들은 어떤 예를 행하겠느냐?
ㄴ. 원문: 每日家怎生般飮食奉養.(『孝』)
현대역: 매일 어떠한 음식으로 봉양하더라도,
ㄷ. 원문: 休那般說, 賊每怎知你有錢沒錢?(『老』)
언해: 도적들히 네의 쳔 이시며 쳔 업수믈 엇디 알리오?
ㄹ. 원문: 這個馬怎麽這般難拿?(『老』)
언해: 이 물이 엇디 이리 잡기 어려오뇨?

5.1.2 **疑問** 조사를 사용한 **疑問文**

『孝經直解』와 『原本 老乞大』에 나타난 疑問 조사는 "麽"로, 이후 現代 漢語에서 "嗎", "呢" 등으로 변천되었다. 『原本 老乞大』에서는 "那(哪)"가 疑問 助詞로 사용된 예가 있다.

(41) ㄱ. 원문: 聖人行的事, 莫不更有強如孝道的勾當麽?(『孝』)
현대역: 성인의 덕행은 어버이께 효도하는 것보다 크지 않습니까?
ㄴ. 원문: 使不得呵, 你肯要那?
언해: 쓰디 못홀 써시면 네 즐겨 바들짜?(『老』)

5.2 반복형 特殊 疑問文

이상의 예와 같이 『孝經直解』와 『原本 老乞大』에서 疑問文은 現代 漢語의 疑問文 형식이 거의 정립된 모습을 보인다. 그 외에 『孝經直解』와 『原本 老乞大』에는 용언과 그 否定形을 반복하여 사용함으로써 疑問文을 나타내는 형식을 볼 수 있다. 李崇興 등(2009)에 의하면 이러한 동사 혹은 형용사와 그 否定形의 반복으로 疑問을 나타내는 형식은 漢語에서 전반적으로 볼 수 있으나 그 중 동사와 否定形의 중간에 조사인 那가 들어가는 것은 정통 漢語와 구분되는 알타이 제어의 영향을 받은 北方 漢語의 중요한 특징이라고 하였다. 梁伍鎭(2008)에서는 『老乞大』와 『朴通事』에 나타난 어기 조사 "那"의 용법에 대해 설명하면서 "那"가 선택 의문문, 일반 의문문, 반어 의문문, "-那甚麽"의 형식으로 사용되었으며 반어 의문문에서 "-아니고 무엇이겠는가?"의 의미를 나타낸다고 하였다. 『孝經直解』와 『原本 老乞大』에 나타난 반복형 특수 의문문은 그 형식에 따라 다음 다섯 가지로 나눌 수 있다.

5.2.1 동사+"那"+"不"+동사형

『孝經直解』와 『原本 老乞大』에는,

(42) 원문: 这孩儿每依着父母行呵, 父母有不是处不谏呵, 中那不中?(『孝』)
현대역: 자식된 도리로 어버이의 뜻에 따라 행하나 만약 어버이가 옳지 않은 곳이 있어도 따른다는 것은 도리에 맞는 것 입니까? 맞지 않는 것 입니까?

이와 같이 동사와 동사의 부정형을 "那不"의 앞뒤로 반복하여 선택 의문문을 구성하는 예를 볼 수 있다. 같은 시기에 편찬된 정통 漢語를 반영하고 있는 『元刊・全相評話五種』(1321~1323)을 보면 유사한 예를 볼 수 있다.

(43) 원문: 太后問陳平, "此印合與不合與?"(『元刊·全相評話五種』, 「續 前漢書」)
현대역: 태후가 진평에게 묻기를 이 인장이 맞느냐? 맞지 않느냐?

5.2.2 "不"+동사+"那甚麽"형

아래의 예문과 같이 동사의 부정형 뒤에 "-那甚麽"를 두어 반문하는 것으로 북방계 원대 한어의 특징을 볼 수 있는 예문이다. 정통 한어와 남방계 한어에서는 이런 문형을 찾아 볼 수 없다.

(44) 원문: 这般呵, 把自家父母落后了, 敬重别人呵, 阿的不是别了孝道的勾当那甚麽.(『孝』)
현대역: 자신의 부모를 공경하지 않고 다른 사람을 공경한다면 이것은 효도에 어긋나는 것이 아니고 무엇이겠는가?

5.2.3 "無"+명사+"怎麽"

"無", 명사, "怎麽"의 결합으로 명사의 유무를 묻는 선택 의문문을 구성하며 역시 원대의 북방 한어의 특징을 반영하는 문형이다.

(45) 원문: 你高麗田地裏無井那怎麽?(『老』)
언해: 너희 高麗ㅅ 짜헤 우믈이 업ᄉᆞ냐 엇디오?

5.2.4 형용사A+동사+"那"+형용사B+동사

형용사와 동사, "那", 전치 형용사의 부정형, 동사를 반복 사용하여 선택 의문문을 구성한다.

(46) 원문: 客人每, 熱喫那涼喫?(『老』)
언해: 나그내네 더오니 먹을다 ᄎᆞ니 먹을다?

5.2.5 명사+동사1+"那"+동사2

명사, 동사, "那", 전치 동사의 반어형을 반복하여 선택 의문문을 구성하는 형식이다.

(47) 원문: 他出去了, 看家的有那沒?(『老』)
언해: 제 나가시면 집 보리 잇ᄂᆞ냐?

이와 같은 동사 혹은 형용사와 그 반어형이 반복되는 의문문은 『元刊·全相評話五種』에서도 유사한 형식을 찾아 볼 수 있으나 의문 조사 "那"는 사용하지 않는다.

(48) 원문: 車胄問先主, "丞相文書有無?"(『元刊·全相評話五種』, 「三國志」)
현대역: 차주가 유비에게 묻기를, "승상에게 문서가 있습니까?"

Ⅳ. 結論

이상 『孝經直解』와 『原本 老乞大』에 나타난 元代 漢語의 문법적 특징에 대해 고찰해 보았다. 江藍生(1999: 10)에 의하면, "言語는 하나의 同質體가 아니기 때문에 通時的 言語의 차이는 그 言語 본연의 通時的 反映이 아닐 수도 있고 言語 간의 浸透와 相互 融合에 의한 것일 수도 있다."고 하여 歷史 比較文法의 형식에서 벗어나 言語 간의 침투와 言語의 融合의 각도에서 파악해야 할 것을 강조하였다. 吳福祥(2005: 2-14)은 東漢 이후 불교의 流入·盛行에 따른 불경 번역 과정에서 原文인 梵語와의 接觸, 宋代 이후의 거란, 女眞, 몽고인의 진입에서의 接觸, 아편 전쟁 이후의 영어 등의 言語와 漢語와의 接觸을 漢語史에서 중요한 言語 接觸의 세 가지 時期로 보았다. 이 중 元代 漢語는 孤立語인 정통 漢語의 문법 구조에 膠着語인 몽골어 등 알타이 제어의 문법 특성이 혼합된 특수한 言語로서 元代의 수도인 大都(現 北京)를 중심으로 북방 민족과 한족이 사용한 공용어였다. 이 공용어를 漢兒言語라고 하며 이를 기반으로 文語인 吏文이 형성되어 법률, 행정 문서에 사용되었다. 이 吏文은 다시 고려와 조선으로 유입되어 중국과의 외교의 공식 언어로 사용되어 譯官을 선발하는 科擧 譯科의 시험 과목이 되었다. 그리고 이 吏文을 기반으로 조선어의 특징이 부가된 朝鮮 吏文이 형성된 것이다.

『孝經直解』와 『原本 老乞大』는 조선 시대 譯科의 取才書로 吏文의 기초가 된 元代 漢語의 문법적 특징을 잘 반영하고 있는 저서이다. 『孝經直解』와 『原本 老乞大』에 나타난 元代 漢語의 문법적 특징은 다음과 같이 정리된다. 첫째, 膠着語인 몽골어 등 북방계 알타이어의 格 標識 방식을 따라 한자를 마치 膠着的 格 標識처럼 이용하였다. 둘째, 漢語의 어순인 동사+목적어(VO)의 어순과 몽골어의 어순인 목적어+동사(OV) 어순이 혼재한다. 셋째, 조사를 사용함에 있어 膠着語인 몽골어의 특징인 副動詞의 용법을 볼 수 있다. 넷째, 가정을 나타내는 조사와 주제 표지로서의 "呵"가 사용되었다. 다섯째, "那(甚麽)"를 의문문에 첨가하여 反問 의문문을 형성하였다. 이러한 특징은 정통 漢語 혹은 이민족 간의 접촉이 비교적 적었던 南方의 漢語와는 구별되는 北方 元代 漢語의 특징이다.

<参考文献>

1. 資料

梁伍鎭(2008), 『漢學書 老乞大 朴通事 研究』, 제이앤씨

______(2010), 『漢學書 研究』, 博文社.

呂叔湘(1998), 『近代漢語指代詞·序文』, 學林出版社.

王力(1980), 『漢語史稿』(中), 中華書局.

劉堅 외 3人(1992), 『近代漢語虛詞研究』, 語文出版社.

劉堅 외 4人(1995), 『元漢語詞典』, 上海教育出版社.

徐烈炯 외 1인(1998, 2007), 『話題的結構與功能』, 上海教育出版社.

孫錫信(1991), 『近代漢語語氣詞』, 語文出版社.

吳福祥 외 1인(1997), 『近代漢語綱要』, 湖南教育出版社, p574.

遇笑容 외 2인(2010), 『漢語史中的語言接觸問題研究』, 語文出版社.

李崇興 외 2人(2009), 『元代漢語 語法研究』, 上海教育出版社.

李崇興 외 2人(2011), 『元典章·刑部 語法研究』, 上海教育出版社.

蔣紹愚(2005), 『近代漢語研究概要』, 北京大學出版社, p20.

鄭光(1990), 『朝鮮朝 譯科 試券 研究』, 成均館大學校 大東文化研究院.

鄭光 외 2人(2000, 2002), 『原本 老乞大』, 外語教育與研究出版社.

鄭光(2006), 『譯註 飜譯 老乞大와 老乞大 諺解』, 신구문화사.

鄭光(2010), 『譯註 原本 老乞大』, 博文社.
鄭光·梁伍鎭(2011), 『老朴輯覽 譯註』, 태학사.
祖生利(2000), 『元代白話碑文硏究』, 中國社會科學院 博士學位 論文.
太田辰夫(1958), 『中國語歷史文法』, 江南書院: 日本, 蔣紹愚·徐昌華 譯, 北京大學出版社.
Norman, J.(1988), *Chinese*, Cambridge University Press, 張惠英 譯(1995), 語文出版社.

2. 論著
江藍生(1998), 「後置詞 "行" 考辯」, <語文硏究>, 第1期.
江藍生(1999), 「從語言滲透看漢語比似式的發展」, <中國社會科學>, 第4集, p. 10.
江藍生(2002), 「時間詞"時"和"後"的語法化」, <中國語文>, 第4集.
梁伍鎭(2001), 「孝經直解의 言語 硏究」, <中語中文學>, 韓國中語中文學會.
梁伍鎭(2002), 「吏文과 吏文諸書輯覽의 言語」, <中國言語硏究>, 韓國中國言語學會.
余志鴻(1987), 「元代漢語一行的語法意義」, <語文硏究>, 第2期, p.16.
余志鴻(1992), 「元代漢語的後置詞系統」, <民族語文>, 第3期.
余志鴻(1999),「元代漢語假說句的後置標識」, 『語文硏究』 第1期
吳福祥(2005), 「漢語歷史語法硏究的目標」, <古漢語硏究>, 第2期, pp.2~14.
李崇興(2001), 「元代口語體公文的口語基礎」, <語言硏究>, 第2期, p.65
鄭光(2006), 「吏文과 漢吏文」, <口訣硏究>, 第16輯, 口訣學會, pp.36~41.
太田辰夫(1954), 「關于漢兒言語」, 遇笑容 외 2인(2010), 『漢語史中的語言接觸問題硏究』, 語文出版社, pp.10~11.
Haiman, J.(1978), *Conditionals are topics*, Language 54, pp.564~589.
Sohn, H. M.(1980), *Theme-prominence in Korean*, Korean Linguistics: Journal of the International Circle of Korean Linguistics.

□ 성명 : 조서형
주소 : 中國 社會 科學院 硏究生院
전화번호 : 86)1369-126-6044
전자우편 : sohyongcho@gmail.com

□ 이 논문은 2012년 12월 29일 투고되어
2013년 01월 14일부터 02월 10일까지 심사하고
2013년 02월 25일 편집회의에서 게재 결정되었음.

<국문초록>

『孝經直解』와 『原本老乞大』의 言語 硏究

韓國語의 歷史的 硏究는 經書 諺解와 같은 漢文 資料의 飜譯文 資料가 주종을 이룬다. 이러한 諺解文은 漢文 資料義 文法 構造에 상당한 影響을 받게 마련이다. 특히 朝鮮 吏文과 같은 독특한 漢字 표기는 중국에서의 漢字 사용의 變遷에 影響을 받은 것이므로 이러한 中國語의 漢文 變遷을 硏究하는 것은 韓國語의 變遷을 理解하는데 중요한 단서가 된다. 吏文은 中國의 正統 漢語에 元代에 流入된 몽골어가 混合된 文語 體系로서 당시의 口語인 "漢兒言語"를 기반으로 한 文語이며 文言이라고 하는 傳統 漢文과 다른 독특한 文體를 가지고 있다. 이 吏文이 한반도에 流入되어 朝鮮 시대에 中國과의 外交 文書에 公式 文語로 使用되었고 科擧의 譯科 取才書로 즉 譯學書로 학습되었으며, 이후 이 中國의 漢吏文을 토대로 한국 고유의 표현들과 결합하여 朝鮮 吏文을 형성하게 된다. 본고에서는 14세기에 편찬된 元代의 문헌이자 朝鮮 시대 司譯院의 譯學書인 『孝經直解』와 『原本 老乞大』의 언어 자료를 바탕으로 吏文과 朝鮮 吏文의 기원이 되었던 元代 漢語의 문법적 특징을 1) 格 標識의 사용, 2) VO 어순과 OV 어순의 混用, 3) 副動詞의 使用, 4) 助辭와 主題 標識의 사용, 5) 특수형 반어 의문문의 다섯 가지로 나누어 고찰해 보았다. 이러한 특징은 모두 정통 漢語 혹은 北方 민족과의 접촉이 적었던 南方의 漢語와 구별되는 몽골어 등의 알타이 제어의 영향을 받은 北方 元代 漢語의 특징으로 볼 수 있다.

역학서학회 임원 현황 (학회 조직)

顧問 : 姜信沆(成均館大 名譽敎授), 鄭光(高麗大 名譽敎授)
會長 : 梁伍鎭(德成女大)
副會長 : 金文京(日本 京都大), 朴在淵(鮮文大)
監事 : 鄭丞惠(水原女大)

總務理事 : 金亮鎭(慶熙大), 遠藤光曉(日本 青山學院大)
研究理事 : 權仁瀚(成均館大), 岸田文隆(日本 大阪大)
出版理事 : 李承妍(世宗大), 竹越孝(日本 神戸市外国語大)
財務理事 : 朴美英(國立國語院), 朴眞完(日本 京都産業大)
涉外理事 : 張香實(尙志大), 廣剛(東서울大)
情報理事 : 徐炯國(全北大), 曹瑞炯(北京 社會科學院)
地域理事 : 伊藤英人(日本 東京外大), 苗春梅(中國 北京外大)

譯學書學會 會則

제1장 總 則

제1조(名稱) 本會는 '譯學書學會'라 稱한다.

제2조(目的) 本會는 譯學書 硏究를 통하여 韓國語, 中國語, 日本語, 滿洲語, 몽골語의 歷史와 言語를 통한 東아시아의 歷史 · 文化의 제반 교류 과정을 밝힘으로써 東아시아학의 發達에 寄與하는 것을 目的으로 한다.

제3조(事務所) 本會의 事務所는 會長의 勤務處에 두는 것을 原則으로 하되, 會長의 有故時 總務理事의 勤務處에 둘 수 있다.

제2장 事 業

제4조(事業) 本會의 目的을 達成하기 위해 다음의 事業을 한다.

1. 學會誌 <譯學과 譯學書>의 刊行
2. 每年 國際學術大會 開催
3. 譯學 資料의 發掘, 調査, 整理, 影印, 出版과 情報化하는 일과 譯學書을 통한 言語史 및 言語 · 文化 交流史를 연구하는 일을 수행한다.
4. 其他 本會의 目的 達成에 필요한 사업을 수행한다.

제3장 會 員

제5조(會員) 本會의 會員은 다음과 같다.

1. 顧問 : 본회와 譯學書 관련 학문의 발전에 功이 뚜렷하여 총회의 추대를 받은 분.

2. 正會員 : 本會의 目的에 찬동하는 석사 이상의 학력과 경력을 갖춘 사람.
3. 準會員 : 本會의 目的에 찬동하는 사람.
4. 機關會員 : 本會의 目的에 찬동하는 각급 기관이나 단체.
5. 名譽會員 : 本會의 目的에 찬동하여 발전을 도운 사람으로 運營委員會의 推戴를 받은 분.

제6조(加入 節次) 本會의 會員이 되고자 하는 者는 所定의 會費와 함께 入會願書를 本會에 提出하여 總會의 同意를 받아야 한다.
제7조(資格 喪失) 會員이 정당한 사유 없이 소정회비를 3년 이상 납입하지 않을 때에는 그 자격을 상실한다.
제8조(脫退) 회원은 본인의 의사에 따라 자유로이 본회를 탈퇴할 수 있다.
제9조(除名) 본회의 명예를 훼손하거나 본회의 목적에 위배된 행위를 한 사람은 운영위원회의 의결로 제명할 수 있다.
제10조(權限과 義務) 본회의 회원은 다음 각 호에 해당하는 權限과 義務를 갖는다.

1. 任員 選出 및 被選擧權 : 正會員 및 準會員, 名譽會員은 總會의 構成員이 되며, 임원 선출 및 피선거권을 갖는다.
2. 회비 납입의 의무 : 顧問과 名譽會員을 제외한 모든 회원은 소정의 회비를 납입하여야 한다.

제4장 任 員

제11조(任員) 本會는 다음의 任員을 둘 수 있다.

1. 會長 1인
2. 副會長 2인
3. 總務理事 2인
4. 硏究理事 2인
5. 出版理事 2인

6. 財務理事 2인
7. 涉外理事 2인
8. 情報理事 2인
9. 地域理事 若干名

제12조(任務)

1. 會長은 學會를 代表하고 會務를 總括하며 運營委員會와 總會를 소집하여 그 議長이 된다.
2. 副會長은 會長과 함께 學會를 代表하고 會長의 有故時 會長의 役割을 代理한다.
3. 總務理事는 회원의 연락 및 서무에 관한 사항을 주관한다.
4. 研究理事는 연구발표회를 비롯하여 연구에 관한 사항을 주관한다.
5. 出版理事는 학회지 편집 및 출판 업무와 기타 학회 도서 출판과 관련한 사항을 주관한다.
6. 財務理事는 재정에 관한 사항을 주관한다.
7. 涉外理事는 본회의 섭외 활동을 주관한다.
8. 情報理事는 본회의 홈페이지 관리 및 홍보 업무를 주관한다.
9. 地域理事는 각국에서의 학회 홍보를 담당하고 해당국에서 진행되는 학술대회를 총무이사와 공동으로 추진한다.

제13조(選出 및 任命) 회장은 정기총회에서 선출하며, 이사는 회장이 임명한다.

제14조(任期) 임원의 임기는 선출 및 선임된 해의 10월 1일부터 2년으로 하되 동일 직위에 대한 연임은 1차에 한한다.

제5장 監 事

제15조(監事) 本會의 활동 및 업무 전반에 관한 監査를 위하여 2인 이내의 監事를 둔다.

第16조(權限과 義務) 監事는 다음 각 호의 권한과 의무를 갖는다.

1. 운영위원회 및 편집위원회에 대해 본회의 활동 및 업무 전반에 대해 감사하기 위한 자료의 제출을 요구할 권한을 갖는다.
2. 운영위원회 및 본회의 각종 위원회에 참석할 권한을 갖는다.
3. 연1회 이상 회계를 감사하여 그 결과를 정기총회에 보고한다.

第17조(選出) 감사는 정기총회에서 선출한다.

第18조(任期) 감사의 임기는 2년으로 한다.

제6장 會 議

제1절 總會

第19조(總會) 본회는 회무에 관한 중요한 사항을 의결하기 위하여 총회를 둔다.

第20조(種類) 총회는 정기총회와 임시총회로 나눈다.

第21조(召集) 정기총회는 定期學術大會 시 召集하는 것을 原則으로 하며 임시총회는 회장 또는 운영위원 과반수, 또는 회원 5분의 1 이상의 요구에 의하여 소집한다.

第22조(成立과 議決) 총회는 참석인원으로 성립되며 참석인원 과반수의 승인으로 의결한다.

第23조(權限) 총회에서는 다음 사항을 의결, 승인 또는 동의한다.

1. 회칙의 개정 및 보완, 내규의 제정과 개정
2. 고문 추대에 대한 동의
3. 회장, 부회장, 감사의 선출
4. 회원의 입회 및 제명처분에 대한 동의
5. 입회비 및 연회비의 책정과 재정에 관한 사항 승인
6. 기타 회무에 관한 중요사항

제2절 運營委員會

第24조(設置) 본회의 중요한 업무 및 방침 등에 관하여 심의, 의결하기 위하

여 운영위원회를 둔다.

제25조(構成) 운영위원회는 임원 전원, 고문, 감사 및 본회의 업무 추진을 위하여 필요하다고 판단되는 회원을 포함한다.

제26조(召集) 운영위원회는 회장 또는 운영위원 3분의 1 이상의 요구에 의하여 소집한다.

제27조(權限) 운영위원회에서는 다음 사항을 심의 또는 의결한다.

1. 회칙의 변경 및 내규의 제정에 관한 사항
2. 고문 추대에 관한 사항
3. 회원의 입회 및 제명에 관한 사항
4. 입회비 및 연회비의 책정과 재정에 관한 사항
5. 학회지의 편집 및 발행과 출판에 관한 제반 사항
6. 회원의 연구윤리 위반 및 그에 따른 징계에 관한 사항
7. 기타 필요한 사항

제7장 財 政

제28조(財政) 본회의 재정은 入會費, 年會費, 寄附金과 각종 수입금으로 충당한다.

제29조(會費의 策定) 입회비 및 연회비 책정에 관한 사항은 운영위원회의 의결과 총회의 승인에 따라 시행한다.

제30조(會計年度) 본회의 회계연도는 10월 1일부터 다음해 9월 말일까지로 한다.

제8장 學會誌 發行 및 論文의 投稿와 審査

제31조(學會誌 名稱) 본회의 학회지는『역학과 역학서』로 칭한다. 본 학회지의 한자 표기는『譯學과 譯學書』로 하고 영문 표기는 *Journal of Traditional Translation Study and Philology*로 한다.

제32조(學會誌 發行 回數 및 發行日字) 학회지는 연1회 3월 30일에 발행한

다. 단, 회칙의 개정을 통해 연 2회 이상의 발행을 결정할 수 있다.

第33조(學會誌 論文의 投稿・審査・編輯) 본 학회에서 발행하는 학회지에 게재하는 논문의 투고 및 심사와 편집 등에 관한 제반 사항은 "학회지 논문의 투고와 심사에 관한 규정"에 따른다.

부칙 제1호 제1조 본 회칙은 2009년 11월 13일부터 시행한다.

학회지 논문의 투고 규정

제1조(목적) 이 규정은 본 '역학서학회'의 회칙에 따라 학회지에 게재하는 논문의 투고와 원고 작성 요령에 대하여 명시하는 것을 목적으로 한다.

제2조(논문의 종류) 학회지에 게재되는 논문은 심사논문과 기획논문으로 나뉜다. 심사논문은 본 학회의 학회지 논문의 투고와 심사에 관한 규정에 따른 심사 절차를 거쳐 게재된 논문을 가리키며, 기획논문은 편집위원회에서 기획하여 특정의 연구자에게 집필을 위촉한 논문을 가리킨다.

제3조(기획논문) 기획논문에 대하여도 심사논문과 동일한 절차의 심사를 시행하는 것을 원칙으로 하되, 편집위원회의 결정에 따라 심사 방법을 정할 수 있다. 기획논문의 집필자는 본 학회의 회원 여부에 구애받지 아니한다.

제4조(투고 기한) 논문의 투고 기한은 매년 12월 말로 한다.

제5조(발행일) 12월 말까지 투고된 논문은 심사 과정을 거쳐 이듬해의 3월 30일에 발행하는 학회지에 수록하는 것을 원칙으로 한다.

제6조(심사료/원고료) 심사용 논문을 투고할 때에는 3만원의 심사료를 '역학서학회' 계좌(00은행 0000000, 예금주 000)에 넣어야 한다. '수정 후 재심'의 경우는 심사료를 따로 받지 않는다. 학회지에 수록되는 논문에 대하여는 운영위원회의 결정에 따라 필자에게 소정의 원고료를 지불할 수 있다.

제7조(분량/게재료) 원고 분량은 200자 원고지로 환산하여 150매 이내로 한다. 게재가 확정되었다는 통보를 받으면 전임은 5만원, 연구비를 받은 논문은 10만원의 게재료를 '역학서학회' 계좌(00은행 0000000, 예금주 000)에 넣어야 한다.(비전임은 게재료 면제). 「연구논문」의 경우, 매수를 초과하면 원고지 1매당 2,000원의 초과 게재료를 따로 내야 한다.

제8조(익명성 유지 조건) 심사용 논문에서는 졸고 및 졸저 등 투고자의 신원을 드러내는 표현을 할 수 없다. 편집간사는 심사자에게 심사용 논문을 송부할 때 반드시 투고자의 성명과 기타 투고자의 신원을 알 수 있는 표현 등을 삭제하여야 한다.

제9조(요약문) 연구논문의 경우, 한국어 요약과 한국어 핵심어휘는 필자명과 「서론/들어가기」 사이에 넣고 영문 요약과 영어 핵심어휘는 참고논저 다음에 넣는다. 핵심어휘는 요약문 다음에 한 줄을 띄고 넣는다.

제10조(원고 작성) 논문의 원고는 컴퓨터로 작성함을 원칙으로 하며, 문장편집기 프로그램은 「흔글」(3.0판 이상)을 사용할 것을 권장한다.

제11조(편집 형식) 원고는 다음 각 항에 따라 편집한다.

1. **전체 형식 : 논문의 형식은 다음의 배열에 따른다.**
   제목-필자명(소속)-요약-핵심어-본문-참고문헌-필자사항

2. **문단모양**(Alt-T) : A4 용지 기준 : 왼쪽 여백(0)/오른쪽 여백(0)/들여쓰기(10pt)/줄간격(160)/문단 위(0)/문단 아래(0)/최소공백(60%)/정렬방식(양쪽 혼합)

3. **글자크기와 모양**(Alt-L) : 본문(10;신명조;보통)/각주번호와 각주본문(9;신명조;보통)/본문과 각주 모두 장평은 100로 하고 자간은 -10으로 함.

> **주제목**(16;신명조;진하게)
>
> 소제목(12;신명조)
>
> 저자명(12;HY중고딕)
>
> (소속)(10;HY중고딕)
>
> <ABSTRACT>(9;바탕체;진하게)
>
> 요약(9;신명조)
>
> Key Words: 핵심어(9;HY중고딕;진하게)
>
> **1. 큰제목**
>
> 1.1.
>
> 1.1.1.
>
> 본문(10;신명조;보통;들여쓰기10)

4. **요약** : 요약은 1,200자 이내의 영문 요약을 논문 본문의 앞에 핵심어와 함께 싣는 것을 원칙으로 하되 본문의 언어와 다른 언어로 된 요약문을 허용한다. 다만 논문 본문의 언어가 한국어 이외의 언어인 경우는 한국어 요약을 본문의 앞에 핵심어와 함께 싣고 참고문헌 뒤에 해당 언어로 된 요약문을 따로 싣는 것을 기본 형식으로 한다.

5. **본문의 모양** :

1. (큰제목:글자크기(13)신명궁서;진하게/가운데정렬(0))
1.1.(작은제목:글자크기(11)신명조;진하게/들여쓰기(0))
1.1.1.(작은제목:글자크기(10)신명조;보통/들여쓰기(10))

6. **주석**

주석은 서지사항 등의 간략한 사항은 될 수 있는 대로 내각주로 처리하고 본문의 내용을 보충 설명하는 내용주만을 외각주의 형식으로 처리하는 것을 원칙으로 한다.

한국어로 작성된 논문의 경우, 내각주나 외각주에서 서지사항을 인용할 때는 지은이의 이름과 논저의 작성 연대를 '홍길동(2010)'과 같이 간략하게 밝히되, 지은이가 세 사람 미만일 때는 이름을 모두 밝히고, 세 사람 이상일 때에는 '홍길동 외에(2010)'와 같이 표시한다. 같은 해에 동일한 저자가 두 편 이상의 논저를 발표한 경우는 홍길동(2010a), 홍길동(2010b)와 같이 표시한다. 서양인이나 중국인, 일본인 등의 논저를 인용할 때에는 외래어 표기법에 맞게 한글로 음사한 표기로 적음을 원칙으로 하되, 괄호 안에 그 원어명을 논저의 작성 연도와 함께, '람스테트(G.J. Ramstedt, 1928)'와 같이 적는다.

한국어 이외의 언어로 된 논문의 경우는 전체적인 체제는 한국어의 경우에 따르되 서지사항의 인용에서 지은이의 이름은 해당 언어에서의 일반적 관습에 따르는 것을 허용한다.

第12조(참고문헌) 참고문헌은 본문이 끝나고 2줄을 띄고 작성한다. 참고문헌의 문단모양은 본문과 동일하나 들여쓰기를 하지 않는다.

가. 국문 책

○○○(2010), 『역학서 연구』, ○○출판사.

나. 국문 논문

○○○(2010), 「역학서 연구에 대하여」, 『역학서 연구』 5, ○○학회, 1-19.

다. 영문 책

Poppe, N.(1965), *Introduction to Altaic Linguistics*, Wiesbaden: Otto Harrassowitz.

라. 영문 논문

Ramstedt, G. J.(1928), “Remarks on the Korean Language,” Mémoires de la Société Finno-Ougrienne LVIII:441-453, Helsinki: Suomalais-Ugrilainen Seura,

제13조(제출 방법) 게재가 확정된 원고는 편집위원회의 전자우편으로 제출한다.

학회지 논문의 심사 규정

제1조(목적) 이 규정은 역학서학회의 학회지 「역학과 역학서」에 투고된 논문의 내용과 형식에 대한 제반 심사에 관한 사항을 규정함을 목적으로 한다.

제2조(심사의 대상)

① 논문 심사는 청탁 논문을 제외한, 투고된 모든 논문을 대상으로 한다.

② 청탁 논문에는 기획논문과 특집논문, 서평 및 자료 소개 등이 포함된다.

「역학과 역학서」에 비정기적인 기획에 따라 이루어지는 기획논문과 학계의 원로로부터 받는 특집논문 및 역학 분야의 전문가에 의해 제공되는 각종 문헌에 대한 서지 소개 및 색인 등의 기초 자료를 제공할 목적으로 작성된 기초 자료 논문이 포함된다.

③ 단, 청탁논문이라 하더라도 경우에 따라 심사의 필요성이 제기될 경우에는 편집위원회의 의결을 거쳐 심사할 수 있다.

제3조(심사위원 위촉) 편집위원회는 투고된 각 논문에 대하여 해당 분야의 전공자 3인을 심사위원으로 위촉한다.

제4조(논문 심사 의뢰) 편집위원회는 위촉된 3인의 심사위원에게 심사를 의뢰한다.

제5조(심사 기간) 심사위원은 심사 위촉을 받은 날로부터 초심의 경우 21일 이내에, 재심의 경우 14일 이내에 심사 결과를 반송하여야 한다.

제6조(심사)

① 논문 심사의 객관성을 확보하기 위해, 심사위원은 심사 의견서에 명시된 각 평가 항목에 대해 정해진 기준에 의거하여 점수를 부여하고 이를 심사 의견서에 기재한다.

② 심사의견은 '개재 가', '수정 후 개재', '수정 후 재심', '게재 불가'의 4단계로 하며 심사위원회에서는 3인의 심사 결과를 바탕으로 심사 평점을 부여하여 게재 여부를 최종 결정한다.

제7조(심사의 기준)

① 논문 체제의 안정성 : 논문의 일반적인 구비 여건을 두루 갖추었는가?

② 주제의 명료성 : 논문이 주장하는 바가 명료한가?

③ 주제의 독창성 : 논문이 주장하는 바가 창의적이고 새로운가?

④ 논지 전개의 타당성 : 논지의 전개는 일관되고 설득력 있게 전개되었는가?

⑤ 학술적 완성도 : 논문이 본 학회지가 요구하는 학술적 수준의 깊이를 충족하였는가?

제8조(심사료 및 게재료)

① 논문 투고시 소정의 심사료(6만원)를 납부하고 논문 게재가 확정되었을 때는 일반 논문 10만원, 학술지원비 수혜 논문은 20만원 게재료를 납부한다.

② 논문의 분량은 학회지 편집 체제에 따라 20쪽 내외로 하되 초과된 분량에 대해서는 학술지를 기준으로 1면당 5천원씩의 조판비를 부담함을 원칙으로 한다. 단, 청탁논문의 경우는 분량의 제한이 없다.

③ 학회 운영진에서는 논문 심사자에게 소정의 심사비를 제공한다.

제9조(개정) 이 규정은 편집위원회 재적위원 2/3의 참석과 과반수의 찬성에 따라 개정할 수 있다.

譯學과 譯學書 第4號

發行日 2013年 3月 31日

發行處 **譯學書學會**
(우) 130-701
서울시 동대문구 경희대로 26
경희대학교 교수회관 312호
Tel .(02) 961 | 2334
Fax .(02) 3408 | 4301
e-mail: kimrj@khu.ac.kr

製作處 **圖書出版 博文社**
Tel .(02) 992 | 3253
e-mail: bakmunsa@hanmail.net
http://www.jncbms.co.kr

ISBN 978-89-98468-08-8 94710 **정가** 14,000원